营销量化指标

（第二版）

MARKETING METRICS(SECOND EDITION)

The Definitive Guide to Measuring Marketing Performance

保罗·W·法里斯（Paul W. Farris）
尼尔·T·本德勒（Neil T. Bendle）
菲利普·E·普法伊费尔（Phillip E. Pfeifer）
戴维·J·赖贝施泰因（David J. Reibstein）
著
何志毅 赵占波
译

中国人民大学出版社

·北京·

作者简介

保罗·W·法里斯（Paul W. Farris），兰德马克通信基金工商管理教授，弗吉尼亚大学达登商学院营销学教授，1980年至今在达登商学院任教。法里斯教授撰写了许多关于零售和广告效果度量的文章，备受赞誉。曾在《哈佛商业评论》、《营销期刊》、《广告研究》和《营销科学》等杂志上发表了50多篇文章。法里斯教授目前正在开发关于综合营销和财务量化指标的优化方法，同时与他人共同撰写了几本著作，其中包括 *The Profit Impact of Marketing Strategy Project: Retrospect and Prospects*。法里斯教授同时担任各类企业的咨询顾问，其中包括苹果、IBM、宝洁和联合利华。他在不同类型企业的董事会担任职务，包括制造业、零售业和电子商务类企业。目前，法里斯教授担任 GSI Group、Sto Corp 和 The Ohio Art Company 的董事。

尼尔·T·本德勒（Neil T. Bendle），明尼苏达大学卡尔森管理学院博士，弗吉尼亚大学达登商学 MBA。就读博士阶段，因为教学水平出众而获奖。他专注于管理者如何理解顾客需求的研究，拥有近十年营销管理、咨询、业务体系改进和财务管理的经验。

菲利普·E·普法伊费尔（Phillip E. Pfeifer），达登商学院的理查德·S·雷诺兹工商管理教授，目前专门从事直接销售和互动营销的研究。他曾经出版过一本非常畅销的 MBA 教科书，还曾经在《互动营销期刊》、《数据库营销期刊》、《决策科学》和《预测期刊》等刊物发表了35篇论文。除了写书和学术论文，普法伊费尔还是一位高产的案例作家，他于2004年被誉为达登商学院教师中撰写外部案例的“销量王”，并于2008年荣获美联银行杰出案例奖。他的教学水平受到学生们的广泛赞誉，并且获得了《商业周刊》最佳商学院申请指南的推荐。目前担任电路城、宝洁和卡迈仕公司的咨询顾问。

戴维·J·赖贝施泰因（David J. Reibstein），CMO Partners公司的执行董事、沃顿商学院的威廉·斯图尔特·伍德赛德营销学教授。他被认为是全球市场营销学的权威之一，并担任营销科学协会的常务理事，还是沃顿首席营销官峰会的共同创始人，峰会的目的主要是召集具有影响力的首席营销官来共同探讨他们面临的严峻挑战。赖贝施泰因组建并执教沃顿商学院高级经理人培训的营销量化指标课程。他有着对多家知名企业提供管理咨询服务的经历，其中包括美国通用电气公司、美国电话电报无线公司、壳牌石油公司、惠普公司、瑞士诺华制药公司、美国强生公司、默克公司和美国职业棒球大联盟。此外他还担任沃顿商学院研究生部的副主任，是斯坦福大学和欧洲工商管理学院的客座教授，同时还是哈佛大学的教师。目前在Shopzilla、And1和其他一些组织担任董事会成员。

译者序

随着经济的发展，市场环境变得更加复杂。如何让营销活动取得良好效果，如何解决营销活动难以科学量化的问题，本书为理论研究者和市场实践者提供了明确而清晰的解答。本书关于营销量化指标的归纳和运用，为经理人在实践中有效利用信息进行科学决策，提供了指导原则、方法以及注意事项。

本书所提供的量化指标的视角是包含数据源、难点、注意点等的全面视角，指出了经理人如何运用数据和指标得出科学的决策结论，并综合了营销和财务的衡量，是关于公司业绩的科学而全面的评价。

本书介绍的营销量化指标涉及营销活动的方方面面，从市场份额的量化、目标市场的分析，到利润分析、定价，再到广告、促销、销售业绩的衡量。营销活动的每一个关键步骤都具有自己的量化指标，并且不同的量化指标包含着不同的指示意义，衡量活动的不同方面。了解这些指标的区别和相互联系，可使管理者更全面系统地了解经营状况。

本书在运用这些量化指标时，充分考虑了环境因素，如竞争对手定价以及公司在与之博弈的过程中所能得到的最终结果。这些考虑因素可使公司避免短视和局部观点，以适应环境变化。

本书的另一个特色是结合了财务指标来衡量营销业绩，考虑了投资回报率等因素，将营销成果与最终的财务业绩相结合，有利于强化经理人的业绩观，也使营销部门与财务部门之间的协作变得更加和谐。关键是如何评估不同营销活动所带来的回报率，这需要经理人在具体运用时加以权衡。

本书的最后部分讨论了营销量化指标 X 线，即全面衡量公司和品牌业绩的一系列量化指标，可以提供更深入的视点，发现可能被忽略的问题或机会。这部分指标的提出将有助于避免由于只关注财务结果而形成的片面观点。

充分理解本书介绍的量化指标并根据自身情况选择恰当的量化指标，采用多种不同的观点，将会使经理人得到关于公司情况的全面理解。重要的一点是，不仅要了解量化指标的形成及其量化结果，还要明了每个量化指标的局限性。现实的商业环境是非常复杂的，每个方面都要用不同的量化指标来量化，才可能进行全面的把握。

同时，还应该看到的一点是，掌握营销量化指标将会使决策依据更加科学，但是这些量化指标都是基于特定的或者说现存的商业环境的，因此要注意及时根据环境的变化来进行调整，注意不要仅仅根据量化结果作出简单的判断，要不断地学习，综合各方面的情况和信息来进行决策。

希望广大的经理人能够通过对本书的学习和理解，使决策过程更加清晰科学、决策准确度更高，同时对本书知识的掌握也需要在实践和运用中不断地深化。希望借此推动科学营销决策过程在广大企业中的运用，使企业营销活动取得更好的效果。

由于时间紧迫，译者水平有限，本书一定尚有许多需要改进之处，欢迎读者指正批评，以期在重印时加以修正。

何志毅　赵占波

于北京大学

第二版序言

在谷歌我们有一句常用的格言："数据主宰观点。"实际上，这就意味着对于任何努力，我们首先要确定取得成功的关键量化指标，然后才能思考我们怎样才能够如期实现指标。这就需要我们能够优化和拓展那些有效的计划，减少无效的计划。

在当今竞争激烈的商业社会中，大多数销售人员被迫使用上述方法，而不再依靠传统的方法、经验法则或直觉，在以前这些也许就足够了。

当然，确定使用哪些内容来衡量以及如何精确地衡量的确是个挑战，这也正是《营销量化指标》这本书写作的目的。本书比较综合和权威地引导读者定义、构建和使用量化指标，这些量化指标也是营销人员每天会遇到的。本书第二版除了解释类似销售利润率、品牌替换率等必不可少的营销量化指标，还新增了对新兴研究对象的衡量，例如社交网络营销和品牌资产。

如今最迫切的营销问题并不是简单地衡量某个单一指标，而是理解各种量化指标的内在联系以及营销决策所产生的财务结果。《营销量化指标》通过回顾可供选择的综合营销衡量系统，以及回顾企业如何通过组合这些系统来更好地识别问题和构建更透明的营销模式，推进了对上述问题的研究。我相信那些深入理解各种量化指标内在联系的企业终将获得巨大的竞争优势。

你的老板和客户是如何看待这些指标的?《营销量化指标》调查了高级销售经理管理和监测其业务时所使用的量化指标。调查结果显著地表明你的老板和客户认为你应该已经明白了使用哪些指标以及如何使用它们，因此我们都亟须掌握这些营销量化指标。

以我们在谷歌的经验来看，快速成长且运用大量数据（数据主宰观点）的销售人员，要想适应当今的消费者和现代传播媒介，就必须学会如何将信息联系起来。因此我衷心地建议大家把《营销量化指标》作为"三管齐下"营销战略数据部分的基础。

吉姆·莱辛斯基（Jim Lecinski）

谷歌美国销售与服务部执行董事

序言

虽然营销很重要，但在许多公司，对营销的了解和衡量是最少的。销售团队的成本在众多国有企业中占到运营预算的 10% 或更多。营销的效果对公司在股票市场中的估值有着十分重要的影响，因为股票市场的估值是建立在投资者对公司获取顾客和成长潜力的大胆假设之上的。然而，许多公司的董事会并不清楚如何评价营销战略和支出。许多主管——越来越多的《财富》500 强的首席执行官（CEO）——在这方面缺乏足够的经验。

营销经理通常不具备必要的量化分析技能来管理生产率。而其他一些人虽然可以设计出有创意的销售战略，却对财务方面的影响视而不见。普遍地，他们甚至反对对主要绩效的量化，并且断言这些因素（包括竞争）已经超出了他们所能控制的范围，很难用数据来指导项目的结果。

在这种情况下，营销决策往往是在缺乏信息、专有技术以及可量化的反馈的情况下制定的。正如宝洁公司的营销总监所说，“营销是一个涉及 4 500 亿美元的行业，而我们制定的决策所用的数据和方法，却比在其他商业领域制定涉及 10 万美元的决策所用的更少”。这种状况很糟糕，但却是可以改变的。

在最近发表在《华尔街日报》上的一篇文章中，我呼吁营销经理采取具体的措施进行纠正。我督促他们收集和分析最基本的营销数据，量化驱动他们商业模式的最核心的因素，分析单个顾客的利润率，以及优化逐渐分散在媒体间的资源分配。这些都是可分析的、数据化的、可创新的。进而，我相信它们对营销经理和员工的成功将是很关键的。就像我在《华尔街日报》中总结的那样：

> 当今的董事会要求营销总监能够明白生产率和投资回报率是怎么回事以及使其可衡量。在最近几年，制造部、采购部以及后勤部为了提高生产率都勒紧腰带。结果，营销支出比以前占据公司成本结构更大的比例。现在的董事会不再需要只有创新才能而没有财务背景的营销总监。他们需要的是这两项才能集于一身的营销人才。

在本书中，法里斯、本德勒、普法伊费尔、赖贝施泰因已经给我们提供了一种有用的方式。他们很清晰地列出了一系列营销量化指标的数据源、难点和注意点。此外，他们还解释了如何深入地操控这些数据。更重要的是，他们解释了如何运用这些数据得出有效的结论——不仅包括如何把它们运用到计划中，而且包括如何量化影响、纠正差错，从而优化结果。本质上，对那些想要变得同时用左脑和右脑思考的管理者来说，本书是一把金钥匙。我强烈向所有想同时具备创新才能和财务才能的营销者推荐本书。

约翰·奎尔奇（John A. Quelch）
哈佛商学院 Lincoln Filene 工商管理教授
主管国际发展的高级副院长

目录

第1章 引言

最近几年，数据库营销在整个商界流行起来，量化的绩效水平和可说明性已经成为营销成功的关键因素。然而遗憾的是，只有少数管理者知道如何利用量化指标来评估营销战略和市场动态的变化，其中，知晓这些指标的利弊以及其中的细微差别者更少。

在这种环境下，我们逐步意识到，营销者、管理者以及商学院学生都需要对这些用来判断营销计划和结果的量化指标有一个易于理解的且可以应用于实践的参照范本。在这本书里，我们将试图提供这样的参照范本。我们希望读者们能够利用这些量化指标取得成功。

1.1 什么是量化指标

量化指标是指用来衡量某种趋势、动力或者特征的测量系统。[1]实际上，在所有的科目中，实践者使用量化指标来解释现象、诊断原因、共享发现和计划将来事件的结果。在学界、商界和政界，量化指标都要求严格性和客观性。它们使得根据地域和时间来比较观察结果成为可能，并且使得理解和合作更加容易。

1.2 为什么需要量化指标

如果你可以量化你所说的，且可以用数字来表示出来，那么你

> 会了解它；但是如果你不能量化它，且不能用数字来表现，那么你的知识是不足的，而且是不能解决问题的。这可能是知识的开端，但是你几乎不可能用你的想法进入科学的阶段。
>
> ——威廉·汤姆森和罗德·凯文（William Thomson，Lord Kelvin，Popular Lectures and Addresses，1891－94）[2]

罗德·凯文，英国物理学家，第一次成功铺设跨大西洋电缆的管理者，定量调研的倡导者之一。可是在他那个年代，数学的严格性只在理科、工程和金融领域存在，尚未得到广泛的传播。但是从那个时候开始，一切都变了。

今天，数字能力是每个商业领导者所必备的关键技能。管理者必须量化市场机会和竞争威胁，估计金融风险和收益，评估计划、解释差异、判断绩效和识别改进的关键点，所有这些都必须用数字表示。这些技能的获得要求他们对测量和产生它们的系统和公式有很好的掌握。简言之，他们需要懂得计量学。

> ……每个量化指标，不管是用来明显地影响行为，还是用于评估将来的战略，抑或是用来清查存货，都会对行动和决策产生影响。[3]
>
> 你如果不能测量它，就不会控制它。[4]

1.3 营销量化：机会、绩效和可说明性

营销者都具有进行量化计划和评估的动力。营销曾经可能更多地被认为是艺术而不是科学。管理者过去可能很高兴地意识到他们花在广告上的资金有一半被浪费了，但是，他们并不知道是哪一半。但是，这样的时代已经过去。

现在，营销者必须量化地了解他们的市场，测量新的机会和需要实现的投资，量化不同定价和促销情境下的产品、消费者和分销渠道的价值。营销者对他们决策所采取的财务指标负责。观察者已经注意到这种

趋势：

多年来，公司营销人员上了瘾似地参加预算会议。他们不能总是证明过去在宣传品上的花费怎么样或者有什么区别。他们只是想通过花哨的电视广告、高价的赞助事件，把更多的钱用在品牌的建设上。但是现在，这些盲目的预算增加开始快速地被新的方式取代：可测量性和可说明性。[5]

1.4　选择合适的数据

然而，数字的要求代表着一种挑战。在商界和经济界，许多量化指标非常复杂且很难掌握。一些量化指标是非常特殊的，只适用于某种特别的分析法。许多所需要的数据是近似的、未完成的或者不可得到的。

在这些情况下，没有一种量化指标可能是完美的。鉴于这个原因，我们建议营销者可以采用一些或一组量化指标。由此，他们可以通过不同的视角来分析市场的变动，从而形成多种战略或者解决办法。另外，通过多种量化指标，营销者可以相互检验其结果。通过这种办法，他们可以提高判断的准确度。[6]他们也可以根据其他方法来评估和计划某个数据点。当然，为了有效地使用多种量化指标，营销者必须了解这些量化指标之间的关系和每种量化指标本身存在的一些局限性。

然而，当我们都了解了以后，量化指标就能够帮助一个企业把产品的焦点集中到消费者和市场上，也可以帮助管理者识别战略和执行中的优势和劣势。数学化的精确定义和广泛的应用使量化指标在企业内部逐步变为一种精确的和可操作的语言。

数据可得性和量化的全球化

在量化方面更多的挑战来自行业和地域之间数据可得性的差异化太大。注意到这些差异，在本书中，我们试着建议采用其他数据源和步骤来评估一些量化指标。

幸运的是，虽然营销量化的范围和类型在不同的国家和地区会有区别[7]，但是这些差别正在快速地缩小。例如，安姆伯勒[8]（Ambler）指出，绩效量化在营销者之间已经变成一种共同的语言，现在已经被用于激励团队和国际竞争。

1.5　掌握量化指标

能够“消化”数据被认为是营销成功的关键因素。然而，哪些数据需要被消化，是随着时间的推移逐步被掌握的。然后，管理者必须将这些指标应用到实践中去，而且从他们的失误中吸取教训。通过本书中的案例，我们希望读者可以获得信心，并且对数据库营销的基本原理有所了解。随着时间和经验的积累，我们相信你们将会对量化指标有一个直觉的了解，而且当计算出现疑问或疑惑时，可以了解得更加深入。

最后，我们相信绝大多数的读者对量化指标可以不仅很熟练，而且很精通。管理者应该能够在匆忙中，比如在董事会上、在战略制定和谈判中，都可以进行相关的估算。虽然并不是所有的读者都能达到这种熟练的水平，但是我们相信这些技能将会日益成为高级经理职位竞争者所必需的技能，特别是那些对财务状况负有责任的经理。我们期望在这个充满竞争的环境中，对数据库营销技能的掌握将会成为读者发展自己职业生涯的一种技能。

本书的结构

本书的章节是按照营销量化指标在企业管理中扮演的不同角色组织的。比如，个别章节是说明量化指标在促销战略、广告和分销渠道等环节的应用的。每个章节都包括概念和计算。

我们必须把这些量化指标按照某个顺序来组织，这样看起来很武断。然而，在写作本书时，我们争取做到两个目标的平衡：（1）首先确定核心概念，然后逐渐增加其解释性；（2）把相关的量化指标放在一起，帮助读者认识到这些量化指标之间的互补性和独立性。在图 1—1 中，我们提供了这些结构的图示，描述了所有营销量化指标、所有营销项目和消费者的中心角色之间的连锁性质。

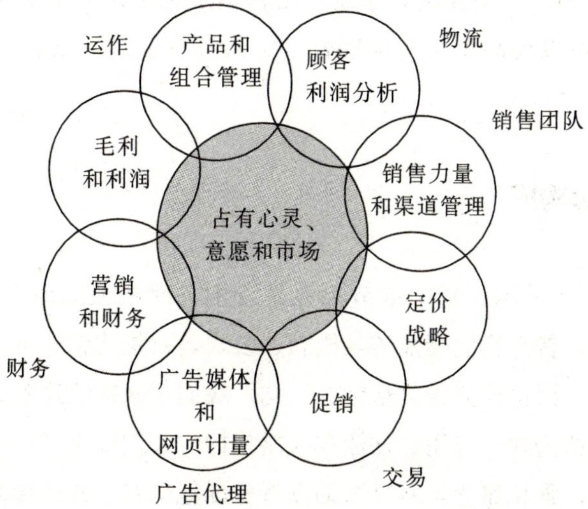

图 1—1 营销量化：在组织中心位置的营销

在本书中，量化指标的中心论点组织如下：

- 第 2 章——占有心灵、意愿和市场：顾客感知、市场份额以及竞争分析。
- 第 3 章——毛利和利润：收入、成本结构和收益率。
- 第 4 章——产品和组合管理：产品战略背后的量化，包括试用、增长、产品侵蚀和品牌资产的量化。
- 第 5 章——顾客利润分析：个体顾客和关系的价值。
- 第 6 章——销售力量和渠道管理：销售力量组织、绩效和薪酬。分销范围和物流。
- 第 7 章——定价战略：价格敏感度和最优化，立足于设定价格使利润最大化。
- 第 8 章——促销：临时价格促销、优惠券、回扣和交易津贴。
- 第 9 章——广告媒体和网络量化：广告覆盖面和效果的量化，包括到达率、频次、收视点和印象数。消费者对广告的反应模型。基于网站任务的特殊量化指标。

- 第 10 章——营销与财务：营销项目的财务评价。
- 第 11 章——营销量化指标 X 线：衡量作为机会、挑战和财务绩效的最主要的预测因子。
- 第 12 章——量化指标系统：把营销量化指标分解成不同的组成部分可以提高衡量的准确性、深入分析管理问题以及构建营销模型。

每个章节的构成

如表 1—1 所示，每个章节都涉及特别的营销概念或者量化指标。在每个章节，首先我们会描述其概念、公式，对量化指标进行简要的描述。接下来，讨论相关量化指标的结构。我们用来描述这些量化指标的相关内容包括公式、应用、评注和战略指标。我们提供了一些示例来解释计算过程、强化概念，并且帮助读者验证他们对公式的理解。在这之后，我们提到了数据源、难点和注意点，并且探讨了这些量化指标的局限性和它们在使用过程中存在的缺陷。然后，我们还检验了这些量化指标的假设条件。最终，我们以对相关量化指标和概念的简要总结结束每个部分。

表 1—1　　主要量化指标列表

章节	量化指标	章节	量化指标
第 2 章	占有心灵、意愿和市场	2.7	脑海中的第一
2.1	收入市场份额	2.7	广告意识
2.1	单位市场份额	2.7	了解
2.2	相对市场份额	2.7	信念
2.3	品牌发展指数	2.7	购买意愿
2.3	品类发展指数	2.7	购买习惯
2.4～2.6	市场份额的分解	2.7	忠诚度
2.4	市场渗透	2.7	喜好度
2.4	品牌渗透	2.8	自愿推荐
2.4	渗透份额	2.8	消费者满意度
2.5	获取份额	2.9	净推荐
2.6	大量使用指数	2.10	自愿搜寻
2.7	影响力等级	第 3 章	毛利和利润
2.7	知晓	3.1	单位毛利

续前表

章节	量化指标	章节	量化指标
3.1	毛利率（%）	6.4	报酬
3.2	渠道毛利率（%）	6.4	盈亏平衡点的雇员数量
3.3	平均单位价格	6.5	销售漏斗、销售渠道
3.3	每统计单位价格	6.6	数字分销
3.4	变动成本和固定成本	6.6	所有商品数量（ACV）
3.5	营销支出	6.6	产品类目数量（PCV）
3.6	单位贡献	6.6	总分销
3.6	贡献毛利率（%）	6.6	类目业债表现率
3.6	盈亏平衡量	6.7	脱销
3.7	目标量	6.7	存货
3.7	目标收入	6.8	降价
第 4 章	产品和组合管理	6.8	直接产品获利性（DPP）
4.1	试用率	6.8	存货投资的毛利回报率(GMROII)
4.1	重复量	第 7 章	定价战略
4.1	渗透	7.1	溢价
4.1	数量预测	7.2	保留价格
4.2	与上年同期相比增长率	7.2	值得购买百分比
4.2	复合年均增长率（CAGR）	7.3	价格需求弹性
4.3	产品侵蚀率	7.4	最优价格
4.3	公平份额获取	7.5	剩余弹性
4.4	品牌资产量化	第 8 章	促销
4.5	组合效用	8.1	基线销售额
4.6	细分效用	8.1	增量销售额/促销提升
4.7	组合效用和数量预测	8.2	赎回率
第 5 章	顾客利润分析	8.2	优惠券和回扣成本
5.1	顾客	8.2	优惠券销售额百分比
5.1	崭新度	8.3	折扣销售额百分比
5.1	挽留率	8.3	执行率
5.2	顾客利润	8.4	价格瀑布
5.3	顾客终身价值	第 9 章	广告媒体和网络量化
5.4	潜在顾客终身价值	9.1	印象数
5.5	平均获取成本	9.1	总视听点（GRPs）
5.5	平均挽留成本	9.2	每千人印象成本（CPM）
第 6 章	销售力量和渠道管理	9.3	净到达率
6.1	工作量	9.3	平均频次
6.1	销量潜力预测	9.4	频次反应函数
6.2	销售目标	9.5	有效到达率
6.3	销售队伍效果	9.5	有效频次

续前表

章节	量化指标	章节	量化指标
9.6	广告占有率	9.14	关注着/追随者/支持者
9.7	网页浏览量	9.15	下载量
9.8	多媒体播放时间	第10章	营销与财务
9.9	多媒体互动率	10.1	净利润
9.10	点击率	10.1	销售回报率（ROS）
9.11	每点击成本	10.1	息税折旧及摊销前利润(EBITDA)
9.11	每订单成本	10.2	投资回报率（ROI）
9.11	每获得顾客的成本	10.3	经济利润（EVA）
9.12	访问	10.4	回收期
9.12	访问者	10.4	净现值（NPV）
9.12	放弃率	10.4	内部回报率（IRR）
9.13	蹦失率	10.5	营销投资回报率（ROMI）；收入

以这种方式组织本书，我们的目的很直接：本书中提到的大多数量化指标不仅涉及的面比较广，而且解释的层面比较多。博士论文应该更多地涉及它们。然而，在本书中，我们想要提供一种可理解和实践性的参照。如果在细节方面有错误，我们想识别、定位和警告读者解决它，但是并不是补充他的黑名单。最后，我们分步骤讨论每个量化指标。当他们认为合适的时候，我们邀请读者举一些范例，把每种量化指标深入到最有用和最有益的深度。

立足于量化指标的易理解性，我们也避免高等数学的概念。本书中大多数的计算都可以很容易得出，不需要高深复杂的数学知识。较复杂和精深的计算可能需要通过电子制表软件得出。其他更高级的计算方法是不需要的。

参考资料

纵观本书，我们强调了概念和公式的重要性。另外，在每个章节的开篇还包括了关键术语的大纲。在每个公式中，我们利用以下的符号来定义投入和产出。

$——美元符号：一种货币符号。在这里，虽然我们使用的是美元，并且是简化的美元符号，但是对于其他货币，包括欧元、日元、第纳尔或者人民币都是同样适用的。

%——百分比：使用起来等同于分数或者小数。为了易读性，我们已经有目的地省略了把小数转化为百分数的步骤。

#——数目：用来表示单位销量或者竞争者数量。

R——评分：通过一个量表把判断或者偏好量化成数字。例如，在一项研究消费者满意度的调查中，“1”用来表示消费者极其不满意，“5”用来表示消费者极其满意。除了在特定的量表或者情境中，评分没有任何实在的意义。

I——指数：一种相比较的指数，经常与市场一般水平相关或者是市场一般水平的表现。例如，消费者价格指数。指数经常被表示成分数的形式。

参考文献和建议进一步阅读的资料

Abela，Andrew，Bruce H. Clark，and Tim Ambler. “Marketing Performance Measurement，Performance，and Learning，” working paper，September 1，2004.

Ambler，Tim，and Chris Styles.（1995）. “Brand Equity：Toward Measures That Matter，” working paper No. 95 - 902，London Business School，Centre for Marketing.

Barwise，Patrick，and John U. Farley.（2003）. “Which Marketing Metrics Are Used and Where?” Marketing Science Institute，（03 - 111），working paper，Series issues two 03 - 002.

Clark，Bruce H.，Andrew V. Abela，and Tim Ambler. “Return on Measurement：Relating Marketing Metrics Practices to Strategic Performance，” working paper，January 12，2004.

Hauser，John，and Gerald Katz.（1998）. “Metrics：You Are What You Measure，” *European Management Journal*，Vo. 16，No. 5，pp. 517 - 528.

Kaplan，R. S.，and D. P. Norton.（1996）. *The Balanced Scorecard：Translating Strategy into Action*，Boston，MA：Harvard Business School Press.

1.6 调查营销量化指标

为什么调查营销量化指标非常重要?

在本书的开始部分，我们根据同事、编辑和他人所给的建议列出一张营销量化指标表，该表包含了那些“非常重要”或实用性排名位于“前十名”的指标。这些建议都说明了一个问题，那就是阅读者（管理人员和学生）必须把自己的主要精力集中在“最重要的”营销量化指标上面。如今，我们仍然坚持这一观点。

我们之所以不把那些不实用且不重要的指标放到营销量化指标等级表上面，主要有以下几方面的原因。首先，我们相信由于所处行业类型环境不同，导致了不同行业具有不同的营销量化指标等级表，而这些等级表是根据实用性由大到小进行排列的。例如，用于衡量零售供应或批发生产的指标，对于那些直接销售的 B2B 产品和服务的营销人员而言就没有太大的作用。

其次，我们相信不同的行业具有不同的营销量化指标等级表，并且这些指标与其所处的环境相匹配。例如，如果客户终身价值（CLV）是衡量公司（这里所指的是金融服务行业）业绩的一个重要指标，那么你可能会对其持有成本和保留成本的价值进行衡量。同样地，以上观点也适用于零售、媒体、销售力量和网络流量指标。如果某些指标对你的公司而言非常重要，那么它们对于同行业中的其他企业而言也具有同样重要的作用。

第三，并不是每个行业都具有与其相适应的营销量化指标（原因可能是基于合理成本的考虑）。因此，一些现有的指标等级表只能够反映获取相关数据的成本，而这些数据是构成特定量化指标的基础。

第四，虽然某些量化指标的排名可能较低，但是在管理者完全掌握其优缺点之后，它们就会在实际应用中发挥较大的作用。例如，许多人都相信经济增加值（EVA）是股东衡量利润的一个“黄金标准”，然而它的排名却远低于像投资回报率（ROI）这类用于衡量财务的其他量化指标。我们相信 EVA 排名较低的原因之一是该指标无法衡量公司在“运营水平”层次的绩效，而非公司整体的绩效。另一个原因则是与其他财务指标相比，EVA 相对较新而且管理者对其的理解不深。同样，CLV 是另一个被人们普遍接受的营销量化指标，然而，迄今为止许多管理者仍然无法熟练地运用该指标。假如管理者现在已经完全掌握了这些量化指标的含义，我们就没有必要写这本书了。

总之，虽然我们相信根据调查所做的量化指标等级表具有重要的作用，但是阅读者还必须牢记上面所提到的几点注意事项。根据行业类型的不同、指标范畴的不同和重要程度的不同所得出的营销量化指标等级表也各不相同。尽管在现实生活中并没有完全相同的两种业务，但是我们仍然相信读者可以借鉴他人的经验来找出各项指标在自己业务中的相应用途。如果相同行业中的其他营销人员认为这些指标在他们的业务活动中起着至关重要的作用，那么我们也可以相信这些指标对于我们而言也具有同样重要的作用。

调查样本

本研究的调查对象为194位高级营销管理者和执行官。其中有100多位被访者是副总裁、主管、总经理或市场营销部“总经理”，甚至有一些被访者在跨国公司就职。然而，绝大多数被访者的职位主要还是营销副总裁、营销主管和销售与市场主管。在所有的被访者中，有10位是公司总裁和C级管理人员，他们都对公司的营销状况给予了特别的关注；而剩下的被访者则分别是产品/项目/产品类别经理、交易部经理、定价经理、关键客户部经理、开发部经理和公司副总裁的助理/秘书。

由于我们在本次调查中所选择的行业各不相同，所以无法对其进行简单地整体概括。我们对被访者数量低于10人的行业状况做了相关记录。这些被访者分别来自以下行业：航空航天、汽车、银行、化工、消费品、建筑、电脑、咨询、教育、规划、投资、政府、医疗保健、房地产、保险、信息技术、制造、原材料、媒体设备、油漆、制药、零售、软件、电信和交通。还有约20%的被访者并没有给出自己所在的行业。

本次研究中设计的问题也对特定指标在监控和管理业务中具有的作用进行了说明。同时，本次调查还要求管理者给出这些指标在实际应用中的等级，但无须说明原因。尽管如此，该研究并没有给出“实用”内涵的具体导向，我们把这一问题留给调查人员，让他们自己去考虑。

与其他的营销量化指标相比，财务指标具有更大的实用性。于是，我们就可以解释为什么每个公司都特别关注财务指标的现象了。

注释

［1］Word Reference，www. wordreference. com. Accessed 22 April 2005.

［2］Bartlett，John. (1992). *Bartlett's Familiar Quotations*，16th edition；Justin Kaplan，general editor.

［3］Hauser，John，and Gerald Katz. "Metrics：You are What You Measure，" *European Management Journal*，Volume 16 No 5 October 1998.

［4］Kaplan，Robert S.，and David P. Norton. (1996). *Balanced Scorecard*，Boston，MA：Harvard Business School Press.

［5］Brady，Diane，with David Kiley and Bureau Reports，"Making Marketing Measure UP，" *Business Week*.

［6］严格地说，所有数据可能都存在误差。例如，从零售到消费者的份额可能是估计的。销售数据可能来自出货到零售这一过程。

［7］Barwise，Patrick，and John U. Farley. (2003). "Which Marketing Metrics Are Used and Where?" Marketing Science Institute (03-111)，working paper，Series issues two 03-002.

［8］Ambler，Tim，Flora Kokkinaki，and Stefano Puntoni. (2004). "Assessing Marketing Performance：Reasons for Metrics Selection，" *Journal of Marketing Management*，20，475－498.

第 2 章

占有心灵、意愿和市场

引　言

本章涉及的量化指标

市场份额	大量使用指数
相对市场份额	知晓、态度和使用（AAU）
市场集中	消费者满意度
品牌发展指数（BDI）	自愿推荐
品类发展指数（CDI）	净推荐
渗透	自愿搜寻
获取份额	

随着新店的疯狂增开，沃尔玛继续增加消费者的支出份额(share of wallet)。在过去的这个假期中，有五分之三的消费者在沃尔玛购买了礼品。美国平均有22%的家庭在沃尔玛采购他们的食品或杂货。有四分之一的购物者指出，相对前一年来说，在沃尔玛，他们在服装方面花费了更多的预算。这导致《零售前沿》(*Retail Forward*）杂志有理由预测，沃尔玛将继续推动消费者的购买热潮。[1]

乍看起来，市场份额算起来似乎很简单，“我们/（我们+他们)”。但是，这样的计算方法会产生一系列的问题。例如，“他们”是谁？也就是说，我们如何定义我们的竞争对手？我们使用哪个量化指标？在价值链的什么地方收集信息？什么样的时间结构使我们的信噪比（signal-to-noise ratio）最大化？在与市场份额一样重要，也同样无处不在变化的计量学里，对这些问题的回答是非常关键的。在这一章，我们将着手处理这些问题，并且介绍有关市场份额的关键组成部分，包括渗透份额（penetration share）、大量使用指数（heavy usage index）以及获取份额（share of requirements）。

在探究市场份额背后的发展变化时，我们将探索消费者在众多品牌中选择某个品牌时影响其决策的三个关键因素，分别是知晓（awareness）、态度（attitude）和使用（usage）。我们将讨论消费者对产品和经销商的满意度，有关这方面的量化在营销领域变得越来越重要。最后，我们将考虑衡量消费者偏好和满意度深度的量化指标，包括在某个品牌难以获得时自主搜寻的意愿，以及把自己知晓的品牌介绍给他人的意愿。逐渐地，营销者会把这些指标作为预测将来变化的关键指示器。

	量化指标	结构定义	考虑因素	目的
2.1	收入市场份额（revenue market share）	销售收入占市场销售收入的百分比。	市场定义的范围。分析的渠道水平。折扣前/折扣后。时间期限。	竞争的量化。
2.1	单位市场份额（unit market share）	单位销量占总体市场单位销量的百分比。	市场定义的范围。分析的渠道水平。时间期限。	竞争的量化。
2.2	相对市场份额（relative market share）	品牌市场份额与最大竞争对手市场份额的比值。	也可以使用收入市场份额或单位市场份额进行比较。	评估比较市场优势。
2.3	品牌发展指数（brand development index）	品牌在某个特定细分市场的销量与该品牌在整个市场销量的比值。	也可以使用收入市场份额或单位市场份额进行比较。	品牌购买和消费的区域或细分差别。
2.3	品类发展指数（category development index）	产品类别在某个特定细分市场的销量与该产品类别在整个市场销量的比值。	也可以使用收入市场份额或单位市场份额进行比较。	产品类别购买和消费的区域或细分差别。

续前表

	量化指标	结构定义	考虑因素	目的
2.4 2.5 2.6	市场份额的分解(decomposition of market share)	渗透份额。 获取份额。 大量使用指数。	可以基于单位市场份额或收入市场份额。 时间期限。	市场份额的计算。 竞争分析。 历史趋势分析。 营销目标的表述。
2.4	市场渗透(market penetration)	某个产品类别的购买人数占总人口的百分比。	基于人口。所以，单位或者收入因素是不相关的。	测量品类在所定义的人口中的接受度。 追踪新产品类别接受度的有效性。
2.4	品牌渗透(brand penetration)	某个品牌的购买人数占总人口的百分比。	基于人口。所以，单位或者收入因素是不相关的。	测量品牌在所定义的人口中的接受度。
2.4	渗透份额(penetration share)	品牌渗透占市场渗透的百分比。	市场份额公式的组成部分。	在品类内，品牌的比较接受程度。
2.5	获取份额(share of requirements)	品牌购买量占消费者品类购买量的百分比。	可以使用单位或者收入市场份额。随着销量的降低可能增加，剩下的只有最忠诚的消费者。	现有消费者对某品牌的承诺水平。
2.6	大量使用指数(heavy usage index)	某个品牌消费者的品类购买量与该品类消费者平均购买量的比值。	可以使用单位或者收入市场份额。	测量某个特定品牌消费者的品类相对使用状况。
2.7	影响力等级(hierarchy of effects)	知晓；态度，信念；重要性；试用意愿；购买；试用，重购。	严格的顺序经常被打乱或者颠倒。	设定营销和广告目标。 了解消费者决策过程的阶段。
2.7	知晓(awareness)	知晓某个品牌的人数占总人口的百分比。	是自发知晓还是被动知晓。	考虑哪些人听说过这个品牌。
2.7	脑海中的第一(top of mind)	只考虑最好的品牌。	可能是受到最近的广告或者消费经验的影响。	品牌的显著性(saliency of brand)。

续前表

	量化指标	结构定义	考虑因素	目的
2.7	广告意识(ad awareness)	意识到某个品牌广告的人数占总人口的百分比。	可能会受到时间表、接触面以及广告频率的影响。	一种量化广告效果的方法。可能会预测广告的“制动能力”。
2.7	了解(knowledge)	了解产品以及该产品广告的人数占总人口的百分比。	一种非正式的量化指标。是自发的了解还是被动的了解呢?	除了名字识别外，对产品其他方面的熟悉程度。
2.7	信念(consumer beliefs)	消费者对产品的看法，一般通过量表评分的调研方式获得。	消费者可能拥有不同程度的信念。	通过特征对品牌的感知。
2.7	购买意愿(purchase intentions)	购买某种产品或品牌的可能性。	估计购买的可能性，合计或分析一定意愿的等级。	事先测量购买的意向。
2.7	购买习惯(purchase habit)	购买的频率。典型购买的数量。	在购买过程中可能具有很大的差异。	帮助识别经常使用者。
2.7	忠诚度(loyalty)	包括对获取份额、自愿支付溢价、自愿搜寻的量化。	“忠诚度”本身不是一种正式的量化指标，但是特定的量化指标测量了其动态性的一方面。新产品的进入可能会改变忠诚水平。	未来收入流的基本指标。
2.7	喜好度(likeability)	一般通过一组量表评分测量。	经常被认为与说服相关。	表示对购物的整体偏好。
2.8	自愿推荐(willingness to recommend)	一般通过一组 5 分量表测量。	影响力是非线性的。	显示忠诚度的优势，以及对他人的潜在影响力。
2.8	消费者满意度(customer satisfaction)	一般通过一组 1～5 分的量表测量，在该量表中，消费者声明他们对某品牌在整体上或者对某特征的满意度。	受回答偏差的影响。获得现有消费者的评价，而不是失去的消费者。满意度是期望的函数。	预测重购的可能性，不满意报告显示需要改进的方面以提升消费者忠诚度。

续前表

	量化指标	结构定义	考虑因素	目的
2.9	净推荐 (net promotor)	愿意向他人推荐公司产品的客户所占的百分比小于不愿推荐客户所占的百分比。	是为了了解被调查者的意愿。	是一个非常好的营销量化指标。
2.10	自愿搜寻 (willingness to search)	自愿推迟购买、改变商店或者为避免转换品牌而降低购买量的消费者的百分比。	很难获得。	指出分销覆盖面的重要性。

2.1 市场份额

市场份额（market share）是通过某个特定实体来解释的市场（以单位或者收入来定义）的百分比。

$$单位市场份额（\%）=\frac{单位销量（\#）}{总体市场单位销量（\#）}$$

$$收入市场份额（\%）=\frac{销售收入（\$）}{总体市场销售收入（\$）}$$

营销者必须能够把销售目标转化为市场份额，因为这将会显示销售目标是否会通过扩大市场或者争夺竞争对手的份额而达到，然而后者通常较难达到。在竞争环境下，市场份额经常被作为市场变化的迹象，导致战略性和战术性的行动。

目的：市场竞争的关键预测指标

市场份额是一个企业与其竞争对手抗争结果的指示器。辅之以销售收入方面的变化，这个量化指标可以帮助管理者评估市场上主要的和选择性的需求。也就是说，这不仅可以帮助管理者判断整体市场的扩大或缩小，而且可以判断在竞争者中消费者选择的发展趋势。一般来说，与从竞争者手中夺取市场相比，来自主要需求（整体市场增长）的销售增长成本更低而且利润更高。反过来，市场份额的减少意味着存在严重的长期问题，需要进行战略性调整。当企业处于某个特定市场份额水平时，该指标可能并不是生死攸关的。同样，在某条企业产品线内，个体产品的市场份额趋势被认为是未来机会和问题的早期预测指标。

结构定义

市场份额：通过某个特定实体解释的市场百分比。

单位市场份额：某个特定企业的销量占以同样单位衡量的总体市场销量的百分比。

$$\text{单位市场份额（\%）}=\frac{\text{单位销量（\#）}}{\text{总体市场单位销量（\#）}}$$

当然，可以通过这个公式的变形，由其他两个变量推断出单位销量或总体市场单位销量，描述如下：

$$\text{单位销量（\#）}=\text{单位市场份额（\%）}\times\text{总体市场单位销量（\#）}$$

$$\text{总体市场单位销量（\#）}=\frac{\text{单位销量（\#）}}{\text{单位市场份额（\%）}}$$

收入市场份额：与单位市场份额不同，收入市场份额反映了商品销售的价格。实际上，计算相对价格的一种相对简单的方法是用收入市场份额除以单位市场份额（参见7.1节）。

$$\text{收入市场份额（\%）}=\frac{\text{销售收入（\$）}}{\text{总体市场销售收入（\$）}}$$

和单位市场份额一样，可以通过收入市场份额的公式的变形，由其他两个变量计算出销售收入或总体市场销售收入。

数据源、难点和注意点

市场定义绝不是一件微不足道的事情：如果一个企业把市场定义得太广，就会淡化焦点。如果定义得太窄，就会错过许多机会和产生许多无法预见的威胁。为了避免这些缺陷，在计算市场份额的第一步中，建议管理者使用一组竞争者、产品、销售渠道、地理区域、消费者和时间期限的单位销量或收入来定义目标市场。比如，他们可能断定，在杂货店业，在美国东北部，他们是销售冷冻意大利食品的收入市场份额的领导者。

必须仔细地定义数据参数：虽然市场份额可能是唯一的、最重要的营销量化指标，但是还没有得到普遍承认的计算它的最好办法。遗憾的是，不同的计算方法在不同的时刻可能不仅会得出不同的结果，而且随着时间的推移会产生分歧的趋势。这些差异的理由可能来自看待的角度不一样（数量 vs. 收入），考虑的渠道不一样（制造商到岸价格 vs. 消费者终端价格）。市场定义的不同（竞争普遍性的范围）还包括测量误差。在战略决策的情境分析中，管理者必须能够理解和解释这些差异。

在汽车业的竞争中，特别是通用汽车公司，描述了量化市场份额的复杂性：

> 随着市场份额在今年前两个月的滑落（从 27.2% 下降到 24.9%）——自 1998 年由于两个月的罢工而停工以来的最低水平——通用汽车公司估计第一季度会净损失 84 600 万美元。[2]

回顾这些情况，2005 年的《商业周刊》（*Business Week*）中描写道，一位营销经理可能会立即抛出一系列的问题：

- 这些指数是代表单位（汽车）市场份额还是收入（美元）市场份额?
- 在通用汽车公司，这个趋势是否支持单位市场份额和收入市场份额?
- 收入市场份额是在折扣之前还是之后计算的?
- 这些销售数据反映与制造商当前损益报表直接相关的工厂出货，还是反映被经销商存货缓冲的针对消费者的直接销量?
- 市场份额的下降是否被转化为与此同等份额的销售额的减少，或者总体市场大小已经发生了变化?

管理者必须确定一定的市场份额是基于装运数据、渠道数据、零售额、消费者调研以及其他的一些数据源的。有时候，份额指数可能代表一些数据的组合（例如，一个企业的实际出货量可能与竞争对手的调研估计量相比较）。如果有必要，管理者还必须在不同的渠道间调整差异。

测量的时期会影响信噪比：在分析短期市场的变化，如促销活动或者价格变化的影响时，经理人员必须发现在一个短暂的时期内测量市场份额是有效的。然而，经常会导致相对较低的信噪比。相反，较长时间跨度的数据将会更加稳定，但是可能会模糊市场上一些重要的近期变化。这个原则应用得更为广泛，也适用于聚集的地理区域、渠道类型或者顾客。当选择市场和时期分析时，经理人员必须优化最重要的信号类型。

在报告份额时的偏见：发现市场大小数据的一种方式是通过顾客使用量的调研（参见 2.7 节）。然而在解释这些数据的过程中，经理人员必须牢记基于报告（与记录相对）销量的份额容易受到名牌的影响。

相关的量化指标和概念

目标市场（served market）：企业参与竞争的市场占总体市场的比例。这可能排除地理区域或者产品类型。例如，在航空业，在 2005 年中期，瑞安航空公司不经营飞往美国的航线。因此，美国不是其目标市场的一部分。

2.2 相对市场份额和市场渗透

相对市场份额是指一个企业或一个品牌相对于其主要竞争对手的市场份额。

$$相对市场份额(I)(\%)=\frac{某品牌的市场份额(\$,\#)}{最大竞争对手的市场份额(\$,\#)}$$

市场渗透作为一种相关的量化指标，用于测量一组数目相对少的企业占有总体市场较大比例的程度。

这些量化指标经常用于比较一个企业或一个品牌在不同市场的相对位置，以及评估在这些市场的竞争类型和竞争程度。

目的：评估一个企业或一个品牌的成功和在市场上的位置

一个占有 25%市场份额的企业在许多市场上都是一个有力的领导者，但是在其他市场上则是远远落后的第二名。相对市场份额提供了一种方法来帮助一个企业或一个品牌来定点赶超其最大竞争对手，使经理人员能够在不同的产品市场来比较相对市场位置。相对市场份额在一些研究中具有重要的意义，虽然有很大的争论，但人们普遍认为，一个市场中的领导者比其他竞争者更容易获利。该量化指标被波士顿咨询公司发展成为广为流传的相对份额和市场增长矩阵（见图 2—1）。

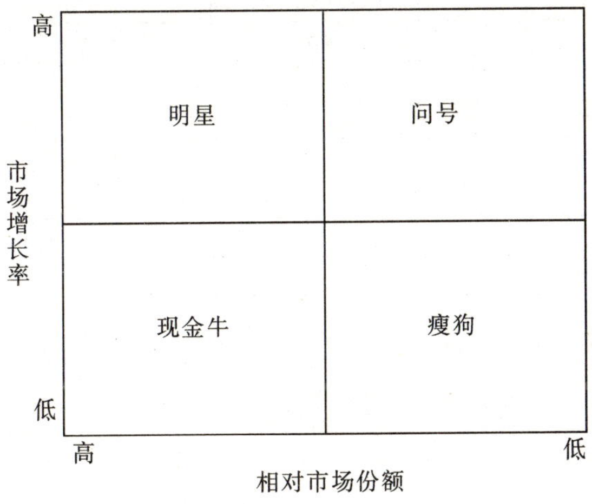

图 2—1　波士顿矩阵

在波士顿矩阵中，横轴表示相对市场份额——代表竞争优势，纵轴表示市场增长率——代表发展潜力。每一个维度，产品都被区分为高和低，落在其中一个区间里。在波士顿矩阵的传统解释中，高相对市场份额的产品在增长的市场中被认为是明星产品，这些产品需要巨大的投资来支持。而这些投资的资金可能来自低增长率市场中具有高相对市场份额的现金牛产品。问号产品将来可能有较大的增长潜力，但是相对竞争位置较弱。最后，瘦狗产品既不具有较强的竞争位置，也不具有增长潜力。

结构定义

$$相对市场份额（I）=\frac{某品牌的市场份额（\$，\#）}{最大竞争对手的市场份额（\$，\#）}$$

相对市场份额也可以用某品牌销量（#，$）除以最大竞争对手销量（#，$）来计算得出，因为总体市场销量（或收入）的公因子被消掉了。

示例：城市小型车市场包括5个经销商（见表2—1）。

表2—1　城市小型车市场

	销量（千辆）	销售收入（千欧元）
Zipper	25	375 000
Twister	10.0	200 000
A-One	7.5	187 500
Bowlz	5	125 000
Chien	2.5	50 000
市场总计	50.0	937 500

在城市小型车市场中，A-One公司的管理者想要了解他们公司相对于最大竞争对手的市场份额。他们可以通过销量或者销售收入计算得出。

通过销量来计算，A-One每年销售7 500辆车。Zipper是市场领导者，每年销售25 000辆车。那么，A-One的相对市场份额用销量来表示，就是7 500/25 000，或者是0.3。如果先计算A-One的市场份额(7 500/50 000=0.15）和Zipper的市场份额（25 000/50 000=0.5），然后再用A-One的市场份额除以Zipper的市场份额（0.15/0.5=0.3），也可以得出相同的答案。

通过销售收入来计算，A-One每年通过售车获得1.875亿欧元的收入。市场领导者Zipper每年获得3.75亿欧元的收入。那么，A-One的相对市场份额用销售收入来表示，就是1.875亿欧元/3.75亿欧元，或者是0.5。由于其每辆车的平均价格相对较高，因此，A-One的相对市场份额用销售收入来计算的结果要大于用销量来计算的结果。

相关的量化指标和概念

市场渗透：一组个数相对较少的企业占有较大市场份额的程度。通常也被称做渗透率，一般会计算市场上最大的前三名或前四名企业。[3]

三（四）大公司渗透率［three（four）firm concentration ratio］：市场上处于领导地位的前三（四）家公司所占的市场份额。

示例：在城市小型车市场中，三大公司的市场渗透率是由市场上最大的 Zipper、Twister 和 A-One 三家竞争者体现的（见表 2—2）。

表 2—2　市场份额——城市小型车

	销量（千辆）	销量份额（%）	销售收入（千欧元）	收入份额（%）
Zipper	25	50	375 000	40.0
Twister	10.0	20	200 000	21.3
A-One	7.5	15	187 500	20.0
Bowlz	5	10	125 000	13.3
Chien	2.5	5	50 000	5.3
市场总计	50.0	100	937 500	100

用销量表示，三家企业的渗透率为 50%+20%+15%=85%。用销售收入表示，渗透率则为 40%+21.3%+20%=81.3%。

赫芬达尔指数（Herfindahl Index）：对市场上所有厂商的市场份额的平方进行加总，用来表示市场集中的量化指标。由于是平方加总，因此如果市场被大型厂商主导，那么该指数将会增大。

示例：赫芬达尔指数强烈地描述了城市小型车市场的集中程度（见表 2—3）。

表 2—3　城市小型车市场赫芬达尔指数的计算

	销量（千辆）	销量份额（%）	赫芬达尔指数	销售收入（千欧元）	收入份额（%）	赫芬达尔指数
Zipper	25	50	0.25	375 000	40	0.16

续前表

	销量（千辆）	销量份额（%）	赫芬达尔指数	销售收入（千欧元）	收入份额（%）	赫芬达尔指数
Twister	10.0	20	0.04	200 000	21	0.045 5
A-One	7.5	15	0.022 5	187 500	20	0.04
Bowlz	5	10	0.01	125 000	13	0.017 8
Chien	2.5	5	0.002 5	50 000	5	0.002 8
市场总计	50.0	100	0.325	937 500	100	0.266 1

通过销量计算，赫芬达尔指数等于 Zipper 的销量市场份额的平方（$50\%^2=0.25$）加上 Twister 的（$20\%^2=0.04$），再加上 A-One、Bowlz 和 Chien 的，最后等于 0.325。

通过销售收入计算，赫芬达尔指数等于 Zipper 的销售收入市场份额的平方（$40\%^2=0.16$）加上其他所有竞争者的收入市场份额的平方，最后等于 0.266 1。

由前面计算出的赫芬达尔指数可以看出，对于城市小型车市场来说，与销售收入相比，在销量方面市场更集中。出现这种情况的理由是很明显的：高价车在市场上的销量较少。

注意：对于给定的竞争者数量，如果市场份额相等，赫芬达尔指数是最小的。例如，假设在某个行业中，有 5 家市场份额相等的企业，那么它的赫芬达尔指数为 $5\times(20\%)^2=0.2$。

数据源、难点和注意点

与前面一样，合适的市场定义和量化指标的合理使用是得出有意义的结果的最基本的前提。

相关的量化指标和概念

市场份额地位（market share rank）：当竞争者按大小排列，并将最大竞争者的位置规定为 1 时，某个品牌在市场中的排位。

品类份额（share of category）：该量化指标与市场份额的计算方法

一样，但是这里指的是在某个特定零售商或者某类零售商中的市场份额（例如，大众批发商）。

2.3 品牌发展指数和品类发展指数

品牌发展指数（BDI）是指某个品牌在某群特定消费者中的人均销量与该品牌在所有消费者中的人均销量的比值。

$$品牌发展指数（I）=\frac{针对某群消费者的品牌销量（\#）/该群消费者的住户数（\#）}{该品牌总销量（\#）/总住户数（\#）}$$

品类发展指数（CDI）是指针对某个特定群体的商品和服务类别的销量表现与全部消费者的平均销量的比值。

$$品类发展指数（I）=\frac{针对某群体的品类销量（\#）/该群体中的住户数（\#）}{品类总销量（\#）/总住户数（\#）}$$

品牌发展指数和品类发展指数有利于了解特定消费者细分市场针对总体市场的相对情况。虽然这里是根据住户数定义的，但是也可以通过消费者数量、账户、商家或者其他实体来定义。

目的：为了了解某个品牌或产品类别在特定消费者群内的相对表现

品牌发展指数和品类发展指数有助于识别某个特定产品和服务的品牌或类别的强势和弱势细分市场。例如，通过监测品类发展指数，营销者可能会发现，中西部地区的消费者的西部乡村音乐 CD 的购买量是全美人均购买量的两倍，而居住在东部海岸的消费者的购买量低于全美人均购买量。对于一个新的西部乡村表演者有目的地发起宣传攻势，这是非常有用的信息。相反，如果经理人员发现某种产品在某个具有较高品类发展指数的细分市场里，具有较低的品牌发展指数，那么经理人员可能会问为什么该品牌在这个有希望的细分市场里表现会这么差。

结构定义

品牌发展指数（I）：衡量某个品牌在某群特定消费者中，相对于该品牌在所有消费者中表现的指数。

$$\text{品牌发展指数（I）}=\frac{\text{针对某群消费者的品牌销量（\#）}/\text{该群消费者的住户数（\#）}}{\text{该品牌总销量（\#）}/\text{总住户数（\#）}}$$

品牌发展指数用来测量在某个特定人口统计组或地理区域内人均品牌销量与总体市场中人均销量的比值。为了解释它的用途，某人可能会假设 Ben & Jerry 牌冰激凌在其总部地区佛蒙特州的人均销量要比其他地方的高。为了计算佛蒙特州 Ben & Jerry 牌冰激凌的品牌发展指数，营销者需要从数量上来检验该假设。

示例：Oaties 是一家提供早餐麦片的次级品牌。在没有孩子的家庭中，每 100 家住户每周消费 1 包。而对普通大众来说，则是每 80 户每周消费 1 包。也就是说，对无孩家庭细分市场来说，家庭平均消费量是 1/100，而对于普通居民来说，家庭平均消费量为 1/80。

$$\text{品牌发展指数}=\frac{\text{某细分市场品牌销量/住户数}}{\text{该品牌总销量/住户数}}=\frac{1/100}{1/80}=0.8$$

Oaties 在无孩家庭细分市场上的表现比总体市场表现逊色。

品类发展指数：衡量一个产品类别在某个特定的细分市场中，相对于该产品类别在总体市场中表现的指数。

$$\text{品类发展指数（I）}=\frac{\text{某群体的品类销量（\#）}/\text{该群体的住户数（\#）}}{\text{品类总销量（\#）}/\text{总住户数（\#）}}$$

与品牌发展指数的概念一样，品类发展指数也可以通过与总体市场表现的比较，发现一个产品类别在某个细分市场表现的优势和劣势。比如，在波士顿，冰激凌的人均销量较高；而在巴伐利亚和爱尔兰，啤酒的人均销量要比伊朗高。

数据源和难点

在计算品牌发展指数和品类发展数时，对细分市场的精确定义尤其关键。虽然细分市场一般通过地理界限划分，但是也可以采用其他任何一种容易获得数据的方式来划分。

相关的量化指标和概念

品类发展指数也被应用于零售组织。在使用过程中，该指数测量的是一家零售商相对其他品类重视某个产品类别的程度。

$$\text{品类发展指数（I）}=\frac{\text{零售商某品类销量的份额（\%）}}{\text{零售商的总体市场份额（\%）}}$$

该指数的使用与品类性能比（category performance ratio）相似（参见 6.6 节）。

2.4 渗　透

渗透用于测量某个品牌或品类的普及程度。渗透被定义为在给定期限内，购买某个特定品牌或产品类别的消费者数量与相关市场人口总数的比值。

$$\text{市场渗透（\%）}=\frac{\text{已经购买该类别产品的消费者（\#）}}{\text{总人口（\#）}}$$

$$\text{品牌渗透（\%）}=\frac{\text{已经购买该品牌的消费者（\#）}}{\text{总人口（\#）}}$$

$$\text{渗透份额（\%）}=\frac{\text{品牌渗透（\%）}}{\text{市场渗透（\%）}}$$

$$\text{渗透份额（\%）}=\frac{\text{已经购买该品牌的消费者（\#）}}{\text{已经购买该类别产品的消费者（\#）}}$$

通常，经理人员必须决定是从与竞争对手手中争夺消费该产品类别的消费者来寻求销量增长，还是通过吸引新的消费者从而增加消费该产品类别的总人口来获得销量增长。渗透量化有助于经理人员识别哪些战略是最合适的，从而取得成功。这些公式也可以通过使用量而不是购买量来计算得出。

结构定义

渗透：在目标市场中，购买某个特定品牌或产品类别（至少一次）的人口比例。

$$\text{市场渗透}(\%)=\frac{\text{已经购买该类别产品的消费者}(\#)}{\text{总人口}(\#)}$$

$$\text{品牌渗透}(\%)=\frac{\text{已经购买该品牌的消费者}(\#)}{\text{总人口}(\#)}$$

量化产品普及程度的两个关键指标是渗透率（penetration rate）和渗透份额。渗透率（也称为渗透、品牌渗透或者市场渗透）研究的是在一段时期内，购买某个给定品牌或产品类别至少一次的人口比例。

示例：在整整一个月内，某市场共有 10 000 户家庭，其中 500 户家庭购买了 Big Bomb 牌除蚤杀手。

$$\text{Big Bomb 品牌渗透}=\frac{\text{Big Bomb 的消费者}}{\text{总人口}}=\frac{500}{10\ 000}=5\%$$

与渗透率相反，某品牌的渗透份额是通过比较消费该品牌的人数和消费其所属品类的人数来决定。再一次强调，这里的消费者必须在固定期限内已经购买该品牌或产品类别至少一次。

$$\text{渗透份额}(\%)=\frac{\text{品牌渗透}(\%)}{\text{市场渗透}(\%)}$$

示例：再回到上面的除蚤杀手的市场中，在那个月内，有 500 户家庭购买了 Big Bomb 牌除蚤杀手，而有 2 000 户家庭至少购买了任何品牌除蚤杀手中的一种。这样我们就可以计算 Big Bomb 品牌的渗透份额：

$$\text{Big Bomb 渗透份额} = \frac{\text{Big Bomb 的消费者}}{\text{品类消费者}} = \frac{500}{2\ 000} = 25\%$$

分解市场份额

渗透份额与市场份额的关系：市场份额可以通过三个部分计算得出：渗透份额、获取份额和大量使用指数。

$$\text{市场份额}（\%）=\text{渗透份额}（\%）\times\text{获取份额}（\%）\times\text{大量使用指数}（I）$$

获取份额：在被某个给定品牌或产品占有的类别中，消费者需求的百分比（参见 2.5 节）。

大量使用指数：测量使用某个特定产品的消费者使用该产品整个类别的程度（参见 2.6）。

按照这些关系，在给定其他变量后，经理人员可以使用市场份额的分解公式计算渗透份额。

$$\text{渗透份额}（\%）=\frac{\text{市场份额}（\%）}{\text{大量使用指数}（I）\times\text{获取份额}（\%）}$$

示例：Eat Wheats 牌麦片在乌班诺波利斯有 6%的市场份额。在乌班诺波利斯，Eat Wheats 牌麦片的大量使用指数为 0.75，获取份额为 40%。从这些数据中，我们可以计算 Eat Wheats 牌麦片在乌班诺波利斯的渗透份额：

$$\text{渗透份额} = \frac{\text{市场份额}}{\text{大量使用指数}\times\text{获取份额}} = \frac{6\%}{0.75\times 40\%} = \frac{6\%}{0.30} = 20\%$$

数据源、难点和注意点

一家企业测量渗透的时期对渗透率有显著的影响。例如，即使最有名的洗涤剂品牌，也不可能每周都被购买。随着定义渗透的时期变得越来越短，经理人员可以预见渗透率是逐步降低的。相反，渗透份额可能不会受这种变化的影响，因为它表示的是品牌之间的比较，而短期效应可能会均匀地减少。

相关的量化指标和概念

活跃消费者总数（total number of active customers）：在一个给定的时期内，至少购买一次的消费者的数量 。当在品牌层次上评估时，它就相当于品牌渗透。活跃消费者总数经常被简称为消费者总数——尽管在和原有消费者做区分时是不合适的。这些细节内容将在 5.1 节中讨论。

接受者（acceptors）：有意接受某个给定的产品或利益的消费者，拒绝者的反面。

曾试用率（ever-tried）：在任何时候试用某个给定品牌的人口的百分比。（更多试用知识参见 4.1 节。）

2.5　获取份额

获取份额，也称支出份额，完全在某个特定品牌的消费者中计算得出。获取份额指的是购买某品牌的消费者占该品牌相关品类消费者的百分比。

$$单位获取份额（\%）=\frac{品牌购买量（\#）}{该品牌消费者的品类购买量（\#）}$$

$$收入获取份额（\%）=\frac{品牌购买额（\$）}{该品牌消费者的品类购买额（\$）}$$

许多营销者把获取份额看做忠诚度的一个关键量化指标。这个量化指标能够指导企业决定是否把资源用于扩大产品品类，是否从竞争者那里争夺消费者，或是否通过其现有消费者提高获取份额。获取份额实际上是在一个市场内，某品牌的市场份额被简单地定义为那些已购买该品牌的消费者。

目的：为了了解以消费者关系的广度和深度表示的市场份额，以及相关品类的使用程度（重量使用者/大量使用者 vs. 轻量使用者/少量使用者）。

结构定义

获取份额：某个给定品牌在产品类别内的购买份额，只测量已经购买该品牌的消费者。也被称做支出份额。

当计算获取份额时，营销者可能会考虑购买额和购买量两种情况。但是，他们必须确定是与大量使用指数相一致的。

$$\text{单位获取份额（\%）}=\frac{\text{品牌购买量（\#）}}{\text{该品牌消费者的品类购买量（\#）}}$$

$$\text{收入获取份额（\%）}=\frac{\text{品牌购买额（\$）}}{\text{该品牌消费者的品类购买额（\$）}}$$

量化获取份额的最好办法是使用购买该产品消费者的平均市场份额。

示例：在给定的某个月内，AloeHa 牌防晒霜的购买量为1 000 000瓶。而购买 AloeHa 牌防晒霜的所有用户购买防晒霜的总量达到了2 000 000瓶。

$$\text{获取份额}=\frac{\text{AloeHa 购买量}}{\text{AloeHa 用户的品类购买量}}=\frac{1\,000\,000}{2\,000\,000}=50\%$$

在分析总体市场份额时，获取份额也很有用。正如前面讲到的，它是一个重要的市场份额公式的组成。

$$\text{市场份额}=\text{渗透份额}\times\text{获取份额}\times\text{大量使用指数}$$

因此，获取份额可以通过市场份额间接计算得出。

$$\text{获取份额（\%）}=\frac{\text{市场份额（\%）}}{\text{渗透份额（\%）}\times\text{大量使用指数（I）}}$$

示例：Eat Wheats 牌麦片在乌班诺波利斯的市场份额是 8%。在乌班诺波利斯，Eat Wheats 牌麦片的大量使用指数为 1，品牌渗透份额为 20%。基于此，我们计算得出 Eat Wheats 牌麦片在乌班诺波利斯的获取份额：

$$获取份额=\frac{市场份额}{大量使用指数\times 渗透份额}=\frac{8\%}{1\times 20\%}$$

$$=\frac{8\%}{20\%}=40\%$$

在这个例子中我们注意到，市场份额和大量使用指数定义的单位（销量或收入）一样。根据这两种不同的定义，我们可以计算得出单位获取份额（%）或者收入获取份额（%）。

数据源、难点和注意点

双重危险（double jeopardy）：一些营销者争取一个利基（niche）定位，该定位通过低渗透份额和高获取份额的组合能够产生较高的市场份额。也就是，他们寻找相对较少但是忠诚度非常高的顾客。然而，在强调这个战略之前，一种被称为“双重危险”的现象应该引起注意。一般来说，实践证明如果不能获得一个较高的渗透份额，就很难达到一个较高的获取份额。理由之一是有较高市场份额的产品具有较高的可得性；反之，较低市场份额的产品具有较低的可得性。因此，很难在拥有较低市场份额时保持消费者对品牌的忠诚度。

相关的量化指标和概念

唯一使用（sole usage）：只使用某个品牌的消费者。

唯一使用率（sole usage percentage）：只使用某个品牌的产品，而不购买其竞争对手的产品的消费者比例。唯一使用者可能是固执的忠诚顾客，也可能是由于他们无法获得其他的选择，还可能是由于他们生活在乡村。如果唯一使用率是 100%，那么支出份额也是 100%。

$$唯一使用率（\%）=\frac{只购买该品牌的消费者（\#）}{该品类消费者（\#）}$$

品牌购买数量：在某个期限内，一些消费者可能只购买一个产品类别内的唯一品牌，而另一些消费者可能购买两个或更多。在评估对某个品牌的忠诚度时，营销者可以考虑比较该品牌消费者的平均品牌购买数量与类别内所有消费者的平均购买数量。

示例：在购买猫粮的 10 位顾客中，有 7 人购买 Arda 牌猫粮，有 5 人购买 Bella 牌，还有 3 人购买 Constanza 牌。所以，在这 10 位顾客中，品牌购买量为 15（7+5+3），平均每位顾客的品牌购买量为 1.5。

为了评估消费者忠诚度，Bella 的一名品牌经理注意到公司的 5 位顾客中，有 3 位只购买 Bella 牌猫粮，而另外两位还购买 Arda 和 Bella 牌。Bella 的消费者都不购买 Constanza 牌猫粮。因此，Bella 的 5 位消费者的品牌购买量为 7（1+1+1+2+2），平均为 1.4（即 7/5）个品牌。与购买 1.5 个品牌的平均类别购买者比较后，可以看出 Bella 品牌的消费者忠诚度略高。

重复率（repeat rate）：在某个给定期限内的品牌消费者仍然会在接续而来的期限内消费该品牌的比例。

重购率（repurchase rate）：某品牌的消费者在下次购买情境下仍然会重购该品牌的比例。

这两个概念容易混淆。在定义中，我们试图把基于日历时间的计算方法（重复率）与基于顾客时间的计算方法（重购率）区分开来。在第 5 章中，我们将会描述一个相关的量化指标——挽留，经常用于合同情境下，起初的非更新者（非购买者）有结束消费关系的情况。虽然我们建议挽留率仅仅被用在合同情境下，但是你也会经常看到把重复率和重购率当做挽留率的情况。由于缺乏使用该术语的一致意见，因此营销人员不应该仅仅将这些量化指标的名称作为它们如何计算的完美指示。

重复率的重要性依赖于考虑的时限。只看一周的购买价值不可能得出有价值的结论。在给定的品类内，大多数消费者在一周内只购买一种品牌。相反，在长达几年的期限内，有时消费者找不到他们忠诚的品牌，就可能会购买他们并不偏好的几种品牌。因此，最好的考虑期限依赖于产品购买的频率。建议营销者注意选择一个有意义的研究期限。

2.6 大量使用指数

大量使用指数用于测量消费的相对强度。它反映了某品牌的消费者使用该品牌所属产品类别相对于该品类所有消费者人均使用情况的强度。

$$\text{大量使用指数（I）}=\frac{\text{品类中某品牌消费者的平均购买量（\#，\$）}}{\text{该品类所有消费者的平均购买量（\#，\$）}}$$

或

$$\text{大量使用指数（I）}=\frac{\text{市场份额（\%）}}{\text{渗透份额（\%）}\times\text{获取份额（\%）}}$$

大量使用指数，也被称为权重指数（weight index），有助于了解某品牌顾客构成的性质和数量源。

目的：为了定义和测量一个公司的顾客是不是大量使用者

大量使用指数回答的是这样的一个问题：顾客使用我们的产品类别的频度如何？一个品牌的大量使用指数大于 1.0，说明该品牌的消费者使用这个产品类别的强度要大于该品类消费者平均使用量。

结构定义

大量使用指数：某个给定品牌的顾客在该产品品类的平均消费与该品类所有消费者的平均消费的比值。

大量使用指数能够通过单位量或美元计算得出。给定某个品牌，如果大量使用指数大于1.0，则该品牌顾客的消费高于该产品类别所有消费者的平均量或价值。

$$\text{大量使用指数（I）} = \frac{\text{品类中某品牌消费者的平均购买量（\#，\$）}}{\text{该品类所有消费者的平均购买量（\#，\$）}}$$

示例：在一年内，Shower Fun 牌洗发水用户的平均购买量为 6 瓶 15 盎司。在同样的期限内，任何品牌洗发水用户的平均购买量为 4 瓶 15 盎司。

所以，Shower Fun 牌洗发水的大量使用指数为 6/4，或者 1.5。Shower Fun 牌洗发水的消费者是不成比例的大量使用者。他们比所有洗发水消费者的平均使用量高 50%。当然，因为 Shower Fun 牌购买者是总体市场的一部分，所以当与非使用 Shower Fun 牌的消费者比较时，他们的相对使用量是相当高的。

如前所述，市场份额可以被分解成三种成分：渗透份额、获取份额和大量使用指数（参见2.4节）。因此，我们知道了市场份额、渗透份额和获取份额后，就能够计算出某品牌的大量使用指数，表示如下：

$$\text{大量使用指数（I）} = \frac{\text{市场份额（\%）}}{\text{渗透份额（\%）} \times \text{获取份额（\%）}}$$

如前所述，大量使用指数既可以以单位量测量，也可以以美元测量。通过比较某个品牌的单位大量使用指数和收入大量使用指数，营销者可以决定该品牌消费者的品类购买是高于还是低于该品类的平均购买价格。

数据源、难点和注意点

大量使用指数并不表示消费者使用某个特定品牌的强度，而是表示消费者使用某个品类的强度。例如，一个品牌可以有很高的大量使用指数（意味着该品牌的消费者是大量品类使用者），即使这些消费者使用该品牌只能满足他们很小的需求。

相关的量化指标和概念

请参考 2.3 节中对品牌发展指数和品类发展指数的讨论。

2.7　知晓、态度和使用：影响力等级的量化

> 对知晓（awareness）、态度（attitude）和使用（usage）（AAU）的研究使得营销者能够量化消费者的了解、感知、信念、意愿和行为的水平和趋势。在一些公司，这些研究的结果被称为追踪数据，因为它们被用来跟踪消费者知晓、态度和行为的长期变化。
>
> 当和一个清晰的标准比较时，AAU 的研究结果最有用。这种基准可能包含来自前期、不同市场和竞争者的数据。

目的：追踪消费者态度和行为的变化趋势

AAU 量化指标与所谓的影响力等级密切相关，假设消费者通过不了解、初次购买，直到品牌忠诚等一系列步骤取得进步（见图 2—2）。AAU 量化指标一般被描述为追踪消费者的了解、信念和行为的过程。AAU 研究也可能追踪是谁在使用某个品牌或产品——根据品类使用（大量/少量）、地理、人口统计状况、心理变量、媒体使用状况以及是否购买其他产品，定义消费者。

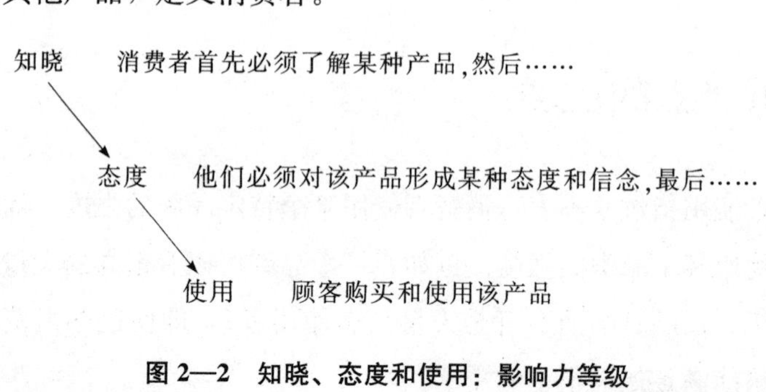

知晓　消费者首先必须了解某种产品,然后……
态度　他们必须对该产品形成某种态度和信念,最后……
使用　顾客购买和使用该产品

图 2—2　知晓、态度和使用：影响力等级

有关态度和信念的信息可以帮助了解为什么不同的人会支持或反对某个品牌。营销者一般通过调研大量的家庭或商业客户来收集这些数据。

结构定义

知晓、态度和使用主要研究一系列强调消费者与某产品或品牌之间关系的问题（见表 2—4）。例如，谁是某种商品的接受者或拒绝者？消费者对重复播放的广告内容如何反应？

表 2—4　　知晓、态度和使用：典型问题

类型	测量	典型问题
知晓	知晓和了解	你听过××品牌吗？ 当提到豪华轿车时，你的脑海中会出现哪些品牌？
态度	信念和意愿	××品牌适合我吗？ 在 1～5 的量表中，××品牌在多大程度上适合年轻人？ 每个品牌的优势和劣势是什么？
使用	购买习惯和忠诚度	本周你使用××品牌产品了吗？ 上次你购买的是什么品牌？

营销者构造许多量化指标来回答这些问题。在这些指标中，某个“总结的量化”被认为是最重要的绩效指标。例如，在许多研究中，消费者“自愿推荐”和“有意购买”某个品牌被认为是最有效的。在这些数据背后，不同的诊断量化方法帮助营销者了解为什么消费者可能愿意或者不愿意推荐或购买该品牌。比如，消费者可能还没有知晓该品牌，也可能是他们已经意识到了，但是并不赞成它的某种重要利益。

知晓和了解

营销者根据消费者是否被产品类别、品牌、广告或使用情况推动来评价不同的知晓水平。

知晓：认得或叫出某种品牌的潜在消费者或消费者的百分比。营销者可能在一个辅助的或提示的水平上来研究品牌识别，一般提出诸如此类的问题，“你听过梅赛德斯吗？”另外，他们可能测量无辅助的或无提示的知晓，问道："哪家汽车制造商出现在你的脑海里?"

脑海中的第一：当被问及有关某产品类别的非提示型问题时，消费者最先想到的品牌。它用于测量某品牌是脑海中第一的消费者比例。

广告意识：知晓某品牌广告的目标顾客或客户的比例。该量化指标可以是任务导向或媒体导向的，还可以涵盖所有的广告活动。

品牌/产品知晓：被调查消费者中对某品牌或产品有特别的了解或信念的比例。

态度

对态度的量化涉及消费者对某品牌或产品的反应。态度是消费者的信赖和感觉的一个综合体。虽然详细的态度研究和探索超过了本书的范围，但是接下来我们要总结该领域中一些关键的量化指标。

态度/喜好/印象（attitude/liking/image）：当被问及诸如"这个品牌适合像我这样的人群"或"这个品牌是为年轻人设计的"这样的问题时，消费者的同意等级水平（通常是 5 分量表或 7 分量表）。基于这些调研数据的量化方法也被认为对消费者来说是适当的。

感知金钱价值（perceived value of money）：当被问及诸如"这个品牌是否通常代表一种高价值"这样的问题时，消费者的同意等级水平（通常是 5 分量表或 7 分量表）。

感知质量/尊重（perceived quality/esteem）：当某给定品牌产品与其所在品类或市场中的其他产品比较时，消费者的评估等级（通常是 5 分量表或 7 分量表）。

相对感知质量（relative perceived quality）：品牌产品与品类或市场中其他产品比较时，消费者的评估等级（评分通常是 1～5 或 1～7）。

意愿（intentions）：测量消费者某种方式的自愿行为。这些信息通过诸如"如果你最喜爱的品牌无法获得，你是否会转换品牌"这样的调研问题获得。

购买意愿（purchase intentions）：对消费者宣称的购买意愿等级的特定测量。这些信息是通过被试者对诸如"我非常可能购买该产品"这样的问题的反应而获得。

使用

使用的量化涉及购买频率和每次购买量等市场形势。它们不仅强调购买了什么，还强调什么时候和在哪里购买的。在研究使用情况时，营销者也寻求决定有多少人已经试用过该品牌。基于此，他们进一步寻求有多少人抵制该品牌，以及有多少人已经把该品牌作为常规品牌的组合。

使用：消费者自我报告行为的测量。

在测量使用情况时，营销者会提出以下问题：你上次购买的牙膏是什么牌子的？去年你一共购买了多少次牙膏？你家中目前有多少只牙膏管？目前家中是否有佳洁士牙膏？

整体来说，AAU 量化方法涉及一系列广泛的信息，这些信息可以根据特定的企业和市场进行调整，它们向经理人员展示了消费者与某个给定品牌或产品的整体关系。

数据源、难点和注意点

AAU 的数据源包括：

- 保修卡或注册，通常使用奖品或随机抽奖来鼓励参与。
- 常规的市场调研，一般通过电话、邮寄、网络或其他技术，比如手动扫描仪等。

然而，即使使用最好的方法，从不同时期的追踪数据所观察到的差异经常也是不可信的。经理人员必须依赖他们的经验从“信号”（真正的发展趋势和模式）中区分出季节性的干扰或“噪声”（随机运动）。数据收集中的一些技术和重检也能帮助经理人员做出判断。

1. 在问题设计和执行过程中调整时期的变化。在有偿或无偿被试者中，可以通过邮寄或电话进行调研。在使用评价“好”与“坏”的反应规则时，不同的数据收集技术可能需要进行适当的调整。如果数据出现突然变化，建议营销者查看一下是不是由于方法改变而引起的变化。

2. 尝试从非消费者反应中区分出消费者反应，它们可能有很大的不同。知晓、态度和使用之间的因果联系很少是界限清晰的。虽然影响力等级被看做一种发展方式，意识会形成某种态度，进而会决定使用状况，而真正的因果流程也可能是倒过来的。例如，当人们获取品牌时，他们可能事先就喜欢该品牌了。

3. 把销售收入、装运费或其他与商业绩效相关的数据与消费者调研数据进行相互验证。消费者态度、分销商和零售商收入以及公司装运费可能朝不同的方向发展。分析这样的模式会是一个挑战，但是可以反映许多有关品类形势的情况。例如，玩具装运到零售商的时间通常会比促使消费者知晓和购买意愿的广告发布的时间早。反过来，这些必须在零售商销售之前确定。在玩具行业，复杂性进一步增加，因为产品的购买者可能并不是最终的使用者。在评价 AAU 数据时，营销者不仅要了解需求的驱动因素，而且要了解购买的流程。

4. 不管什么时候都要从滞后的预测因子中区分出主导因子。比如，在汽车行业，要购买新车的个体对汽车的制造和模型广告有较高的敏感度。传统的看法认为，消费者是在确认他们在风险决策中做出了一个好的选择。通过帮助消费者在这个阶段证实他们的购买，汽车制造商将会增加消费者的长期满意度和自愿推荐行为。

相关的量化指标和概念

喜好：因为 AAU 所考虑的因素对营销者非常重要，而且没有单一“合适的”方式来处理它们，所以就发明了一些特殊的和合适的系统。在这些系统中，最有名的是“喜好”的 Q 分（Q score）评价。一个 Q 分是从许多分享他们有关品牌、名流和电视秀等感觉的消费者中获得的。[4]

Q 分依赖于消费者所报告的反应。因此，虽然系统使用很复杂，但是它依赖于消费者了解和愿意表达自己的偏好。

通过地理细分或者地理聚类：营销者通过把数据分成更小、更同质的消费者群而得知消费者的态度。一个有名的例子是 Prizm。Prizm 把美国用户根据邮政编码分组，分成了更小的具有相似性的用户群。[5]知道每一个 Prizm 分组的典型特征后，给每个小组起一个名字。比如，“金色池塘”消费者是指在小城镇过着节俭生活的老年单身者或夫妇。与 AAU 经常把人口作为一个整体不同，公司经常发现对这些数据分类后会更有效。

2.8 消费者满意度和自愿推荐

消费者满意度通常基于调研数据并被表示为一种评分等级。举例见图 2—3。

非常不满意	有点不满意	中立	比较满意	非常满意
1	2	3	4	5

图 2—3 评分

在组织内部，消费者满意度评分能够产生强有力的效果。它把焦点放在雇员能够完成消费者期望的重要性上。另外，当这些分数降低时，会发出警告，这些问题可能会影响销量和利润率。

与满意度相关的第二个量化指标是自愿推荐行为。当一名消费者对某个产品满意时，他可能会把这个产品推荐给朋友、亲戚或同事。这可能是一种有力的营销优势。

目的：消费者满意度是消费者购买意愿和忠诚度的主要预测指标

消费者满意度数据是市场感知最经常收集的数据之一。它们的原则有两条：

1. 在组织内部，这些数据收集、分析和发布传递了一条重要的信息，即促使并且确保消费者对公司的产品和服务有一个正面经验的重要性。

2. 虽然销量和市场份额能够反映企业现阶段的表现，但是满意度可以预测公司的消费者将来有多大可能将继续购买公司的产品。大量的研究已经开始关注消费者满意度与保留率之间的关系。研究发现，满意度机制在极端上有着强烈的指示作用。在图 2—3 的量表中，如果满意度为 5，消费者极有可能成为回头客或者向他人宣传企业的好处。相反，如果满意度为 1，消费者不可能再次光顾，甚至可能向潜在顾客传递负面的评价进而有损公司的形象。自愿推荐行为是与消费者满意度相关的一个关键量化指标。

结构定义

消费者满意度：对某个企业、产品或服务的经验（或评分等级）超过某个特定满意度目标的消费者数量或比例。

自愿推荐：在所调查的顾客中，愿意向朋友推荐产品或品牌的消费者比例。

这些量化指标量化了一种重要的发展态势。当某个品牌拥有忠诚顾客时，它将获得正面的口碑营销，而这些营销努力都是免费和高效的。

虽然消费者满意度是在个体水平进行测量的，但是消费者满意度几乎总是在一个总体的水平报告。它通过或总是通过各种不同的维度来测量。比如，一家旅馆可能让消费者对前台和结账服务、房间、设施、餐厅等做出评价。另外，旅馆可能从整体上让消费者对其入住做一个满意度的评价。

消费者满意度通常通过 5 分量表来测量（见图 2—4）。

非常不满意	有点不满意	中立	比较满意	非常满意
1	2	3	4	5

图 2—4　一个典型的 5 分量表

满意度水平通常表示为最高分或者更可能表示为最高分和次高分。营销者把这些表现转变为单一的数据，即选择 4 分或 5 分的被试者的比例。（这与通常用在计划试用量的值一样，参见 4.1 节。）

示例：在加拿大魁北克省，一家旅馆的老板制定了一个新的监控消费者满意度的系统（见图 2—5）。她在顾客结账时进行满意度调查。为了提高顾客参与调研的积极性，所有的被试者都有机会得到双程免费机票。

	非常不满意	有点不满意	中立	比较满意	非常满意
分数	1	2	3	4	5
人数（200 份有效问卷）	3	7	40	100	50
比例	2%	4%	20%	50%	25%

图 2—5　旅店消费者满意度调查结果

该经理共收集了 220 份调查问卷，其中 20 份由于填写不清楚或其他原因无法使用。在剩余的 200 份问卷中，有 3 人对旅馆的总体满意度为非常不满意，7 人认为有点不满意，40 人持中立态度，50 人认为非常满意，而剩下的认为比较满意。

由评价为 5 分的消费者组成的最高梯队共包括 50 人，占总人数的 25%。最高两大梯队是由比较满意和非常满意的顾客即评分为 4 或 5 分的消费者组成。在这个例子中，比较满意的消费者是通过总体可用人数计算得出的，因为已经没有其他解释原因，即 200－3－7－40－50＝100。所以最大两梯队的消费者为 50＋100＝150，或者说占总体的 75%。

消费者满意度数据也可以通过 10 分量表获取。不管使用什么样的量表，我们的目的是为了测量消费者对公司供给物消费经验所感知的满意度。营销者要把这些数据整合成最高梯队反应的比例。

在研究满意度时，企业一般会问消费者对它们的产品或服务是否已经达到或超出预期。因此，预期是隐藏于满意度背后的一个关键因素。当消费者有较高的预期，而现实又达不到时，消费者将会失望，那么他们就可能认为他们的消费经验是不满意的。正是这个原因，比如，一家豪华酒店比一家便宜的汽车旅馆得到更低的满意度评分，即使豪华酒店的设施和服务可用“完美”这样的词汇来描述。

数据源、难点和注意点

调研构成了最普遍使用的收集满意度数据的方法。因此，在测量满意度时一个关键的失真风险可以被归结到一个问题里：调查的对象是谁？

“回答偏差”（response bias）在满意度数据里并不是普遍的。失望和生气的顾客通常需要一种发泄不满的方式，而满意的顾客通常不需要。因此，虽然许多顾客可能对某个产品感到满意，但是感觉并不需要完成一份调研，而那些有不好的消费经验但是只有很少一部分的顾客却不成比例地成了很多被试者。比如，大多数的旅馆在房间里放置了反馈卡，询问顾客“住得怎么样”，但是只有一小部分顾客不厌其烦地完成了问卷。可是，通过检查调研数据，他们可能会发现重要的变化趋势。比如，如果抱怨突然增多了，就说明质量或服务水平可能有下降的趋势。（参见接下来部分的抱怨数量。）

样本的选择也可能以另一种方式扭曲满意度的评分等级。因为只有顾客参与消费者满意度的调研，所以只有当这些极其不满意的顾客在其他地方消费时，一个公司的评分等级才可能虚假地上升。一些顾客也可能比其他人更直白，或更容易倾向于抱怨。这些标准的差异会对感知的满意度水平产生影响。在分析满意度数据时，公司可能需要解释评分的差异性，当真正的差异仅仅来自顾客所采用的标准时，这种差异性表示一个市场正得到比另一个市场更加优质的服务。为了纠正这种观点，建议营销者在同样的市场内根据时间重测满意度。

最后的警告：因为许多公司都把消费者满意度定义为达到或超越期望，所以该量化方式可能被简单地认为由于期望的上升而降低。因此，在解释评分等级时，经理人员可能相信当不是这种情况时，他们提供物的质量可能已经降低。当然，反之也是一样的。一个公司可能通过降低期望来显示其满意度。然而，这样做的结果可能是由于产品或服务并不具有吸引力，销量明显减少。

相关的量化指标和概念

交易满意度（trade satisfaction）：建立在与消费者满意度一样的原则上，交易满意度测量的是交易顾客的态度。

抱怨数量（number of complaints）：在某个特定期限内，消费者的抱怨数量。

2.9 净推荐[6]

> 净推荐是一种用于衡量现在客户向他人推荐某种产品或服务可能性的方法。
>
> 净推荐值（I）＝推荐者占总体客户的百分比（%）－叛离者占总体客户的百分比（%）
>
> 净推荐被认为是一种专门用于衡量客户满意度和忠诚度的分析方法。

目的：衡量公司能够成功获得满意和忠诚顾客的能力

净推荐值（Net Promoter Score[7]，NPS）是贝恩咨询公司荣誉董事 Frederick R. Reichheld 和 Sstmetrix 的注册商标。向客户提出一个简单的问题：你将这家公司的产品或服务推荐给朋友或同事的可能性有多大？我们根据客户针对上述问题的回答将客户划分为以下三类：

- 推荐者：愿意把公司推荐给他人的客户（给公司打 9～10 分）
- 被动者：对公司满意但缺乏热情的客户（7～8 分）
- 叛离者：不愿把公司推荐给他人的客户（0～6 分）

净推荐值越高，表明公司在获取客户忠诚度和狂热的推荐方面表现越好。对公司而言，那些负的或较低的净推荐值是一个非常重要的早期警告信号。因为该指标非常简单且易于理解，因此它可以为公司激励员工和监控进度提供一种稳定的方法。

计算方法

净推荐值（NPS）计算方法是推荐者占现有总体客户的百分比减去

叛离者占现有总体客户的百分比。

$$净推荐值（I）=\frac{推荐者占总体}{客户的百分比（\%）}-\frac{叛离者占总体客户的}{百分比（\%）}$$

例如，某公司的客户调查报告中显示，推荐者占20%，被动者占70%，而叛离者占10%，那么我们就可以得出该公司的净推荐值为10（10=20−10）。

数据资源、含义和告诫

已注册的净推荐值包括下列内容：（1）向顾客提一个简单的问题；（2）得分系统为0～10分制；（3）采用特定的标准把客户划分为推荐者、被动者和叛离者（其中叛离者是指那些给公司打0～6分的客户）。尽管如此，我们也可以采用其他的方法来计算NPS，例如对上述问题采用不同的描述方法，把0～10分制换成1～5分制，并采用不同的标准和标签来划分被访者。从定义中我们可以看出，净推荐值具有以下三方面的特征：（1）净推荐值是向被访者询问其愿意向他人推荐公司产品的可能性；（2）净推荐值是一种净测量方法，即愿意推荐客户与不愿推荐的客户之差；（3）净推荐值只考虑了推荐者和叛离者而没有考虑被接受者对其的影响。

即使是不同的行业也可能拥有相同的净推荐值。例如，当某家公司的NPS为零时，可能存在以下两种情形：一种是该公司的客户呈现出两极分化的现象，即推荐者和叛离者各占50%；另一种情形是该公司的客户都是不确定的被动者。同时，NPS也可以用于讨论顾客对公司品牌价值感知的问题。由于NPS是一个衡量现有客户平均反映状况的指标，所以管理者应当对其进行深入分析，并从中找出公司现在所面临的状况。

在某种特定环境下，净推荐值可能会误导那些粗心的管理者。例如，某公司的现有客户中推荐者占30%，叛离者占30%，而被动者占40%。由此我们可以得出，该公司的NPS为零（0=30%−30%）。此时，公司的管理者并不会对“NPS=0”所具有的含义进行深入分析。

假设公司的背叛者中有三分之二的客户转向购买某一新竞争对手的产品或服务。因为这些背叛者放弃购买公司的产品，所以他们不再是公司的客户。在这种情况下，公司需要重新计算自己的 NPS。具体计算方法如下：

- 推荐者占剩余客户的 $37.5\%=\frac{30\%}{100\%-20\%}=\frac{30\%}{80\%}$
- 被动者占剩余客户的 $50\%=\frac{40\%}{100\%-20\%}=\frac{40\%}{80\%}$
- 叛离者仅占剩余客户的 $12.5\%=\frac{30\%-20\%}{100\%-20\%}=\frac{10\%}{80\%}$

此时的 NPS 为 $+25\%=37.5\%-12.5\%$。显然这是一个非常乐观的数值。

那些异常脆弱且对公司不满意客户的叛离是导致净推荐值上升的直接原因，管理者应当明确产生净推荐值上升的根本原因。

基准化分析法是一种常用的分析方法，但是它并不能直接用于跨行业分析。行业中的某些产品可能比其他产品更容易获得推荐者和叛离者的支持。

一般情况下，如果公司能够实现其向客户允诺的价值时，就可以获得一个满意并且较高净推荐值。企业要想提高自身的净推荐值，一种最简单的方法就是在价格不变的情况提高公司产品的质量。客户为什么不愿意向他人推荐自己的公司？对公司而言，价格不变并提高质量可能是一种可行的短期决策或中期决策，但是从长期决策来讲，这并不是一个好的战略。

我们可以从调查数据中得出某公司的净推荐值。由于它可能会遇到一些大多数调查中的常见问题，因此我们可以用销售趋势这类数据来解释这一结果。提高客户满意度就一定能够增加销售量吗？如果是，这当然最好；如果不是，为什么？

净推荐值已经获得较多的关注而且相对快速地被他人采用，这也是其相关文章写作的目的之所在。Timothy Keiningham 和他的合著者指出相较于其他衡量客户忠诚度和满意度的方法，人们夸大了净推荐的好处。[8]

2.10 自愿搜寻

有许多量化指标研究品牌忠诚度，其中之一被称为“酸性测试”(acid test)。

自愿搜寻（%）＝自愿推迟购买、改变商店或为了避免转换品牌而减少购买量的消费者比例

这个量化指标告诉企业有关其顾客的态度，以及其在市场上的定位对来自竞争对手的持续压力的是不是可防御性的。

目的：用来评估某家企业或某个品牌消费者构成的承诺水平

品牌或企业忠诚是一项关键的营销资产。营销者通过一系列量化指标，包括重购率、获取份额、自愿支付溢价和其他的 AAU 测量等来评价。然而，或许大多数忠诚度基本测试是通过一个简单的问题获得的：当面对某个品牌无法获得时，其顾客是进一步寻找，还是用可得到的最好选择进行代替。

当某个品牌在该层次上获得忠诚度时，该品牌的供应者可以在交易谈判中拥有强有力的影响。通常，这种忠诚也会帮助供应商拥有更多的时间来响应竞争者的威胁。当他们在处理威胁时，消费者仍然会和他们在一起。

忠诚度以一些因素为基础，包括：

- 满意的和有影响力的消费者愿意向他人推荐品牌。
- 可以产生隐藏的价值和潜在的利益。
- 对产品、使用者和使用经验有长久的印象。

基于购买的忠诚度量化方法也受到产品是否可以广泛或方便地购买，或者消费者是否喜欢品类中的其他选择等因素的影响。

结构定义

自愿搜寻：当首要目标不可得时，消费者选择次选商品的可能性。

也被称为“不接受替代品”。

自愿搜寻表示如果最喜爱的品牌不可得，消费者自愿离开商店的比例。那些愿意替代的消费者构成了另一部分。

数据源、难点和注意点

忠诚度有多个维度。很少转换品牌而忠诚于某个品牌的消费者可能愿意也可能不愿意为该品牌支付溢价，或者向身边的朋友进行推荐。行为的忠诚度也可能很难从惯性或习惯中区分出来。当被问及忠诚度时，消费者经常不知道在新的环境中做什么。他们可能对过去的行为没有正确的回忆，特别是对那些他们感到介入度比较低的商品。

另外，不同的产品会产生不同水平的忠诚度。例如，很少有消费者会像对婴儿食品产生忠诚感一样，对火柴品牌产生忠诚感。因此，营销者应该注意比较不同产品之间的忠诚率。另外，营销者也应该寻找特定品类的规范。

忠诚的程度也会随着人口统计状况而发生变化。老年消费者被认为具有最高的忠诚度。

即使存在复杂性，顾客忠诚度仍然是最重要的量化指标之一。营销者应该从顾客和零售商的角度了解品牌的价值所在。

注释

［1］“Wal-Mart Shopper Update,” *Retail Forward*, February 2005.

［2］“Running Out of Gas,” *Business Week*, March 28th, 2005.

［3］American Marketing Association definition. Accessed 06/08/2005. http：//www. marketingpower. com/live/mg-dictionary. php? SearchFor＝market＋concentration&Searched＝1.

［4］更多细节可参见 the Marketing Evaluations, Inc. , Web site for more detail：http：//www. qscores. com/. Accessed 03/03/05。

［5］Claritas provides the Prizm analysis. 更多细节可参见 Web site：http：//www. clusterbigipl. claritas. com/claritas/Default. jsp. Accessed 03/03/05。

［6］Reichheld, Fred, *The Ultimate Question：Driving Good Profits and True*

Growth.（Boston：Harvard Business School Publishing Corporation ，2006.）

［7］ http：//www. thrultimatequestion. com/theultimatequestion/measuring _ netpromoter. asp? groupCode=2.

［8］Timothy Keiningham，Bruce Cooil，Tor Wallin Andreassen and Lerzan Aksoy（2007）" A Longitudinal Examination of Net Promter and Firm Revenue Groeth." *Journal of Marketing*，Volume71，July 2007.

第 3 章

毛利和利润

引　言

本章涉及的量化指标

毛利	营销支出——总支出、固定和变动支出
销售价格和渠道毛利	盈亏平衡分析和边际率分析法
平均单位价格和统计单位价格	变动成本和固定成本
目标量	

彼得·德鲁克曾指出，商业的目的是创造顾客。但是我们也承认如果商业不能创造利润，便不能生存。在同一个水平，毛利是产品价格与成本之间的差额。然而，产品以多价格并且通过多渠道销售，不同的渠道产生不同的成本，这时毛利的计算将会变得很复杂。比如，最近一期的《商业周刊》里的一篇文章提到，只有不到三分之二的通用汽车是通过零售卖掉的，其他或者进入了汽车租赁代理，或者被公司雇员或其家属购买，这样的销售将产生更低的毛利率。[1] 虽然商业如果不能获得毛利就不能生存，但是精确地决定企业实际上可以获得的毛利仍是一个挑战。

在本章的第一部分，我们将会解释单位毛利和毛利率的基本假设，并介绍如何计算毛利。

接下来，我们将会通过两三个水平上的分销渠道来连接这些计算，以及介绍如何基于营销者的售价来计算最终用户的购买价格。我们将会解释如何整合不同渠道而计算得出平均毛利，以及如何比较不同分销渠道的经济性。

在第三部分，我们将会讨论统计和标准单位在探讨价格随时间变化中的应用。

然后，我们会把注意力转向产品成本，特别是强调固定成本与变动成本的差异。最关键的计算是通过比较产品的单位价格和单位变动成本得出毛利。它告诉我们每单位产品的销售在多大程度上可以弥补企业的固定成本。边际毛利率是非常有用的营销概念之一。可是，它要求我们把固定成本从变动成本中区分出来，而这往往很难。通常，营销者必须判断企业的哪些运作和生产成本是固定成本，而哪些是变动成本，他们可能要负责使得这些固定成本和变动成本在作为营销成本时有所差异。这就是本章第五部分的主题。

在第六部分，我们将会讨论固定成本和变动成本如何用于计算盈亏平衡点。最后，我们拓展了盈亏平衡点的计算，显示如何识别销量和利润目标的相互一致性。

	量化指标	结构定义	考虑因素	目的
3.1	单位毛利（unit margin）	单位价格减去单位成本。	行业中的标准单位是什么？固定成本被分摊后，可能不会反映边际贡献。	确定增加销量的价值。指导定价和促销。
3.1	毛利率（%）（margin）	单位毛利占单位价格的百分比。	固定成本被分摊后，可能不会反映边际贡献。	比较不同产品的型号、形式的毛利率。确定增加销量的价值。指导定价和促销决策。
3.2	渠道毛利率（%）（channel margin）	渠道利润占渠道售价的百分比。	从成本加成中区分出销售毛利。	评价加在售价上的渠道价值，计算在某个渠道价格水平的变化对相同渠道其他水平上的价格和毛利的影响（供应链）。

续前表

	量化指标	结构定义	考虑因素	目的
3.3	平均单位价格 (average price per unit)	可以通过总收入除以总销量计算。	一些销量数据从生产者的角度比从消费者的角度看更有效（比如，洗发水的容量和瓶型）。变化可能不是定价策略的结果。	了解定价与产品组合之间的转换是如何影响平均价格的。
3.3	每统计单位价格 (price per statistical unit)	统计单位里的每个 SKU（库存量单位）的相关比例都是 SKU 价格的加权。	SKU 组合的比例应该与实际销售组合相一致。	通过标准化标准单位的 SKU 组合把价格变化的效应从组合变化中区分出来。
3.4	变动成本和固定成本 (variable and fixed costs)	把成本分成两类，那些随产量变化的是变动成本，那些不变化的是固定成本。	变动成本可能包括生产、营销和销售支出。一些变动成本依赖于销量，其他的依赖于销售收入。	了解销量变化是如何影响成本的。
3.5	营销支出 (marketing expense)	分析构成营销支出的成本。	可以划分为固定和变动营销成本。	了解营销支出是如何随着销量变化的。
3.6	单位贡献 (contribution per unit)	单位价格减去单位变动成本。	确定营销变动成本还没有从价格中减掉。	了解销量变化对利润的影响力。计算销量的盈亏平衡点。
3.6	贡献毛利率(%) (contribution margin)	单位贡献除以单位价格。	确保变动成本与合适的单位或收入相一致。	与前面的一样，只不过应用于收入情况。
3.6	盈亏平衡量 (break-even sales level)	用固定成本除以单位贡献得到销量盈亏点。用固定成本除以边际贡献率得到收入盈亏点。	变动成本和固定成本估计只有超过销量和产量的特定范围后是有效的。	方案吸引力和盈利能力的粗糙指标。
3.7	目标量 (target volume)	调整盈亏点使得包括利润目标。	变动市场成本必须反映在边际毛利率上。销量增长往往要求增加的投资或运转成本。	确保单位销量目标将会使得企业达到财务上的利润率、销售利润率和投资回报率。

续前表

	量化指标	结构定义	考虑因素	目的
3.7	目标收入（target revenues）	通过使用平均单位价格把目标销量转化为目标收入。另外，把成本和目标数据与边际毛利的知识结合在一起。	同上。	与上面的一样，只不过应用于收入目标。

3.1 毛　利

毛利（基于销量）是售价与成本间的差额。这一差额通常被表示为单位售价与单位成本。

$$单位毛利（\$）= 单位售价（\$）- 单位成本（\$）$$

$$毛利率（\%）= \frac{单位毛利（\$）}{单位售价（\$）}$$

经理人员需要了解几乎所有营销决策的毛利率。毛利率在定价中是一个关键的因素，反过来，营销支出、盈利预测和消费者利润率分析会影响定价。

目的：为了确定增加销售的价值和指导定价与促销策略

基于销售的毛利在最基本的商业考虑因素中，包括预算和预测，是一个关键的因子。所有的经理人员都应该了解他们企业的大概毛利率。然而，经理人员在计算毛利时的假设，以及在分析和传达这些重要指标的方式都有很大的不同。

毛利率和单位毛利：人们在说到毛利时，一个基本的差异来自毛利率和单位毛利的不同。这些差异很容易被处理，经理人员应该能够在这两者之间来回地转换。

单位是什么？ 每笔交易都有自己定义的“单位”，范围从 1 吨的黄油到 64 盎司的可乐，再到 1 桶石膏等。许多行业都有多个单位，而且据此计算毛利。比如，香烟行业销售“根”、“包”、“条”以及更大的包装 12M“箱”（装有 1 200 支烟）。银行是根据账户、顾客、贷款、交易、住户以及分支机构来计算毛利的。营销者必须努力做好在多种角度方面变换的准备，因为这些决策都是基于它们做出来的。

结构定义

$$单位毛利（\$）=单位销售价格（\$）-单位成本（\$）$$

$$毛利率（\%）=\frac{单位毛利（\$）}{单位销售价格（\$）}$$

毛利率也可以通过总销售收入和总成本来计算。

$$毛利率（\%）=\frac{总销售收入（\$）-总成本（\$）}{总销售收入（\$）}$$

在计算毛利率和单位毛利时，营销者可以通过每个部分加总的方式进行验证。

检验单位毛利（\$）：单位售价＝单位毛利＋单位成本

检验毛利率（%）：成本占销售的百分比＝100%－毛利率(%)

示例：某公司通过长度单位码进行帆布的交易。其标准单位的布料成本和销售价格如下所示：

单位售价＝每码 24 美元

单位成本＝每码 18 美元

为了计算单位毛利，我们可以用售价减去成本得出：

单位毛利＝24－18＝6（美元）

为了计算毛利率，我们可以用单位毛利除以售价得到：

$$毛利率（\%）=\frac{24-18}{24}=\frac{6}{24}=25\%$$

现在让我们检验我们的计算是否正确：

单位售价＝单位毛利＋单位成本

每码 24 美元＝每码 6 美元＋每码 18 美元

对毛利率的计算做同样的检验：

100%－毛利率＝成本占售价的百分比

$$100\% - 25\% = \frac{18}{24}$$

75%＝75%

当涉及多种产品，而且销售收入和成本不一样时，我们可以根据以下两个原则计算整体毛利率：

- 所有产品的总收入或总成本；
- 不同产品毛利率基于收入的加权平均。

示例：该帆布公司增加了生产高档布匹的生产线，该高档布匹每码售价为 64 美元，每码成本为 32 美元。毛利率为 50%。

单位毛利（$）＝64－32＝32（美元）

$$\text{毛利率（\%）} = \frac{64-32}{64} = \frac{32}{64} = 50\%$$

因为该公司生产和销售两种不同的产品，其平均毛利率只有在知道每种产品的销量时才能被算出。简单地对毛利率为 25%的普通布匹和毛利率为 50%的高档布匹进行平均是不准确的，除非该公司销售的普通布匹和高档布匹是一样的。

如果该公司在某天普通布匹的销量为 20 码，而高档布匹的销量为 2 码，那么我们可以按照以下的方式来计算毛利（见表 3—1）。

表 3—1　　销售额、成本和毛利

	普通布匹	高档布匹	总计
销售量（码）	20	2	22
每码售价（美元）	24.00	64.00	
总销售额（美元）	480.00	128.00	608.00
每码成本（美元）	18.00	32.00	
总成本（美元）	360.00	64.00	424.00
总利润（美元）	120.00	64.00	184.00
单位毛利（美元）	6.00	32.00	8.36
毛利率（%）	25	50	30

总销售额＝24×20＋64×2＝608（美元）

$$总成本=18\times20+32\times2=424（美元）$$

$$毛利（\$）=184（美元）$$

$$毛利率（\%）=\frac{毛利（184美元）}{总销售额（608美元）}=30\%$$

因为这两种产品的销售额是不同的，因此该公司的毛利率（30%）并不是这两种产品的毛利率的简单平均。

数据源、难点和注意点

当决定使用什么单位后，需要决定毛利的两个因素：单位成本和单位售价。

售价可以被定义为各种“加成”之前或之后的价格：回扣、消费者折扣、经纪人费用以及佣金等可以被看做成本或从售价中扣除。另外，外部报告由于管理报告的不同而不同，因为财务标准反映了与内部实践不同的一种操作。报告的毛利有很大的不同，这是由于所采用的量化指标不一样。这如同某种产品的实际价格的问题一样，导致组织的困惑。

请参考 8.4 节有关价格瀑布分析法（price waterfall）在计算净价（net price）时，扣除特定的折扣和津贴的注意点。某个特定项目是从价格中减去还是加到成本上，经常有考虑的范围。一个例子是零售商向购买一定数量商品的顾客提供礼券。为避免在价格、营销成本以及毛利之间的混淆，要解释清楚这一点不容易。在这种情况下，以下两点是相关的：（1）特定项目可以从价格中减去，或者加到成本上，两者不能同时操作。（2）这种做法不会影响单位毛利，但会影响毛利率。

毛利占成本的百分比：一些行业，特别是零售业，其毛利是按照成本的比例，而不是按照售价的比例计算的。在前面的例子中使用这个指标，普通布匹每码的毛利率应该是用 6 美元的单位毛利除以 18 美元单位成本，或者是 33%。这可能导致混淆。营销经理必须了解该行业实际操作的情况，在需要的时候进行转换。

加成或毛利? 虽然一些人将“加成”和“毛利”进行互换，但这是不合适的，因为“加成”通常是指在估计售价时，在成本上加一定的比例。

为了更好地理解加成与毛利之间的关系，我们来计算几个。例如加成50%的变动成本（10美元）为5美元，则零售价格为15美元。相反，而毛利率在售价为15美元、变动成本为10美元的情况下为5美元/15美元，或33.3%。表3—2显示了毛利与加成之间的关系。

表3—2　　毛利与加成之间的关系

价格（美元）	成本（美元）	毛利率（%）	加成率（%）
10	9.00	10	11
10	7.50	25	33
10	6.67	33.3	50
10	5.00	50	100
10	4.00	60	150
10	3.33	66.7	200
10	2.50	75	300

在零售业会发生的一种情况是，在商店购买价格上加成一定的百分比，但是促销时，在零售价的基础上降低一定的比例。大多数顾客都知道50%的促销是指售价降低了50%。

示例： 一家服装零售商以10美元购买的T恤以50%的加成出售。就像前面提到的一样，在变动成本10美元上加成50%，零售价为15美元。不幸的是，该商品销售情况不好，因此商店老板想要以成本价格清仓这些服装。他粗心地让售货员降价50%。然而，降价50%后的零售价格为7.50美元。因此，50%的加成后，再降价50%，导致每件衣服亏损2.50美元。

很容易明白这些损失是如何发生的。我们通常惯于使用毛利率来比较毛利占销售的百分比。然而，我们建议所有的经理应该和同事一起搞清楚毛利率是指什么。

示例：一家无线设备供应商以 100 美元的价格销售手机。该手机生产成本为 50 美元，还包括 20 美元的邮寄回扣。该供应商的内部收益报告把这些回扣作为商品销售的成本。因此毛利率的计算方式如下所示：

$$\text{单位毛利（\$）}=\text{售价}-\text{商品销售和回扣的成本}=100-(50+20)=30\text{（美元）}$$

$$\text{毛利率（\%）}=\frac{30}{100}=30\%$$

然而，会计准则要求外部收益报告要把回扣从销售收入中扣除（见表 3—3）。在这种结构下，公司的毛利计算方法不同，而且毛利率结果也不同：

$$\text{单位毛利（\$）}=\text{扣除折扣的售价}-\text{商品销售成本}=(100-20)-50=30\text{（美元）}$$

$$\text{毛利率（\%）}=\frac{30}{100-20}=\frac{30}{80}=37.5\%$$

表 3—3　　内部和外部收益报告可能会不同

	内部收益报告	外部收益报告
售价（美元）	100	100
回扣（美元）	—	20
销售收入（美元）	100	80
制造成本（美元）	50	50
回扣（美元）	20	—
商品销售成本（美元）	70	50
单位毛利（美元）	30	30
毛利率	30.0%	37.5%

在这个例子中，经理人员在内部收益报告中把回扣加到了商品的出售成本上。相反，会计准则要求在外部收益报告中，回扣要从售价中扣除。也就是说，毛利率在内部收益报告和外部收益报告中是不一样的。这样在公司内部引用毛利率时，会导致一定的疑惑。

作为一个普遍的原则，我们建议内部收益报告应该服从外部收益报告的要求形式，以减少混淆的发生。

变动成本可能或不可能被包括：包括还是不包括变动成本一般由相

关毛利计算的目的决定。一种极端的情况是，如果所有的成本都包括，那么毛利和净利润是相等的。另一方面，营销经理可能会选择“边际毛利率”（只扣除变动成本）、“营运利润率”或者“营销前利润”。通过使用这些量化指标，营销经理能够把固定成本从变动成本中区分出来，而且能够从整体交易中把营运的特定成本或者部分分离出来。

相关的量化指标和概念

毛利：在计算其他特定成本时，收入与成本的差额。一般来说，用某个条目的售价减去商品销售成本（本质上是指生产或获取成本）。毛利可以表现为百分比的形式或者绝对数的形式。如果表现成绝对数，就可以依据每单位或者每个时期的销量来表示。

3.2 价格和渠道毛利

渠道毛利率可以表示为单位或售价的百分比。在“链接”连续分销渠道毛利时，一个渠道的售价会变成下一渠道的成本。

$$\text{厂商的售价（\$）}=\text{顾客售价（\$）}-\text{顾客毛利（\$）}$$

$$\text{顾客售价（\$）}=\frac{\text{厂商的售价（\$）}}{1-\text{顾客毛利率（\%）}}$$

当分销链有多层时，比如包括制造商、分销商、零售商，不能简单地加总所有的渠道毛利得出总体渠道毛利。相反，应使用分销链起初和最后（即制造商和零售商层次上）的售价来计算总体渠道毛利。从自己的售价到消费者的购买价格营销经理都应该考虑，而且应该了解每一步的渠道毛利。

目的：在每个分销渠道层次上计算售价

营销通常包括一系列价值加成的再销售者销售。有时候，某个产品通过这个过程改变形式。另外一些时候，产品的价格通过分销渠道流程进行简单加成（见图 3—1）。

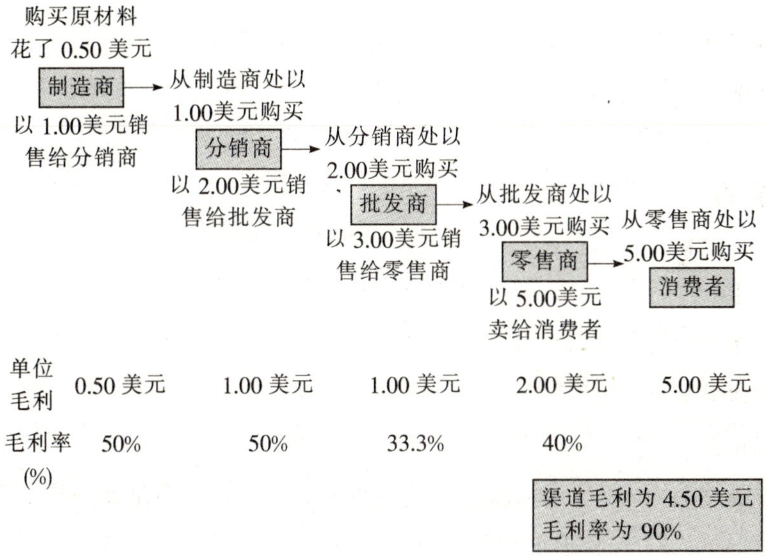

图 3—1　分销渠道的例子（注意：售价＝成本＋毛利）

在一些行业里，比如进口啤酒，在产品到达消费者手中时，要经过 4～5 个渠道商以此加成毛利。在这种情况下，为了评估价格变化的效应，了解渠道毛利和定价策略相当重要。

结构定义

首先，决定是否要“后向”计算，从面向顾客的售价到厂商售价，或者“前向”计算。我们提供在后向计算过程中的两个等式，一种是用绝对数的毛利表示，另一种是用毛利率表示。

厂商售价（$）＝面向顾客的售价（$）－顾客毛利（$）

厂商售价（$）＝面向顾客的售价（$）
×[1－顾客毛利（%）]

示例： 阿伦拥有一家家具店。他从一家本地的分销商处以 200 美元

的单价购买 BookCo 牌书架。阿伦正在考虑直接向 BookCo 购买书架，而且他想要计算如果 BookCo 向他收取与分销商相同的价格时，他应该支付的价格。阿伦知道该分销商的毛利率是 30%。

制造商向分销商供应商品。也就是说，在渠道链的联系中，制造商是供应者，分销商是顾客。因此，由于我们知道顾客的毛利率，为了计算制造商向阿伦的分销商收取的价格，我们可以利用前面提到的第二个等式。

$$\text{厂商售价（\$）} = \text{面向顾客的售价（\$）} \times [1 - \text{顾客毛利（\%）}] = 200 \times 70\% = 140\text{（美元）}$$

阿伦的分销商以 140 美元购买每个书架，而且以 200 美元出售，那么毛利为 60 美元（30%）。

虽然前面的例子可能是这个等式的最直接应用，但是通过将这个等式变形，我们也能前向计算，从厂商价格到面向顾客的售价。在前向计算的结构中，我们能够计算最后的售价，也就是说，向下个渠道商收取的价格，一直到终端消费者。[2]

$$\text{面向顾客的售价（\$）} = \frac{\text{厂商售价（\$）}}{1 - \text{顾客毛利（\%）}}$$

$$\text{顾客售价（\$）} = \text{厂商售价（\$）} + \text{顾客毛利（\$）}$$

示例：克莱德以 300 美元销售给一家公路制造承包商 100 立方码的混凝土。该承包商想把这些包括到材料中，然后向本地政府支取（见图 3—2）。另外，她想要挣得 25%的毛利率。承包商应该以什么价格出售这批混凝土？

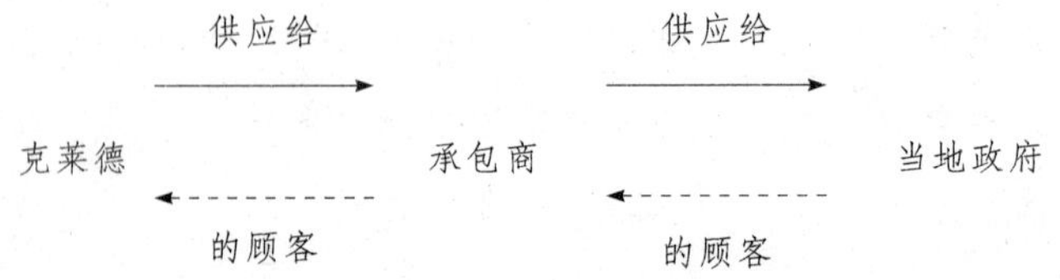

图 3—2　顾客关系

这个问题关注克莱德（供应商）和承包商（顾客）之间的联系。我们知道供应商的售价为 300 美元，而且顾客的期望毛利为 25%。通过这些信息，我们可以使用前面两个等式的第一个。

$$\text{面向顾客的售价}=\frac{\text{供应商售价}}{1-\text{顾客毛利率（\%）}}$$

$$=\frac{300}{1-25\%}=\frac{300}{75\%}=400\text{（美元）}$$

为了检验我们的计算结果，我们可以通过 400 美元的售价和 300 美元的成本来确定承包商的毛利率。

$$\text{顾客毛利率}=\frac{\text{面向顾客的售价}-\text{供应商售价}}{\text{面向顾客的售价}}$$

$$=\frac{400-300}{400}=\frac{100}{400}=25\%$$

第一个渠道成员的售价：当了解这些等式和分销渠道链所有毛利后，我们可以得出渠道链中第一个渠道成员的售价。

第一个渠道成员的售价（$）
=最后一个渠道成员的售价（$）
×［1−最后的渠道毛利率（%）］
×［1−前一渠道毛利率（%）］
×［1−之前渠道毛利率（%）］×…

示例：以下是零售价为 5 美元的一瓶通心粉调味料在不同的分销渠道链的毛利率（见表 3—4）。

表 3—4　示例——通心粉调味料分销毛利

分销阶段	毛利率
制造商	50%
分销商	50%
批发商	33%
零售商	40%

制造商生产一瓶通心粉调味料的成本是多少？零售价（5 美元）乘以 1 减去零售商的毛利率的差，就可得出批发商的售价。零售商的售价

也被认为是零售商的成本。批发商的成本（分销商售价）通过批发商售价乘以1减批发商毛利率的差得出。另外，也可以通过另一种方法，先用某个渠道成员的毛利率计算得出毛利，然后用渠道成员的售价减去毛利得出成本（见表3—5）。

表3—5　零售商的成本（购买价格）

阶段	毛利率	成本/购买价格（美元）
消费者成本		5.00
零售商毛利	40%	2.00
零售商成本		3.00
批发商毛利	33%	1.00
批发商成本		2.00
分销商毛利	50%	1.00
分销商成本		1.00
制造商毛利	50%	0.50
制造商的成本		0.50

因此，一瓶零售价为5美元的通心粉调味料实际上只花费了制造商50美分的制造成本。

多分销渠道过程的毛利率对终端消费者的价格有巨大的影响。在后向分析过程中，许多人发现把加成转化为毛利很容易；而前向分析则不需要这种转化。

示例：为了说明毛利和加成是一枚硬币的两面，我们在这里通过使用加成的方法获得同样的结果。我们来看看通心粉调味料是如何通过加成达到最终为5.00美元的售价的。

就像前面介绍的一样，制造商的成本为0.50美元。制造商的加成比例为100%。因此，我们能够计算得出0.50×100%=0.50（美元）。把制造商的加成加到成本上，得出其售价为：0.50（成本）+0.50（加成）=1.00（美元）。该制造商以1.00美元的价格向分销商出售该调味料。该分销商加成100%，以2.00美元的价格向批发商出售。然后该批发商加成50%，以3.00美元的价格向零售商出售。最后，零售商加成66.7%，然后以5.00美元的价格向消费者出售通心粉调味料。表

3—6 展示了通心粉调味料从制造商的 0.50 美元的成本通过加成最后变成 5.00 美元的零售价格（消费者成本）的过程。

表 3—6　　分销渠道的加成

阶段	加成率	加成额（美元）	毛利率
制造商成本		0.50	
制造商加成	100%	0.50	50%
分销商成本		1.00	
分销商加成	100%	1.00	50%
批发商成本		2.00	
批发商加成	50%	1.00	33.3%
零售商成本		3.00	
零售商加成	67%	2.00	40%
消费者成本		5.00	

数据源、难点和注意点

计算渠道毛利所需的信息与基本毛利一样。然而，因为涉及不同的层级，因此复杂性增加了。在这个结构中，渠道链中每层的售价变成了下一层的成本。这在消费品行业是非常明显的，因为在这个行业中在制造商和消费者之间有多层分销商，每个渠道分销商都要求获得属于自己的毛利。

成本和售价依赖于渠道链中所处的位置。有人肯定会经常问到“这是谁的成本?”以及“谁在以这个价格销售?”链接毛利次序的过程并不难，只需要弄清楚谁向谁出售。为了实现这些，首先画一条水平线，把所有的渠道成员列于渠道链中，制造商在左边，零售商在右边。比如，如果一家德国的啤酒出口商向美国的进口商出口啤酒，该进口商向弗吉尼亚州的分销商出售，然后该分销商又向零售商出售，那么在出口商和零售商店之间有四种不同的售价，三项渠道毛利。在这种情况下，出口商是第一供应商。进口商是第一个顾客。为了避免混淆，我们建议画出渠道链图，然后再计算毛利率、购买价格以及在每个水平上的售价。

通过这部分，我们已经假设所有的收益都是毛利，通过售价减去商品销售成本获得。当然，渠道成员在加成过程中将会产生其他的成本。比如，如果一家批发商向销售人员支付佣金，这也属于交易的成本。但是这并不属于商品销售成本的一部分，也不属于毛利的一部分。

相关的量化指标和概念

多（混合）渠道毛利

多渠道：通过多个分销渠道达到相同的市场。比如，一家企业可能通过商店、网络以及电话营销到达消费者市场。毛利在这些渠道中往往不同。多渠道也被称为混合渠道。

逐渐地，到达市场的交易要通过不止一种渠道商。比如，一家保险公司可能通过独立的代理商、自动拨号电话或者网站来推销保险。多渠道经常产生不同的渠道毛利，而且促使供应商得到不同的附加成本。随着交易从一个渠道到另一个渠道，营销经理必须调整定价和支持策略。为了制定合适的决策，他们必须识别最有利益的渠道，而且制定相应的计划和战略。

当通过有不同毛利率的多层渠道销售时，通过加权平均毛利，而不是简单平均进行很重要。使用简单平均将导致混淆以及作出较差的决策。

现在举一个产生差异性的例子，我们先假设一家公司通过 6 种渠道销售 10 件产品。其中，5 件产品是通过一种渠道以 20%的毛利率销售的，另外 5 件产品则是通过其他 5 种渠道以 50%的毛利率销售的。根据权重计算平均毛利率，我们得到如下结果：

$$\text{毛利率（\%）}=\frac{5\times20\%+5\times50\%}{10}=35\%$$

与此相反的是，如果我们通过对这家公司的 6 种渠道进行简单平均来计算平均毛利率，得到的结果是不一样的：

$$\text{毛利率（\%）}=\frac{1\times20\%+5\times50\%}{6}=45\%$$

很明显，毛利率的差异性会模糊管理决策的制定。

平均毛利

当以绝对收入来衡量毛利时，可以使用单位销量的百分比。

平均毛利（$）=[通过渠道 1 的单位销量百分比（%）
×渠道 1 所得毛利（$）]
+[通过渠道 2 的单位销量百分比（%）
×渠道 2 所得毛利（$）]
+依此类推到最后一个渠道

当以比例来衡量毛利时，可以使用销售额的百分比。

平均毛利率（%）=[通过渠道 1 的销售额百分比（%）
×渠道 1 所得毛利率（%）]
+[通过渠道 2 的销售额百分比（%）
×渠道 2 所得毛利率（%）]
+依此类推到最后一个渠道

示例：盖尔的玻璃通过 3 种渠道销售：电话、在线以及店铺。这些渠道分别产生如下的毛利率：50%，40%，30%。当盖尔的妻子问他平均毛利是多少时，他对各渠道毛利进行了简单平均，认为是 40%。但是，盖尔的妻子经过进一步调查，发现她丈夫的回答并没有经过深思熟虑。盖尔的公司共计销售了 10 单位产品。其中，1 单位通过电话以 50%的毛利率售出，4 单位通过网络以 40%的毛利率售出，另外 5 单位通过店铺以 30%的毛利率售出。

为了计算公司在这些渠道中的平均毛利率，各渠道的毛利率必须通过其相对销量进行加权。在此基础上，盖尔的妻子计算加权平均毛利率如下：

平均渠道毛利率=(通过电话的销售比例×电话的渠道毛利率)
+（通过网络的销售比例×在线的渠道毛利率）
+（通过店铺的销售比例×店铺的渠道毛利率）
=(1/10×50%) +（4/10×40%）

＋（5/10×30%）

＝5%＋16%＋15%

平均渠道毛利率＝36%

示例：萨德塔有限公司拥有两种销售渠道——在线和零售，各渠道产生以下结果：

一个顾客通过在线订购，每单位商品支付 10 美元，公司产生 5 美元的成本。对公司来说，毛利率为 50%。另一个顾客通过店铺购买，以 12 美元的单价购买了 2 单位。每单位的成本为 9 美元。因此，公司获得了 25%的毛利率。总结为：

在线毛利率（1）＝50%，售价（1）＝10 美元，

供应商售价（1）＝5 美元

店铺毛利率（2）＝25%，售价（2）＝12 美元，

供应商售价（2）＝9 美元

在这种情况下，相对权重很容易确定。以销量计算，公司共销售了 3 单位：1 单位（33.3%）通过在线销售，其他 2 单位（66.6%）通过店铺销售。以收入计算，公司的总销售额为 34 美元：通过在线为 10 美元（29.4%），通过店铺为 24 美元（70.6%）。

因此，公司的平均单位毛利（$）可以通过以下方法计算得出：在线渠道得到 5 美元的毛利，而店铺得到 3 美元的毛利。相对权重分别是 33.3%（在线）和 66.6%（店铺）。

平均单位毛利（$）＝[在线销量的百分比（%）

×在线单位毛利（$）]

＋［店铺销量百分比（%）

×店铺单位毛利（$）]

＝33.3%×5.00＋66.6%×3.00

＝1.67＋2.00

＝3.67（美元）

公司的平均毛利率可以通过以下方式计算得出：在线渠道产生

50%的毛利率，而店铺产生的毛利率为 25%。相对权重分别为 29.4%（在线）和 70.6%（店铺）。

平均毛利率（%）=[在线销售额比例（%）
×在线毛利率（%）]
+［店铺销售额比例（%）
×店铺毛利率（%）]
=29.4%×50%+70.6%×25%
=14.70%+17.65%
=32.35%

平均毛利也可以从公司的总收入或总销量中直接计算得出。萨德塔公司通过销售 3 单位产品共产生 11 美元的毛利。因此，其平均毛利为 11 美元/3，或者 3.67 美元。同样的道理，我们可以通过总毛利除以总收入得出其平均毛利率。这样得到的结果与我们通过权重计算出的结果一样：11/34=32.35%。

同样的加权过程也可被用来计算平均售价。

平均售价（$）=[通过渠道 1 的单位销量百分比（%）
×渠道 1 的售价（$)]
+［通过渠道 2 的单位销量百分比（%）
×渠道 2 的售价（$)]
+依此类推到［通过最后一个渠道的
单位销量百分比（%）
×最后一个渠道的售价（$)]

示例：继续前面的例子，我们可以看到萨德塔公司是如何计算其平均售价的。

该公司的在线顾客每单位支付 10 美元，店铺顾客每单位支付 12 美元。通过单位销量进行加权，我们能够通过以下方式得到其平均售价：

平均售价（$）=[在线销量的百分比（%）

×在线单位售价（\$）]
+［店铺销量百分比（%）
×店铺单位售价（\$）]
=33.3%×10+66.6%×12
=3.33+8
=11.33（美元）

同样也可以得到供应商平均售价的计算方式：

供应商平均售价（\$）=[通过渠道1的单位销量百分比（%）
×渠道1的供应商售价（\$）]
+[通过渠道2的单位销量百分比(%)
×渠道2的供应商售价（\$）]
+依此类推到［通过最后一个渠道的单位销量百分比（%）
×最后一个渠道的供应商售价（\$）]

示例： 现在，让我们考虑萨德塔公司是如何计算其供应商平均售价的。

该公司的在线交易成本为每单位5美元，其商店交易成本为每单位9美元。因此：

供应商平均售价（\$）=[在线销量的百分比（%）
×通过在线的供应商售价（\$）]
+［店铺销量百分比（%）
×通过店铺的供应商售价（\$）]
=33.3%×5+66.6%×9
=1.66+6
=7.66（美元）

解决了这么多的困惑，我们现在可以对萨德塔公司的商业活动有更加深入的认识（见表3—7）。

表 3—7　　萨德塔公司的渠道测量

	在线	店铺	平均/总计
售价（SP，美元）	10.00	12.00	
供应商售价（SSP，美元）	5.00	9.00	
单位毛利（美元）	5.00	3.00	
毛利率（%）	50	25	
单位销售量	1	2	3
销售量百分比（%）	33.3	66.7	
销售收入（美元）	10.00	24.00	34.00
销售额比例（%）	29.4	70.6	
总毛利（美元）	5.00	6.00	11.00
平均单位毛利（美元）			3.67
平均毛利率（%）			32.4
平均售价（美元）			11.33
供应商平均售价（美元）			7.67

3.3　平均单位价格和每统计单位价格

平均价格的含义很简单，是指总销售收入除以总销量。然而，许多产品是以多种变量销售的，比如说瓶子的大小。在这种情况下，经理人员将面对这样的挑战：他们必须决定采用“可比较的”单位。

平均价格可以通过加权不同的单位售价与每个产品变量单位销量的百分比来得出。如果我们使其标准化，而不是产品变量和型号的组合，那么结果就是每统计单位价格（prices per statistical unit）。统计单位也称为基本单位。

$$平均单位价格=\frac{收入（\$）}{单位销量（\#）}$$

或　　= [SKU1 的价格（$）

×SKU1 的销量百分比（%）]

＋ [SKU2 的价格（$）

×SKU2 的销量百分比（%）]

每统计单位价格（$）＝构成一个统计单位的一组 SKU 的总价格

$$\text{每统计单位的单位价格}=\frac{\text{每统计单位价格（\$）}}{\text{构成该统计单位的一组 SKU 的总量（\#）}}$$

营销者在以不同的包装、型号、格式或形状，用不同的价格销售同样的产品时，需要计算平均单位价格和每统计单位价格。在不同渠道的分析中，这些产品和价格变量必须以总体的平均价格正确地反映出来。否则，营销者可能并不知道价格产生了什么样的变化及其原因。比如，如果虽然每一个产品变量的价格没有变化，但是在混合销量变化方面有改变，那么平均单位价格可能就会改变，但是其每统计单位的价格并没有发生变化。这两个量化指标在识别营销变化方面很有价值。

目的：为了在一条包括所有不同型号的产品线内计算有意义的平均售价

许多品牌或产品线包含有多种模型、版本、口味、颜色、型号，或更一般地说包括库存单位（SKU）。比如，Brita 水过滤器以多个库存单位销售，有单过滤器包装、双过滤器包装以及针对会员商店的特别包装。他们销售单机或与其他灌装容器联合销售。这些不同的包装和产品形式也被称为 SKU、模型、条目等。

库存单位：零售商用来识别在分类中运送或储存的单个条目。这是记录存货目录和单个产品销售的最详细的水平。

营销经理通常想要了解这些产品的平均价格和其零售商。通过计算 SKU，他们可以得到在分销渠道各个水平上的单位平均价格。所有的平均方法中最有用的两种是：

1. 包括所有 SKU 全部销售的单位平均价格表示的是一个定义单位的平均价格。比如，在水过滤器行业，这些单位可能包括每个过滤器 2.23 美元，或者每过滤一盎司 0.03 美元等指标。

2. 包含一组固定单个 SKU 的每统计单位价格。这个组合通常被定义成反映各种 SKU 销售的真正组合。

当以不同单位价格 SKU 表示的销量百分比发生变化时，平均单位价格将会改变，而且当单个 SKU 的价格变化时，平均单位价格也会发生变化。这与每统计单位价格恰好相反，根据定义，每统计单位价格对每个 SKU 有一个固定的比例。因此，只有当包含在内的一个或多个 SKU 的价格变化时，每统计单位价格才会发生变化。

从每统计单位价格获取的信息可以帮助识别市场的价格运动。每统计单位价格和平均单位价格可以帮助判断由于不同价格 SKU 销售比例的变化和单个条目的价格变化所导致的市场改变中价格变化的程度。例如，零售店大包装冰激凌相对于小包装冰激凌销量的增加将会影响平均单位价格，但不会影响每统计单位价格。然而，构成一个统计单位 SKU 的价格改变将会通过该统计单位的价格变化反映出来。

结构定义

和其他的营销平均数一样，单位平均价格既可以通过公司整体，也可以根据单个 SKU 的价格和市场份额来计算。

$$\text{单位平均价格（\$）}=\frac{\text{收入（\$）}}{\text{单位销量（\#）}}$$

或

$$\begin{aligned}&=[\text{SKU1 的单位价格（\$）}\\&\quad\times\text{SKU1 的销量百分比（\%）}]\\&\quad+[\text{SKU2 的单位价格（\$）}\\&\quad\times\text{SKU2 的销量百分比（\%）}]\\&\quad+\cdots\end{aligned}$$

单位平均价格由单个 SKU 的单位价格和单位销量决定。单位平均价格可以通过提高单位价格或者较高价格 SKU 的单位份额，抑或这两者同时使其增加。

对 SKU 份额变化不敏感的一个平均价格量化指标就是每统计单位价格。

每统计单位价格

宝洁和其他公司在为不同的产品型号、包装类型以及产品配方指导价格时面临着挑战。一些品牌有多达25～30个不同的SKU，而且每个SKU都有自己的价格。在这些情况下，为了与竞争对手比较，或者跟踪价格是涨了还是降了，营销者需要决定一个品牌的整体价格。一种解决方法是“统计单位”，也被称为“统计量”——以容积或重量来测量，即统计的升或统计的吨。比如，一个288盎司的液体清洁剂的统计量可能被定位组合为：

4瓶4盎司=16盎司

12瓶12盎司=144盎司

2瓶32盎司=64盎司

1瓶64盎司=64盎司

注意到这个统计量的内容要仔细地选择，以使它包括与24瓶12盎司标准量相同的数量。用这种方法，统计量就可以与标准量通过型号进行比较。统计量的好处是它的内容可以接近公司实际销量的组合。

虽然一个统计量单位的液体清洁剂可以将整个瓶子填满，但是在其他情况下，一个统计单位可能只占特定包装型号的一定比例，目的是为了与要求的容积和体积相匹配。

统计单位由不同SKU的固定比例组成。这些固定的比例确保了统计单位价格的变化只反映包含SKU的价格变化。

一个统计单位的价格既可以被表示为一组SKU的总价格，也可以被表示为总价格除以总量。前者被称为每统计单位价格（price per statistical unit），后者被称为每统计量单位价格（unit price per statistical unit）。

示例：卡尔的咖啡乳脂（CCC）以三种型号销售：1升的经济装、0.5升的冰箱装以及0.05升的独立装。卡尔把CCC的一个12升的统计量定义为：

2单位经济装=2升（2×1.0升）

19单位的冰箱装=9.5升（19×0.5升）

10个独立装=0.5升（10×0.05升）

每个型号的价格和统计单位总价格的计算在下面的表格中表示

出来：

SKU 类型	型号	条目价格	统计单位的数目	统计单位的大小	总价格
经济装	1 升	8 美元	2	2.0	16 美元
冰箱装	0.5 升	6 美元	19	9.5	114 美元
独立装	0.05 升	1 美元	10	0.5	10 美元
总计				12	140 美元

因此，CCC 的 12 升统计量的总价为 140 美元。在该统计量内，每升价格为 11.67 美元。

注意到统计单位价格 140 美元比 12 个经济装的 96 美元的价格要高。高出的价格反映了 CCC 的小包装每单位要求较高的价格。如果统计量中 SKU 的比例恰好与实际的销量比例相匹配，那么统计量的每升价格将与实际销量的每升价格一样。

示例：卡尔销售了 CCC 的 10 000 个 1 升的经济装，80 000 个 0.5 升的冰箱装，以及 40 000 个独立装。那么每升的平均价格是多少？

$$\text{单位平均价格（\$）}=\frac{\text{收入（\$）}}{\text{单位销量（\#）}}$$

$$=\frac{8\times10\ 000+6\times80\ 000+1\times40\ 000}{1\times10\ 000+0.5\times80\ 000+0.05\times40\ 000}$$

$$=\frac{600}{52}=11.54\text{（美元）}$$

注意到卡尔的每升平均价格是 11.54 美元，要比统计量的每升价格低。理由很明显：尽管在统计量中冰箱装超出经济装 10 倍，事实上这些 SKU 的实际销量比例只有 8 倍。同样，尽管在统计量中独立装和经济装条目的比例是 5 倍，它们的实际销量比例仅有 4 倍。卡尔公司销售了较小比例的高价格条目。因此，每升的实际平均价格比统计量中每升的价格要低。

在下表中，我们描述了通过加权平均单位价格和 CCC 的三种 SKU 的单位份额来计算单位平均价格。单位价格和单位（每升）份额表示如下：

SKU 类型	型号	价格	SKU 销量	单位销量（升）	单位价格（每升）	单位份额
经济装	1 升	8 美元	10 000	10 000	8 美元	19.23%
冰箱装	0.5 升	6 美元	80 000	40 000	12 美元	76.92%
独立装	0.05 升	1 美元	40 000	2 000	20 美元	3.85%
总计			130 000	52 000		100%

在此基础上，单位平均价格（\$）＝8×0.192 3＋12×0.769 2＋20×0.038 5＝11.54（美元）。

数据源、难点和注意点

由于复杂的和变化的产品线，不同零售商采取的不同售价，营销者需要了解一系列方法来计算平均价格。仅仅决定一个产品销售了多少，以及以什么样的价格，就是一个巨大的挑战。作为跟踪价格的标准方法，营销者使用基于在一个产品线内不同 SKU 的固定销售比例的统计单位。

典型的是，在一个统计量内，SKU 的比例至少大体上是与历史性的市场销量相一致的。然而，销售方式会改变。因此，这些比例需要在变化的市场和产品线内被仔细地监控。

由于需要区分销量变化和统计单位的价格变化，计算一个有意义的平均价格很难。在一些行业，很难构造出合适的单位来分析价格和销售数据。比如，在化工行业，一种除草剂可能按照各种不同的型号、喷撒器以及浓缩水平等来销售。当我们把竞争零售商店提供的不同价格和不同分类的复杂性分解时，计算和跟踪平均价格将会变成一项重要的任务。

同样的挑战也发生在估计通货膨胀中。经济学家通过使用一篮子商品来计算通货膨胀。他们的估计可能相差很大，这是由所包括的商品决定的。很难在通货膨胀指标上断定质量改进。比如，一辆 2005 年的轿车是否真的可以和 30 年前的轿车相比？

在计算价格上涨中，营销者必须谨记消费者在折扣店购买大量商品可能和低收入者在本地商店购买少量的商品很不一样。为这些不同的消费者确定一个“标准”的篮子要求敏锐的判断。在通过一种经济体寻求总结这些价格的集合体时，实际上，经济学家可能把通货膨胀看成是该经济体的统计单位价格测量。

3.4 变动成本和固定成本

变动成本可以被合成一个整体或以每单位为基础来表示。根据定义，固定成本不会随着单位销量和产量而变化。变动成本对于每单位基础来说是相对不变的。总变动成本随着单位销量直接地或可预测地增加。另一方面，固定成本在短期内不会随着单位销量的增加或降低而发生变化。

总成本（\$）＝固定成本（\$）＋总变动成本（\$）

总变动成本（\$）＝单位销量（#）×单位变动成本（\$）

营销者需要了解成本如何被分成变动成本和固定成本。这些差异在预测由于单位销量不同变化而发生的收入，以及对营销计划任务的财务影响是很关键的。对价格和销量之间选择的了解也是最基础的。

目的：为了了解成本是如何随着销量变化的

第一眼给人的感觉是这个目的很容易达到。如果一项营销任务能够引起10 000单位的额外销量，我们仅仅需要了解为了这些额外的销量要付出的成本有多大。

当然，问题是没有谁真正知道数量方面的变化是如何影响公司的总成本的，部分原因是由于一家公司的工作很复杂，公司不能简单地雇用大量会计人员去准确地回答每个可能支出性问题。相反，我们可以使用一个简单的足够适用于多种目的的成本性态模型。

结构定义

标准线性方程 $Y=mX+b$，能够帮助解释总成本与单位量之间的关系。在该方程中，Y 表示公司的总成本，m 表示单位变动成本，X 表示产品销量（或产量），b 表示固定成本（见图 3—3）。

总成本（\$）＝单位变动成本（\$）×数量（#）
＋固定成本（\$）

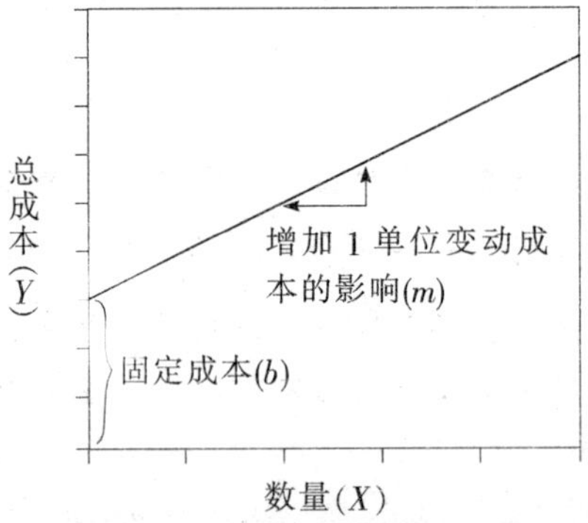

图 3—3　固定成本和变动成本

以此为基础，为了确定一家公司任何给定产品量的总成本，我们仅仅需要用其单位变动成本乘以数量，然后再加上固定成本。

为了全面了解固定成本和变动成本的应用，它可以把这幅图分成两部分（见图 3—4）。

根据定义，不管数量有多大，固定成本仍然保持不变。因此，可以用图 3—4 中的水平线表示。固定成本不会上升，因此随着数量的增加，它们并不会使总成本增加。

单位变动成本乘以数量后得到的结果经常被称为总变动成本。变动成本和固定成本的不同之处在于，不生产时，不会产生变动成本。然而，它们合起来会随着数量的增加而稳定增加。我们可以用一个简单的等式来表示这个成本变化模型。

总成本（\$）＝总变动成本（\$）＋固定成本（\$）

当然，为了使用这个模型，我们必须把企业发生的成本用这两者中的一个进行替换。如果一种支出不随着量的变化而变化（比如，租金），那么它属于固定成本的一部分，将会保持不变，而不管公司生产或销售了多少产品。如果一种成本随着量的变化而变化（比如，销售佣金），那么它属于变动成本。

总变动成本（\$）＝单位量（#）×单位变动成本（\$）

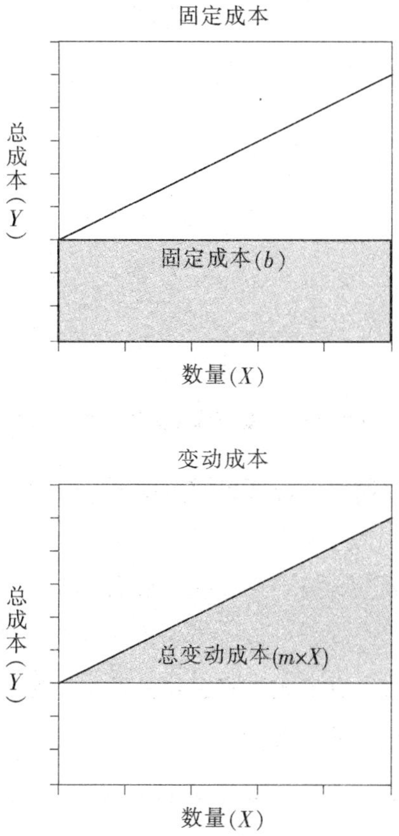

图 3—4　总成本包括固定成本和变动成本

单位总成本（total cost per unit）：某给定销量的总成本也可能以每单位为基础表示出来。其结果可能被称为单位总成本、平均成本、完全成本，或者甚至是完全沉没成本等。对于我们简单的线性成本模型来说，单位总成本可以通过两种方式计算得出。最简单的方法是用总成本除以总量。

$$\text{单位总成本（\$）}=\frac{\text{总成本（\$）}}{\text{总量（\#）}}$$

这可以通过图形表示出来，而且有一个有趣的现象（见图 3—5）。随着数量的上升，单位总成本（单位平均成本）是下降的。虽然这条曲线的形状在有着不同成本结构的公司里会有所不同，但是无论是固定成本还是变动成本，单位总成本将会随着固定成本均摊在增加的单位数量中而下降。

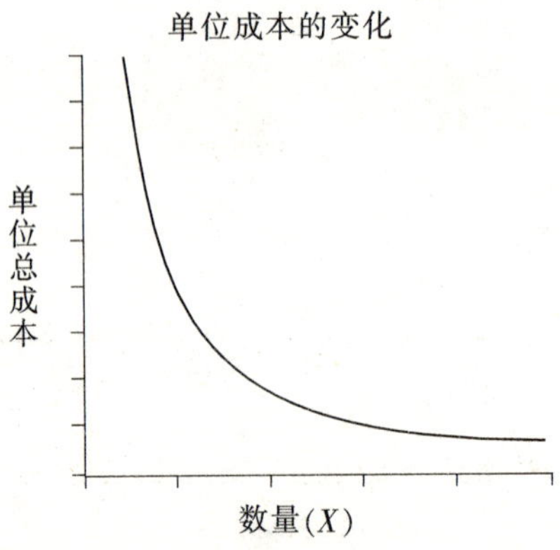

图 3—5　单位总成本随产量增加而下降（典型的例子）

固定成本在量之间的分配使我们可以用另一个普通的等式来计算单位总成本。

单位总成本（$）＝单位变动成本（$）
＋［固定成本（$）/数量（#）］

随着数量的增加，固定成本将会均摊到增加的单位量中，因而单位总成本会以非线性的方式下降。[3]

示例：随着某公司销量的增加，其固定成本保持在 500 美元。单位变动成本保持常数 10 美元不变。总变动成本随着销量的增加而上升。单位总成本（也被称为平均总成本）随着额外的销量而降低，因为固定成本也会被分配到这些增加的数量中。最终，随着生产和销售的产品越来越多，该公司的单位总成本将会接近单位变动成本（见表 3—8）。

表 3—8　随产量增加，固定成本和变动成本的变化

销售数量	1	10	100	1 000
固定成本（美元）	500	500	500	500
变动成本（美元）	10	100	1 000	10 000
单位总成本（美元）	510.00	60.00	15.00	10.50
单位变动成本（美元）	10	10	10	10

总之，最简单的成本模型假设，总成本随着供给量线性增加。总成

本由固定成本和变动成本构成。单位总成本随着供给量的增加以非线性的方式降低。

数据源、难点和注意点

总成本一般被认为是供给量的线性函数。也就是说，相对于数量的总成本的曲线是一条直线。因为一些成本是固定的，总成本从高于零的成本开始，即使没有生产任何产品。这是因为固定成本包括场租和支付给全职员工的薪水等支出，这些都是必要的支出，而不管是否生产或销售产品。与此相反，总变动成本随着数量有升有降。然而，在我们的模型内，单位变动成本被认为是常数，比如每单位 10 美元，而不管产量是 1 还是 1 000。这是一个有用的模型。然而，在使用的过程中，营销者必须承认某些复杂的现象是无法解释的。

线性成本模型并不是与每种情况都匹配：比如数量折扣、将来过程改进的期望以及产能限制等，都会限制基本线性成本方程的动态性：总成本＝固定成本＋单位变动成本×数量。甚至数量决定总成本这个概念也是有问题的。虽然公司支付投入，比如原材料和劳动力，但是营销者想要了解企业产出的成本，也就是说成品销量的成本。在理论上区别是很明显的。然而，在实际中，很难揭示产出量与大范围投入产生的总成本之间的精确关系。

成本划分为固定成本或变动成本是依情况而定的：即使该线性模型并不是在所有情况下都有效，但是它在许多情境下会对成本形态提供合理的估计。然而，一些营销者可能会有这样的困惑，一些成本在一些情况下被认为是固定的，而在其他情况下则是变动的。一般来说，对于短期和数量上轻微的改变，许多成本是固定的；对于长期和数量上巨大的变化，大多数成本是变动的。比如，让我们考虑一下租金。数量上微小的变化并不会要求在工作场所和交易地点发生改变。在这种情况下，租金被看成是一种固定成本。然而，如果数量发生巨大变化，将要求更多或更少的工作场所，那么，租金在此数量范围内就成了变动成本。

不要混淆单位总成本和单位变动成本：在我们的线性成本方程中，

单位变动成本是指如果数量上增加一个单位，总成本增加的数额。这个数额不应该和单位总成本相混淆，计算方法为：单位变动成本＋（固定成本/数量）。如果一家公司有固定成本，那么其单位总成本总会大于其单位变动成本。单位总成本指的是在当前数量下，也只有在当前数量下的单位平均成本。不要误以为单位总成本是数量变化的指标。单位总成本只适用于被计算的那个量。

由于单位总成本随着数量的上升而下降，可能会产生相关的误会。一些营销经理使用这个事实争辩道，提高数量是为了降低我们的成本和提高利润率。与单位总成本相反的是，总成本几乎总是随着数量的增加而上升。只有在特定的数量折扣或回扣下，当目标量达到某个特定值后，总成本才会随着数量的增加而降低。

3.5 营销支出——总、固定以及变动

为了预测销售成本是如何随着销量变化的，每个公司必须区分固定销售成本和变动销售成本。

总销售（营销）成本（＄）＝总固定销售成本（＄）
＋总变动销售成本（＄）

总变动销售成本（＄）＝收入（＄）×变动销售成本（%）

能够识别固定销售成本与变动销售成本之间的差异可以帮助企业解释与可选销售战略相关的相对风险。一般来说，包括变动销售成本的战略危险相对较小，这是因为变动销售成本在销量没有达到预期时保持较低的水平。

目的：为了预测营销支出和评估预算风险

营销支出（marketing spending）：在营销活动上的总支出。主要包括广告和非价格促销的费用。有时还包括销售人员支出，也可能包括价格促销费用。

营销成本常常是企业整体可支配支出的一大部分。同样，它是短期利润的重要决定因素。当然，营销和销售预算也可以被看做在获得和维持消费者方面进行的投资。然而，从另一个角度看，能够区分固定营销成本与变动营销成本是非常有用的。也就是说，经理们必须识别哪些营销成本是保持不变的，哪些营销成本是随着销量改变的。一般来说，这种划分要求对全部营销预算条目进行逐条检查。

在前面的部分中，我们已经把总变动成本看做随单位销量变化的支出。至于销售成本，我们需要略微不同的概念。除了随单位销量变化外，总变动销售成本更可能直接随着单位销量的货币价值，也就是收入而发生变化。因此，变动销售成本就非常有可能被表示为收入的百分比，而不是每单位的特定货币收入。

把销售成本区分为固定成本和变动成本是由一个组织的框架和管理的特定决策决定的。然而，一些条目可能属于某个类别或者其他类别，因为它们属于固定成本还是变动成本，是有时间性的。从长期来说，所有的成本最终都是可变的。

在一个季度或一年的计划时期内，固定营销成本可能包括：

- 销售团队的薪水和支持；
- 主要广告活动，包括制作成本；
- 营销员工；
- 销售促进资料，如购买点销售辅助、优惠券制作以及分销成本；
- 基于前期销售的合作广告津贴。

变动营销成本可能包括：

- 支付给销售人员、经纪人或制造商代表的销售佣金；
- 视达到销售目标而定的销售奖金；
- 与当前销量相关交易的未开发票和绩效津贴；
- 早期支付项目（如果被包含在销售促进预算里）；
- 优惠券票面价值支付和回扣，包括处理费；
- 当地活动的票据支持，这些活动是通过零售商执行的，其品牌和合作广告津贴基于当期销量偿还。

虽然营销经理并不经常考虑他们在固定和可变条目方面的预算，但是这样做至少可以产生两方面的利益。

第一，如果营销支出实际上是可变的，那么用这种方法进行预算是非常精确的。一些营销者预算一项固定的数量，如果销量没有达到他们宣称的目标，将会面临期末的矛盾和差异。相反，一项灵活的预算，也就是说考虑其真正的变动成分，不管在哪里结束，都会反映实际的结果。

第二，与固定营销成本相关的短期风险比与可变营销成本相关的风险要大。营销者如果期望收入对诸如竞争行为或产量短缺等不可控因素是灵敏的，可以通过在预算中包括更多的变动成本以及更少的固定成本来降低风险。

在固定营销成本和变动营销成本之间选择的一个经典决策就像选择第三方合同销售代表与内部销售团队。雇用一个付工资的或主要是付工资的销售团队比其他选择将会导致更多的风险，这是因为即使公司没有达到其收入目标，工资也必须支付。相反，如果公司雇用第三方经纪人以支付佣金的方式销售产品，它的销售成本在销售目标没有完成时会降低。

结构定义

总销售（营销）成本（\$）＝总固定销售成本（\$）
＋总变动销售成本（\$）

总变动销售成本（\$）＝收入（\$）×变动销售成本（%）

委托销售成本：销售佣金指的是随收入比例变化的销售成本。因此，任何销售佣金都应该包含在变动销售成本内。

示例：Henry 的调味酱每年要花费 1 000 万美元来维持销售团队访问杂货店和批发商。一个经纪人完成相同的销售任务将会得到 5%的佣金。

收入是 1 亿美元时，

总变动销售成本＝10 000×5%＝500（万美元）

收入是 2 亿美元时，

总变动销售成本＝20 000×5%＝1 000（万美元）

收入是 3 亿美元时，

总变动销售成本＝30 000×5%＝1 500（万美元）

如果收入低于 2 亿美元时，雇用经纪人的成本将会低于内部销售团队的成本。在收入为 2 亿美元时，雇用经纪人的成本和内部销售团队的成本相等。在销售收入高于 2 亿美元时，雇用经纪人的成本将会高于内部销售团队的成本。

当然，从一个带薪的销售人员转换成一个经纪人，其本身在收入上也会发生变化。计算在哪个收入水平上销售成本是一样的，只是分析的开始阶段，但这是了解这种平衡的重要的第一步。

有许多类型的变动销售成本。比如，销售成本应该基于一个比较复杂的公式，是在公司与经纪人和经销商合同中确定的。销售成本可能包括对当地经理的物质激励，这与特定销售目标的达成情况相一致。它们可能包括对在合作广告支出的零售商的补偿。相反，对某网站的固定印象数或点击数进行支付，在合同中规定特定的薪酬，更可能被划分为固定成本。另一方面，对销售的支付将被划分为变动营销成本。

示例：一个小型的区域美食制造商必须选择计划投放的电视广告活动的预算。一个计划是，支付费用创造一个商业广告，并且在特定的时点进行传播。它的支出水平是固定的。这将会在事先支付，而且不随活动的结果发生变化。

另一个可选计划是公司制作广告，这仍然是固定支出，但是让零售商在其本地市场投放，而且把支付给电视台的媒体费作为合作广告安排的一部分。因支付媒体费而得到的回报是当地商店将会得到一定的折扣。

最后一个计划是产品折扣将是变动成本，总数目由单位销量的数目决定。在执行如此的一项合作广告活动时，制造商应该制定其固定成本与变动成本组合的营销预算。这个合作广告计划是不是一个好的建议呢？为了明确这点，公司必须确定其在所有安排下的期望收入，以及以后的经济发展和对风险的容忍度。

数据源、难点和注意点

固定成本通常比变动成本容易测量。典型的固定成本可以从工资记录、租金文件或财务报表中收集到。对于变动成本，需要测量其作为活动水平函数上升时的变化比率。虽然变动销售成本经常表示为收入的预定比例，但是它们可能随着单位销量数目（每单位货币折扣）选择性地改变。如果一些变动销售成本只是总销量的一小部分，将会导致额外复杂性的增加。比如，当一些交易商有现金折扣或整装卡车装载资格，而另一些没有时，就会产生这样的问题。

进一步的复杂性是指一些支出在达到某一点前可能是固定的。也就是说，它们固定在某个点，但是超出了那个点，它们可能引发额外的支出。比如，一家公司可能和某个广告代理商达成了每年开展三次活动的协议。如果它决定购买不止三项活动，就会增加其成本。一般情况下，进入成本被看做固定的，这在假定分析的边界是很容易理解的。

进入支付很难模型化。对超过特定购买量的消费者回扣、对超额销售人员的奖金，很难对其方程进行描述。在设计营销折扣时，创新性很重要，但是这种创新性很难反映在固定成本和变动成本的架构中。

在进行营销预算过程中，公司必须决定哪些成本的支出需要在本期决定，而哪些通过几期分开支付。后面这种情况被看做投资方面的支出是合适的。这种投资的例子是从新的渠道商得到的特定财务津贴。除了把这种津贴加到当期预算内，更好的方式是把它看做增加公司运作资本投资的一项营销条目。相反，用来产生长期影响的广告也可能松散地被看做投资，但是更好的是把它看成营销支出。虽然分期支付广告费用理论情况下是有效的，但对它的讨论已经超出了本书的范围。

相关的量化指标和概念

营销支出的水平经常被用来比较企业，以及表示它们在该领域的投资情况。为了这个目的，营销支出一般被看做销售额的百分比。

营销支出占销售额的百分比：营销支出作为销售额的分数。这个指标反映了一家公司进行营销程度的指示。这个指标合适的水平在不同的产品、战略以及市场中是不一样的。

$$\text{营销支出占销售额的百分比（\%）}=\frac{\text{营销支出（\$）}}{\text{收入（\$）}}$$

这个量化指标的差异被用来检验在与销售额比较中营销支出的比重。这样的例子包括作为销售额比例的交易促销，或者作为销售额比例的销售团队。一个特别普通的例子是：

广告支出占销售额的百分比：广告支出作为销售额的分数。一般来说，它是销售额百分比的营销子集。

在使用这个量化指标之前，建议营销经理确定特定的营销成本是否从销售收入的计算中已经扣除。比如，交易津贴经常从毛收入中扣除以得到净收入。

安置津贴（slotting allowances）：当新的项目介绍给零售商或分销商时，将会产生一种特定形式的销售成本。本质上，它们表示零售商对新条目在他们的商店和仓库中的安置收取的费用。这种费用可能采用一次性现金支付、免费商品或特定折扣的方式。安置津贴的精确条款将会决定它构成了固定成本还是变动成本，抑或是两者兼有。

3.6 盈亏平衡分析法和贡献分析法

盈亏平衡水平指的是可以弥补总成本（包括固定和变动成本），通过单位量或收入表示的销量。在盈亏平衡点，利润为零。只有在公司的价格高于其单位变动成本时，盈亏平衡才是可能的。如果是这种情况，产品销量的每个单位都会对弥补固定成本产生“贡献”。单位价格和单位变动成本之间的差被定义为单位贡献。

$$单位贡献（\$）=单位售价（\$）-单位变动成本（\$）$$[4]

$$贡献毛利率（\%）=\frac{单位贡献（\$）}{单位售价（\$）}$$

$$盈亏平衡量（\#）=\frac{固定成本（\$）}{单位贡献（\$）}$$

$$盈亏平衡收入（\$）=盈亏平衡量（单位）（\#）\times 单位价格（\$）$$

或

$$=\frac{固定成本（\$）}{贡献毛利率（\$）}$$

盈亏平衡分析法是营销经济学的瑞士军刀。它在各种情况下都适用，以及经常被用做评价影响固定成本、价格或单位变动成本营销行动的可能利润率。盈亏平衡分析通常得自一种粗略的计算，用来决定是否需要做更详细的分析。

目的：为了提供一项营销活动收入影响的粗略指标

商业活动的盈亏点被定义为既没有利润也没有亏损的销量水平，也就是在这一点，总收入=总成本。假设某公司销售某商品的单位价格高于其单位变动成本，那么每一单位的销量将会对固定成本的某一比例的弥补做出“贡献”。这些贡献可以通过单位价格与单位变动成本之间的差额计算获得。在这个基础上，盈亏平衡是最低销售水平，在该水平上总贡献恰好完全弥补固定成本。

结构定义

为了确定某交易项目的盈亏平衡点，首先必须计算运作该项目的固定成本。为了这个目的，经理人员不必估计计划量。固定成本是常数，与活动的水平无关。然而，经理人员需要计算单位收入与单位变动成本的差额。这个差额指的就是单位贡献。贡献率也可以被表示成售价的百分比。

示例：Apprentice 捕鼠器公司想要知道它的魔法捕鼠器要卖多少个才能达到盈亏平衡。该产品以 20 美元的价格销售。生产的成本为 5 美元。该公司的固定成本为 30 000 美元。当总贡献与固定成本相等时，达到盈亏平衡。

$$盈亏平衡量=\frac{固定成本}{单位贡献}$$

单位贡献＝单位售价－单位变动成本＝20－5＝15（美元）

$$盈亏平衡量=\frac{30\ 000}{15}=2\ 000（个）$$

固定成本、变动成本、总成本以及总收入的变化可以被表示在一幅图中（见图 3—6）。在盈亏平衡点以下，总成本超出总收入，有亏损。在盈亏平衡点以上，该公司有利润产生。

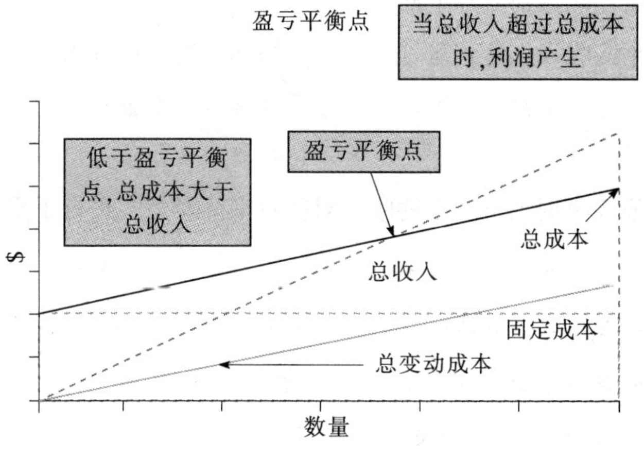

图 3—6 在盈亏平衡点，总成本＝总收入

盈亏平衡：当总贡献和总固定成本相等时，产生盈亏平衡。在盈亏平衡点，既无利润也无亏损。

盈亏平衡分析法一个关键的基础部分是贡献的概念。贡献指的是销售收入的比例并不是用来弥补变动成本，而是用来弥补固定成本。

单位贡献（$）＝单位售价（$）－单位变动成本（$）

贡献也可以用百分比表示，量化用来弥补固定成本的售价部分。这个分数也被称为贡献毛利率。

$$贡献毛利率（\%）=\frac{单位贡献（\$）}{单位售价（\$）}$$

总贡献的计算公式如下所示：

总贡献（\$）＝单位销量（＃）×单位贡献（\$）

总贡献（\$）＝总收入（\$）－总变动成本（\$）

就像前面提到的，

总变动成本（\$）＝单位变动成本×单位销量

总收入＝单位售价×单位销量

盈亏平衡量：用来弥补固定成本必须要达到的销量。

$$盈亏平衡量（\#）=\frac{固定成本（\$）}{单位贡献（\$）}$$

当企业销售的产品足以弥补固定成本时，就会达到盈亏平衡。如果固定成本为10美元，而单位贡献为2美元时，那么该公司必须销售5单位的产品才能达到盈亏平衡。

盈亏平衡收入：达到盈亏平衡时必须达到的销售收入。

盈亏平衡收入（\$）＝盈亏平衡量（单位量）（＃）
×单位价格（\$）

这个公式根据销量产生的收入对盈亏平衡量公式进行了简单转换。

示例：Apprentice捕鼠器公司想要知道它的超强捕鼠器要达到多少的收入才能盈亏平衡。该产品的单位价格为40美元。制作时的单位成本为10美元。该公司的固定成本为30 000美元。

固定成本为30 000美元，以及单位贡献为30美元，Apprentice必须销售30 000/30＝1 000（个）超强捕鼠器才能达到盈亏平衡。在单位价格为40美元，与其对应的收入为1 000×40＝40 000（美元）。

盈亏平衡收入（\$）＝盈亏平衡量（＃）×单位价格（\$）
＝1 000×40＝40 000（美元）

用绝对数表示的盈亏平衡也可以通过固定成本除以代表贡献的那部分售价而得到。

$$盈亏平衡收入=\frac{固定成本}{（售价-变动成本）/售价}$$

$$=\frac{30\ 000}{（40-10）/40}=\frac{30\ 000}{75\%}=40\ 000（美元）$$

追加投资中的盈亏平衡

追加投资中的盈亏平衡是盈亏平衡分析中一种普通的形式。它检验的是为了完成某个营销机会而额外增加的投资，以及计算需要增加多少销量才能弥补这些额外支出。投资决策已经产生的任何成本或收入都不包括在该分析中。

示例：约翰的服装店雇用了 3 个销售代表。每年的销售额为 100 万美元，平均贡献毛利率为 30%。租金是 50 000 美元。每个销售代表的工资和津贴为 50 000 美元。如果再雇用一个销售代表，约翰需要增加多少销售额才能达到盈亏平衡?

如果在一个销售代表上的额外投资为 50 000 美元，那么雇用新销售代表的盈亏平衡在收入增加到 50 000/30%，或 166 666.67 美元时才能达到。

数据源、难点和注意点

为了计算盈亏平衡销售水平，我们必须了解单位收入、单位变动成本以及固定成本。为了确定这些指标，我们必须把所有的成本划分为固定的（不随数量变化的）或变动的（随数量线性增加的）。

分析的时间刻度可以影响这种分类。确实，一个人的管理意图能够在分类中表现出来。（如果销量下降，公司是否要解雇员工和转租厂房?）作为一般的原则，所有的成本在长期中都将是可变的。比如，公司一般会把租金看做固定成本。但是，长期来说，当销量超过了某个特定值后，随着公司迁移到更大的工作场地，租金就成为变动成本。

在担心这些判断之前，管理者们最关键的是要记住盈亏平衡最有效的用处是对是否值得做更细致分析做出粗略的判断。盈亏平衡的计算是管理者能够快速地判断不同的选择和计划。然而，这并不是更细致分析方法的替代品，包括目标利润的预测（参见 3.7 节）、风险、货币的时间价值（参见 5.3 节和 10.4 节）。

相关的量化指标和概念

回收期（payback period）：在投资方面的支出要求补偿的时间期限。回收期是一项投资达到盈亏平衡所要求的时间。

3.7 基于利润的销售目标

在发起一个项目时，经理人员经常以某个要得到的利润开始，然后询问要达到这样的利润所需的销量水平。目标量（target volume）(#) 是达到某个收入目标所需的单位销售数量。目标收入（target revenue）（$）与销售额相对应。这两个量化指标可以被看做盈亏平衡分析的拓展。

$$目标量（\#）=\frac{固定成本（\$）+目标利润（\$）}{单位贡献（\$）}$$

$$目标收入（\$）=目标量（\#）\times 单位售价（\$）$$

或

$$=\frac{固定成本（\$）+利润（\$）}{贡献毛利率（\%）}$$

逐渐地，营销者被期望能够达到公司目标利润所需的销量。这经常要求他们随着价格和成本的变化而修正销量目标。

目的：为了确保营销和销售目标与利润目标相契合

在前面的部分，我们探讨了盈亏平衡的概念，公司足以弥补其固定成本时的平衡点。在目标量和目标收入计算中，经理人员采用的是下一步。他们在确定销量或收入水平时，不仅要弥补公司的固定成本，而且要实现目标利润。

结构定义

目标量：满足公司计划中特定利润的销售数量。

目标量的公式与盈亏平衡分析法中的公式很相似。唯一的不同之处是在固定成本上加了所要求的目标利润。从另一个角度看，盈亏平衡量等式可以被看做一般目标量计算的特殊形式，这时的利润目标为零，该公司的目的只是为了弥补固定成本。在目标量的计算中，公司拓展了它们的目标，以便获得预期的利润。

$$\text{目标量（\#）}=\frac{\text{固定成本（\$）}+\text{利润（\$）}}{\text{单位贡献（\$）}}$$

示例：莫汉是一名艺术家，他想知道他每年必须销售多少漫画才能获得 30 000 美元的利润目标。每幅漫画的售价为 20 美元，制作成本为 5 美元。莫汉画室的固定成本为每年 30 000 美元。

$$\text{目标量}=\frac{\text{固定成本}+\text{利润}}{\text{售价}-\text{变动成本}}=\frac{30\,000+30\,000}{20-5}$$

$$=4\,000\text{（幅/年）}$$

把单位目标销量转化为目标收入很简单。只需要用数量乘以单位售价就可以了。继续前面莫汉画室的例子，

$$\text{目标收入（\$）}=\text{目标量（\#）}\times\text{售价（\$）}$$

$$=4\,000\times 20=80\,000\text{（美元）}$$

另外，我们也可以使用第二个公式：

$$\text{目标收入}=\frac{\text{固定成本（\$）}+\text{利润（\$）}}{\text{贡献毛利率（\%）}}$$

$$=\frac{30\,000+30\,000}{15/20}=\frac{60\,000}{0.75}=80\,000\text{（美元）}$$

数据源、难点和注意点

进行目标量计算所需的信息本质上和盈亏平衡分析所需的是一样的，包括固定成本、售价以及变动成本。当然，在确定目标量之前，还必须先确定一个目标利润。

这里最主要的假设和盈亏平衡分析是一样的。在计算所探讨的范围内成本与单位量之间的关系是线性的。

相关的量化指标和概念

目标量并不是基于目标利润：在这个部分，我们已经假设公司首先设定一个目标利润，然后寻求确定达到这个目标的数量。然而，在一些例子中，公司有时候把“顶线增长”作为目标。请不要把它与基于利润的目标量计算相混淆。

回报和目标：公司经常对销售回报率和投资回报率设定一个限制条件，在其他计划批准之前要先达到这些条件。给定这些目标，我们可以计算要求必要回报率的销量（更详细的讨论参见10.2节）。

示例：尼萨在Gird公司主管贸易，Gird公司已经确定销售回报率的目标为15%。也就是说，Gird公司要求所有的项目产生的利润要相当于销售收入的15%。尼萨在评价一个使固定成本增加1 000 000美元的项目。在这个项目下，每个单位的产品将会以100美元销售，并且会产生25%的贡献毛利率。这个项目要达到盈亏平衡，Gird公司必须销售1 000 000/25=40 000单位的产品。Gird必须销售多少产品才能达到15%的销售回报率？

为了确定达到15%的销量回报率所要求的收入水平，尼萨可以使用电子表格模型进行反复试验，或者是以下的公式：

$$\text{目标收入}=\frac{\text{固定成本（\$）}}{\text{贡献毛利率（\%）}-\text{目标销售回报率（\%）}}$$

$$=\frac{1\ 000\ 000}{0.25-0.15}=\frac{1\ 000\ 000}{0.1}=10\ 000\ 000\text{（美元）}$$

因此，如果其销售额达到 10 000 000 美元，Gird 公司会达到 15% 的销售回报率。在单位售价为 100 美元时，这相当于单位销量为 100 000。

注释

［1］“Running Out of Gas,” *Business Week*，March 28th，2005.

［2］如果我们考虑到供应商的售价仅是下一个环节的成本，这个公式就不难理解。因此，售价＝成本/（1－利润百分比）与售价＝成本＋利润是相同的。

［3］这些与经济学中的基本术语“边际成本”（指增加单位产量导致的成本增量）含义类似。在这个线性成本模型中，对于所有单位产量的边际成本是相同的，并与单位变动成本等同。

［4］单位贡献和利润贡献分别与单位利润和利润密切相关。区别在于利润贡献来自更仔细地区分固定成本和变动成本。

第 4 章

产品和组合管理

引 言

本章涉及的量化指标	
试用率、重复量、渗透以及数量预测	组合效用和消费者偏好
增长：百分比和 CAGR	细分和组合效用
产品侵蚀率和公平份额获取	组合效用和数量预测
品牌资产量化	

有效的营销源于对消费者的了解，以及对产品是如何与消费者需要相匹配的了解。在这一章中，我们将会讨论在产品战略和计划中使用到的量化指标。这些量化指标是回答如下问题的：营销者从一个新的产品中可以期望的数量是多少？一个新产品的推出是如何影响现有产品的销售的？品牌资产是上升还是下降？顾客真正需要的是什么，以及他们为了满足需要愿意付出什么？

我们将以试用率和重复量开始我们的讨论，解释这些量化指标是如何确定的，以及如何使用它们来对新产品进行预测。因为预测涉及增长预测，然后我们将会讨论与上年同期数字相比增长率和复合年均增长率（CAGR）之间的差异。因为一种产品的增长有时候会对现有产品线的支出产生影响，所以了解产品侵蚀量化方法是很重要的。这些指标反映了新产品对现有产品组合的影响。

接下来，我们将会把所涉及的量化指标与品牌资产联系在一起，品牌资产是营销领域最核心的焦点。确实，这本书的许多量化指标在评价品牌资产时是有用的。然而，特定的量化指标已经被开发出来，专门用来测量品牌的“健康状态”。这一章将会讨论这些内容。

虽然品牌战略是产品供应的一个主要方面，但是还有其他的方面，经理人必须根据对不同特征的价值的判断作出选择。组合分析帮助识别消费者对特定产品特征的评价。逐渐地，这个指标被用做改进产品，以及帮助营销者评价和细分新的或快速成长的市场。在本章的最后一部分，我们将会从多个角度讨论组合分析。

	量化指标	结构定义	考虑因素	目的
4.1	试用率(trial)	目标人群中第一次使用产品的百分比。	把曾经试用者从当期新试用者中区分出来。	随着时间的推移，销售会更少地依赖于试用，更多地依赖于重复购买者。
4.1	重复量（repeat volume)	重复购买者，乘以每次购物中购买该产品的数量，乘以每期内他们购买的次数。	取决于试用何时完成，并不是所有的试用者都有同等的机会进行重复购买。	对品牌特权稳定性的测量。
4.1	渗透(penetration)	前期的使用者，乘以当期的重复率，加上当期新的试用者。	时期的长度会影响规则，因为在一年中购物的消费者要多于在一个月中购物的消费者。	对当期购买人群的测量。
4.1	数量预测(volume projection)	试用量和重复量的和。	根据时间架构调整试用和重复率。并不是所有的试用者都有时间或机会重复使用。	为交易和消费者承购计划生产和库存。
4.2	与上年同期相比增长率(year-on-year grwoth)	从某年到下一年的变化比率。	区分销量和收入的增长率。	计划生产和预算。
4.2	复合年均增长率（compound annual growth rate，CAGR)	末期价值除以首期价值的 $1/N$ 次方，N 指的是期数。	可能反映不出与前一年同期数据相比的增长率。	对长期的平均增长率有用。

续前表

	量化指标	结构定义	考虑因素	目的
4.3	产品侵蚀率（cannibalization rate）	新产品销售减少现有产品线销售的比例。	市场开拓效应也应该被考虑到。	用来解释新产品经常降低现有产品的销售。
4.3	公平份额获取（fair share draw）	假设市场中新的进入者从与现有市场份额成比例的现有竞争中争夺销售。	如果在竞争的品牌之间有着显著的差异，则可能不是一个合理的假设。	用于评估在新竞争者进入后的销售和份额。
4.4	品牌资产量化（brand equity metrics）	无数的测量，比如，归属于品牌的组合效用。	追踪品牌优势的量化指标可能并不能追踪品牌的健康和价值。	监督一个品牌的健康。如有需要，可以诊断其劣势。
4.5	组合效用（conjoint utilities）	从组合分析中得到的有关特征水平的回归系数。	在研究中可能是数量、水平以及特征类型的函数。	预测消费者赋予产品特征的相对价值。
4.6	细分效用（segment utilities）	根据组合分析中回归系数的平方和距离把个体聚类成细分市场。	在组合研究中，可能是数量、水平以及特征类型的函数。假设细分市场内部是同质的。	运用消费者对产品特征的评估来帮助识别市场细分。
4.7	组合效用和数量预测（conjoint utilities and volume projection）	在组合分析中用来预测数量。	假设知晓和分销渠道是知道的或者可以被预测的。	对可选产品、价格以及品牌战略的销售预测。

4.1 试用率、重复量、渗透以及数量预测

测试市场和数量预测可以使营销者通过消费者意图预测销售，这些消费者意图通过调研和营销研究得到。通过估计有多少顾客将会试用新的产品，以及他们会重复购买的频率，营销者可以确定这些预测的基础。

$$试用率（\%）=\frac{在 t 期第一次使用者（\#）}{总人口（\#）}$$

$$在 t 期第一次使用者（\#）=总人口（\#）\times 试用率（\%）$$

t 期的渗透数（#）=[t−1 期的渗透数（#）
×t 期的重复率（%）]
+在 t 期第一次使用者（#）

t 期的销量预测（#）=t 期的渗透（#）
×平均购买频率（#）
×平均购买单位（#）

由消费者调研得到的预测在产品发展的早期和在产品推出的时间特别重要。通过这些预测，在产品完全推出之前就可以推断出消费者反应。

目的：为了了解数量预测

当预测新产品相对的销售时，营销经理一般会使用试用和重复使用来预测将来的销售。这是基于这样的原则：购买产品的人或者是新消费者（试用者），或者是重复购买者。通过将所有时期的新消费者和重复购买者加总，我们可以确定市场中的某个产品的渗透。

然而，基于模拟测试市场，或者是完全发育市场区域的首次展示，对众多人口的销售预测很有挑战性。营销者已经发展了不同的方法来提高速度和减少测试市场的成本，比如把产品（或新产品的模型）存在商店或发给消费者钱去购买他们选择的产品。虽然这样做模拟了真实购物环境，但是要求特定的模型根据测试结果去评估完全市场数量。为了解释这个过程的概念基础，我们提供根据测试市场结果进行营销数量预测的一个普遍适用的模型。

结构定义

将来期限内某产品的渗透可以通过人口量、试用率以及重复率来估计。

试用率（%）：在某个给定时期内，购买或试用某产品特定人口的比例。

示例：一家有线电视公司对其消费者的名字和住址进行了详细的记录。公司的营销副总裁注意到在2005年3月有150家住户是其公司服务的首次使用者。该公司可以达到的消费者数量为30 000家住户。为了计算3月份的试用率，我们可以用30 000去除150，得到0.5%。

***t*期首次试用者**（#）：在给定时期内，购买或使用某产品或品牌的消费者数目。

$$t\text{期的渗透}(\#)=[t-1\text{期的渗透}(\#)\times t\text{期的重复率}(\%)]+t\text{期的首次试用者}(\#)$$

示例：一家有线电视公司在1月开始销售包月体育套装。该公司一般有80%的重复使用率，而且期望在新产品中达到同样的重复率。该公司在一月共销售了10 000套体育套装。2月，该公司期望增加3 000个消费者。在这个基础上，我们可以计算2月对体育套装的期望渗透。

2月份的渗透=(1月份的渗透×重复率）+2月份的首次试用者

=（10 000×80%）+3 000=11 000

在那年后期的9月，该公司拥有20 000个订购者。其重购率仍然是80%。在8月公司拥有18 000个订购者。管理者想要知道公司在9月会有多少新消费者订购其产品：

首次试用者=渗透－重复消费者

=20 000－（18 000×80%）=5 600

渗透只是进行销售预测的一小步。

销售预测（#）=渗透（#）×购买次数（#）×购买量（#）

模拟的测试市场结果和数量预测

试用量

试用率是在对潜在消费者调研的基础上进行的预测。典型的情况是，这些调研会问被试者是否肯定或可能会购买某个产品。对购买意图问题的可能性反应的最强的几个有时候被称为“顶端的两个盒子”（top two boxes）。在一个标准的 5 个选择的调研中不支持的反应包括“可能买可能不买”、“很可能不买”以及“确定不买”。（参见 2.7 节对购买意愿的更多讨论。）

因为并不是所有的被试者都按照他们所宣称的购买意愿来做，在进行销售预测时，公司经常需要调整最高两类人数的比例。比如，一些营销者估计 80%的被试者说他们将会真正购买，30%的被试者有机会购买时极有可能购买。[1]（对消费者后面行为的调整被用在以下模型中。）虽然选择其他三个选项的一些被试者也可能购买产品，但是购买的数量被看做不显著的。在给定合适的情况下，通过减少最高两类的数量，营销者会得到将会试用某产品潜在数量的真实的估计。这些情况经常由产品知晓和可得性构成。

知晓：销售预测模型在目标市场内包括对产品缺乏知晓的调整（见图 4—1）。缺乏知晓会降低试用率，这是因为一些潜在的消费者也可能会试用该产品而对该产品并不了解。相反，如果知晓度为 100%，那么所有的潜在消费者对产品都了解，而不会由于缺乏知晓损失潜在的销售。

分销：另一个需要对测试市场试用率进行调整的是被用在估计新产品的可得性。甚至是一些回答肯定会试用的被试者，如果很难找到该产品，也可能不会购买。在做这些调整时，公司通常会使用一个评估的分销，对该产品进货的总商店比例，比如总商品数（ACV）的分销率。（见 6.6 节更进一步的讨论。）

修正试用率（%）＝试用率（%）×知晓（%）×ACV（%）

在进行了这些修正后，营销者可以计算期望使用该产品的消费者数量，简单地用修正试用率乘以目标人口。

试用人口（#）＝目标人口（#）×修正试用率（%）

用这种方式估计，试用人口（#）和试用期的渗透（#）是一样的。

为了预测试用量，用试用人口乘以每次试用的平均购买量。这通常被假定为一个单位，因为大多数人在大量购买之前会试用一个单位。

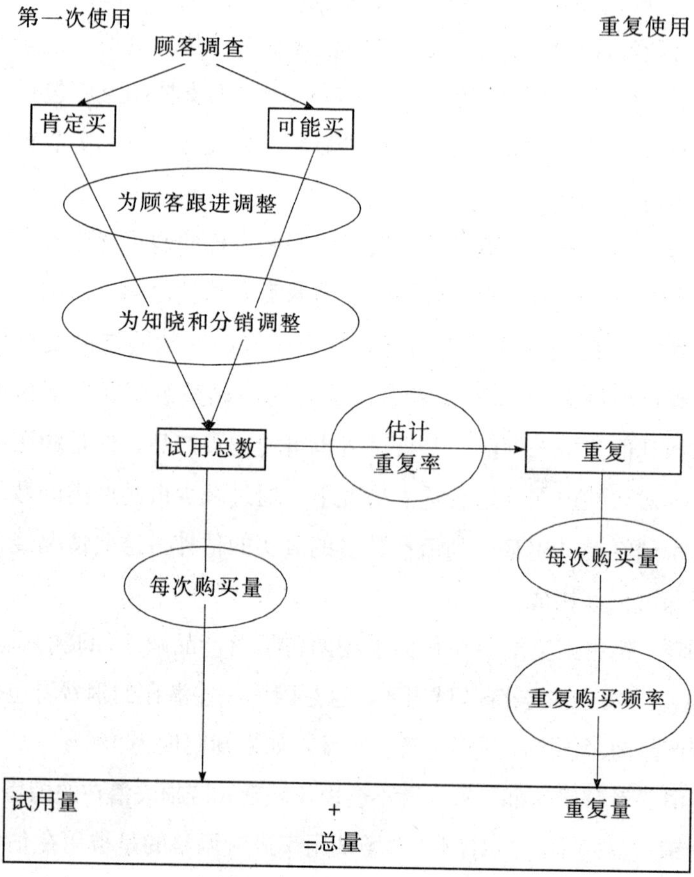

图 4—1

试用量（#）＝试用人口（#）×每次购买量（#）

综合所有的算法，试用量的整个公式为：

试用量（#）＝目标人口（#）

×｛［80%×肯定会购买的人数（%）］

＋［30%×极有可能购买的人数（%）］

×知晓率（%）×ACV（%）｝

×每次购买量（#）

示例：一家办公耗材制造商的营销团队对其新产品——安全订书机有个好的建议。为了在内部推销这个销售建议，他们想要预测订书机在

第一年里的销售量。他们的顾客调研结果如表 4—1 所示。

表 4—1　顾客调研反应

	顾客反应率（%）
肯定会购买	20
极有可能会购买	50
可能会/可能不会购买	15
极有可能不买	10
肯定不会购买	5
总计	100

在这个基础上，公司通过行业标准的 80% 的"肯定会购买"人群和 30% 的"极有可能会购买"人群有条件时会真正购买该产品来估计新订书机试用率。

试用率＝80%的"肯定会购买"＋30%的"极有可能会购买"
＝（80%×20%）＋（30%×50%）＝31%

因此，如果他们知晓而且可以在商店买到，预期有 31% 的人口会试用该产品。该公司拥有强大广告展示和一个固定的分销网络。因此，营销者相信他们可以获得大约 60% 的 ACV，并且可以产生相似水平的知晓率。在这个基础上，他们预测了人口的修正试用率为 11.16%。

修正试用率＝试用率×知晓率×ACV＝31%×60%×60%
＝11.16%

目标人口有 2 000 万人。试用人口可以用这个指标乘以修正试用率得到。

试用人口＝目标人口×修正试用率
＝20 000 000×11.16%
＝2 232 000

假设每个人在试用该产品时购买一个单位，则总试用量为 2 232 000单位。

我们也可以使用完整公式来计算试用量：

试用量＝目标人口×［（80%×肯定会购买的人数＋30%
×极有可能购买的人数）×知晓率×ACV］
×每次购买量

=20 000 000×［（80%×20%+30%×50%）
×60%×60%］×1=2 232 000

重复量

预测量的第二部分关注那些试用产品而且会再次购买的人数。这种动态模型使用一个独立估计的重复试用率得到在初次试用后期望再次购买的消费者数量。实际上，初次重复率往往要比随后的重复率低。比如，50%试用购买者进行第一次重复购买并不是不寻常的，但是80%的第二次购买者仍然会继续第三次购买。

重复购买者（#）=试用人口（#）×重复率（%）

为了计算重复量，用重复购买者乘以在重复购买的消费者中每次期望的购买量，再乘以在考虑期限内期望重复购买的次数。

重复量（#）=重复购买者（#）
×每个顾客重复购买量（#）
×重复次数（#）

这种计算可以得到一种新产品在某个特定介绍时期内重复消费者被期望产生的总量。完全公式可以被写成：

重复量（#）=[重复率（%）×试用人口（#）]
×每个顾客重复购买量（#）
×重复次数（#）

示例：继续前面提到的办公室耗材供应商的例子，安全订书机有2 232 000的试用人口。营销者期望该产品在第一年中有10%的重复率。这将会产生223 200的重复购买者：

重复购买者=试用人口×重复率
=2 232 000×10%=223 200

平均来说，公司期望每个重复购买者在第一年有4次机会购买。每一次购买量平均来说为2个单位。

重复量=重复购买者×每个顾客的重复量×重复次数

=223 200×2×4=1 785 600

表示成完全公式的情况为：

重复量（#）=[重复率（%）×试用人口（#）]
×每个顾客的重复量（#）×重复次数（#）
=（10%×2 232 000）×2×4
=1 785 600

总量

总量是试用量和重复量的总和，因为所有的数量都必须向新顾客或者回头客销售。

总量（#）=试用量+重复量

为了得到总量公式的详细形式，我们只需合并前面的公式。

总量（#）={目标人口×[（0.8×肯定会购买+0.3×极有可能会购买）×知晓率×ACV]×每次试用购买量}+[（重复率×试用人口）×每个顾客重复量×重复次数]

示例：第一年订书机的总量是试用量和重复量的总和。

总量=试用量+重复量=2 232 000+1 785 600
=4 017 600

这个指标的全部计算过程和电子表格计算模板如表4—2所示。

表4—2　数量预测表格

初步数据	来源	
肯定会购买	顾客调研	20%
极有可能会购买	顾客调研	50%
可能购买者		
来自“肯定会购买”的可能购买者	=肯定会购买×80%	16%
来自“极有可能会购买”的可能购买者	=极有可能会购买×30%	15%
试用率（%）	可能购买者的总数	31%

续前表

初步数据	来源	
营销调整		
知晓率	从营销计划中估算	60%
ACV	从营销计划中估算	60%
修正试用率（%）	＝试用率×知晓率×ACV	11.2%
目标人口（#）（千）	营销计划数据	20 000
试用人口（#）（千）	＝目标人口×修正试用率	2 232
每次试用的购买量（#）	从营销计划中估算	1
试用量（#）（千）	＝试用人口×每次试用量	2 232
重复率（%）	从营销计划中估算	10%
重复购买者（#）	＝重复率×试用人口	223 200
平均每次重复购买量（#）	从营销计划中估算	2
重复购买次数*（#）	从营销计划中估算	4
重复量（千）	＝重复购买者×每次重复购买量×重复次数	1 786
总量（千）		4 018

* 每个重复购买者的平均重复购买次数应该被调整成反映首次重复试用者的时间可得性、类别购买周期（次数）以及可得性。比如，如果试用率是常数，并且所有人在期限内的第一天试用重复购买数大约为50%。

数据源、难点和注意点

基于测试市场的销售预测往往会要求包括一些关键假设。在设定这些假设时，营销者面临一些引诱的机会使得这些假设和渴望得到的结果相匹配。营销者必须提防这些诱惑，而且进行敏感度分析以确定预测的范围。

试用率和重复率相对简单的量化指标在实际中很难得到。虽然在获取顾客数据方面已经迈出很大一步，比如通过顾客忠诚度卡片，但常常很难确定顾客是新的购买者或重复购买者。

有关知晓和分销：有关公共知晓水平的假设是由于每次推出一个广告都充满了不确定性。建议营销者询问：产品需要哪种类型的知晓度？需要什么样的辅助促销手段？

试用和重复率都很重要。一些产品在试用阶段产生了很好的效果，但是并没有维持到以后的销售阶段。考虑下面这个例子。

重复和试用：一些模型假设在消费者停止重复购买后，就会永远失去该消费者。然而，消费者可能获得、失去、再获得、再失去。一般来说，试用—重复模型在起初的几个时期内与销售预测最匹配。除了预测数量的意义外，还包括获取份额和渗透量化方法（参见 2.4 节和 2.5 节）。这些方法可能更偏好缺少可靠重复率的产品。

	市场大小	渗透份额	获取份额	大量使用指数	市场份额	单位销售
新产品	1 000 000	5%	80%	1.2	4.8%	48 000
来源	估算	估算	估算	估算	渗透份额 获取份额 大量使用指数	市场份额 市场大小

示例：让我们把安全订书机和某个新产品进行比较，比如强力信封密封器。与订书机相比，该信封密封器产生了较少的营销口碑，但是有一个较高的重复率。为了预测信封密封器的结果，我们已经对安全订书机的数据进行了修正，将最高反应的人数降低一半（反映它的初始低热情），以及将重复率从 10%增加到 33%（展示使用后强烈的产品反馈）。

以 6 个月为例，安全订书机的销售量要超过信封密封器。1 年后，这两种产品的销售量是一样的。然而，在 3 年的时间范围内，信封密封器在忠诚顾客构成和销量方面成为胜利者（见图 4—2）。

销量变化:感兴趣顾客和
忠诚顾客的购买情况

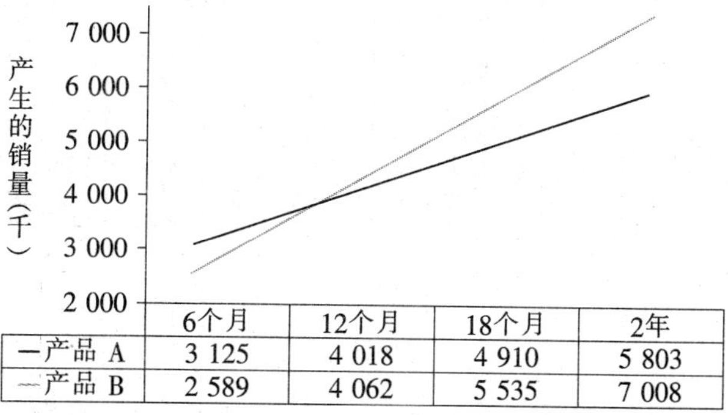

	6个月	12个月	18个月	2年
—产品 A	3 125	4 018	4 910	5 803
—产品 B	2 589	4 062	5 535	7 008

产品推出时间

图 4—2

该图的推断数据如表 4—3 所示。

表 4—3　最初兴趣商成长期忠诚顾客的购买情况

原始数据	来源	6个月		12个月		18个月		2年	
		产品 A	产品 B	产品 A	产品 B	产品 A	产品 B	产品 A	产品 B
肯定买	消费者调研	20%	10%	20%	10%	20%	10%	20%	10%
可能买	消费者调研	50%	25%	50%	25%	50%	25%	50%	25%
可能的购买者									
来自肯定买	＝肯定买×80%	16%	8%	16%	8%	16%	8%	16%	8%
来自可能买	＝可能买×30%	15%	8%	15%	8%	15%	8%	15%	8%
试用率	可能买小计	31%	16%	31%	16%	31%	16%	31%	16%
营销策略调整									
知晓	按营销计划估计	60%	60%	60%	60%	60%	60%	60%	60%
ACV	按营销计划估计	60%	60%	60%	60%	60%	60%	60%	60%
试用率调整	＝试用率×知晓率×ACV	11.2%	5.6%	11.2%	5.6%	11.2%	5.6%	11.2%	5.6%
目标人群	营销计划数据	20 000	20 000	20 000	20 000	20 000	20 000	20 000	20 000
试用人口数(千)	＝目标人群×调整的试用率	2 232	1 116	2 232	1 116	2 232	1 116	2 232	1 116
试用单位购买	按营销计划估计	1	1	1	1	1	1	1	1

续前表

原始数据	来源	6 个月		12 个月		18 个月		2 年	
		产品 A	产品 B	产品 A	产品 B	产品 A	产品 B	产品 A	产品 B
试用量	＝试用人口×单位购买量	2 232	1 116	2 232	1 116	2 232	1 116	2 232	1 116
重复率	按营销计划估计	10%	33%	10%	33%	10%	33%	10%	33%
重复人数	＝重复率×试用人口数	223.20	368.28	223.20	368.28	223.20	368.28	223.20	368.28
单位购买量	按营销计划估计	2	2	2	2	2	2	2	2
重复购买次数	按营销计划估计	2	2	4	4	6	6	8	8
重复购买量	＝重复购买人数×重复购买量×重复购买次数	893	1 473	1 786	2 946	2 678	4 419	3 571	5 892
总量		3 125	2 589	4 018	4 062	4 910	5 535	5 803	7 008

相关的量化指标和概念

曾经试用率：这与试用略有不同，因为它测量的是正在研究的曾经（在任何前期）购买或消费该产品的目标人群比例。曾经试用率是一个累计的量化指标，而且不可能超过100%。相反，试用率是一个增量的量化指标。它展示了在给定时期内首次试用产品的人口比例。然而，即使这样也会有潜在的混淆。如果一个消费者停止了购买该产品，但是在6个月后再一次试用，一些营销者会将该个体看做回头客，而其他的营销者则将其看做新顾客。根据其后的定义，如果个体可以不止一次地试用该产品，那么所有试用者的总和将会高于总人口。为了避免混淆，当检验一组数据时，最好是在其之后澄清定义。

试用的差异：虽然特定情境可以降低试用的障碍，但是会导致顾客产生比在正常购买情况下更低的忠诚度。

- **被迫试用**（forced trial）：其他相似的产品不可得。比如，偏好百事可乐的许多人已经在饭店尝试了可口可乐，因为饭店只提供可口可乐，反之亦然。
- **折扣试用**（discounted trial）：顾客虽然购买了某件新产品，但价格降低了很多。

与凭主观意志购买相比，被迫试用和折扣试用产生的重复率通常比较低。

激活域（evoked set）：消费者在回答当在一个特定产品类别内购买产品他们所考虑（或可能考虑）的品牌时，消费者所提到的品牌域。比如，早餐麦片的激活域通常相当大，而咖啡的激活域则相对较小。

新产品的数量：在一个特定的时期内，首次推出的产品数。

新产品的收入：经常表示为在当期内，有时是在最近的三五期内，推出的产品所产生的销售额百分比。

新产品毛利：新产品利润毛利的绝对数或百分比。这可以分开测量，但是在数学上与毛利的计算方法没什么不同。

来自新产品的公司利润：公司利润中来自新产品的比例。通过这个指标，可以了解是如何定义新产品的。

目标市场匹配：目标市场匹配指的是在购买某产品的消费者中，属于它的人口统计、心理特征或其他描写域的消费者。目标市场匹配在评价营销战略时非常有用。如果该产品大多数的消费者都属于前线的目标人群，营销者可能重新考虑他们的目标市场，以及对营销支出的分配。

4.2　增长率：百分比和 CAGR

有两个测量增长率的常用方法。与上年同期数字相比增长率是指以上一年为基础，从这年到下一年的变化率。在较长的时期内，复合年均增长率（CAGR）是一种比较常见的量化指标。

与上年同期相比增长率（%）

$$=\frac{t\text{ 期的价值（\$，\#，\%）}-(t-1)\text{ 期的价值（\$，\#，\%）}}{t-1\text{ 期的价值（\$，\#，\%）}}$$

复合年均增长率（CAGR）（%）

$$=\left[\frac{\text{末期价值（\$，\#，\%）}}{\text{初期价值（\$，\#，\%）}}\right]^{\frac{1}{\text{年数(\#)}}}-1$$

同店增长率＝只计算在前期和当期完全确定的商店增长率

目的：为了测量增长率

增长率是所有商业的真正目的。确实，对许多企业成功或失败的感知都是依赖于它们的增长率评价的。然而，与上年同期相比增长率由于两方面因素而很复杂：

1. 以时间为基础测量的增长率是不断变化的。这些变化可能包括商店数、市场或销售团队产生的销量。这些结果可以使用“同店增长率”来测量（或对市场、销售人员等的推断测量）。

2. 多期增长率的复合。比如，如果一家公司第一年达到 30%的增长率，但是其结果在随后的两年内都保持不变，这和每年 10%的年均增长率是不一样的。复合年均增长率是解决这个问题的一种量化方法。

结构定义

百分比增长率是与上年同期相比分析法中最核心的架构。它解决这样的问题：与上年相比，公司今年达到的水平如何？用当期的结果除以前期的结果得到一个比较的指标。用一个减去另一个会得到这两个时期内的增加额或减少额。当评价比较值时，比如，有人可能会说第二年的结果是第一年结果的110%。为了把这个指标转化成增长率，只需减去100%就可以了。

被考虑的时期通常是以年计算，但是任何时间段都可以被考虑。

$$\text{与上年同期相比增长率（\%）} = \frac{t\text{ 期的价值（\$，\#，\%）}-(t-1)\text{ 期的价值（\$，\#，\%）}}{t-1\text{ 期的价值（\$，\#，\%）}}$$

示例： Ed's是一家小的熟食店，在其运营的第二年取得了巨大的成功。与第一年的380 000美元相比，第二年的收入达到了570 000美元。Ed计算得出第二年的销售额是第一年收入的150%，也就是说其增长率为50%。

$$\text{与上年同期相比增长率} = \frac{570\,000-380\,000}{380\,000} = 50\%$$

同店增长率： 该量化指标是零售分析的核心，它使得营销者分析整个考虑期内商店的运营结果，目的是为了除去那些并没有在整个期限内都开业的商店以确保可比性。因此，同店增长率强调的是在研究期内和前期相比使用同样资源的效果。在零售行业，中等的同店增长率和较高的一般增长率说明组织在快速地扩张，也就是说，增长是由投资驱动的。当同店增长率和一般增长率都很高时，就认为该公司有效地使用了现有的商店基础。

示例：在德国的巴伐利亚州，一家小型的零售连锁商公布了其高速的增长率指标，当年到下一年的销售额从 5 800 万欧元增加到了 10 700 万欧元（84%的增长率）。然而，不管这个动态增长率，分析者对该公司的商业模型持怀疑态度，认为其同店增长率说明其商业模式失败了。（见表 4—4）。

表 4—4　　巴伐利亚州一个连锁店的收入

店	开业时间	第 1 年收入（百万欧元）	第 2 年收入（百万欧元）
A	1 年	10	9
B	1 年	19	20
C	1 年	20	15
D	1 年	9	11
E	2 年	n/a	52
		58	107

同店增长率排除了未在第一年开业的商店。为了简便起见，我们假设例子中的商店都在第一年和第二年的第一天开业。在这个基础上，在第二年的同店收入为 5 500 万欧元，是那一年 10 700 万欧元的总收入减去新开的 E 店收入 5 200 万欧元。把修正后的指标代入同店增长率公式中：

$$\text{同店增长率} = \frac{(\text{商店 A}\sim\text{D 第二年的收入}) - (\text{商店 A}\sim\text{D 第一年的收入})}{\text{商店 A}\sim\text{D 第一年的收入}}$$

$$= \frac{5\,500 - 5\,800}{5\,800} = -5\%$$

由于出现了负的同店增长率，该公司的销售增长率完全是由于投资新店而驱动的。这表明现有商店的布局存有疑惑。同时也产生了这样一个问题：新店是否会“侵蚀”现有的商店销售额呢？（参见接下来对产品侵蚀率的讨论。）

复合增长率，末期的价值：通过复合，经理人员通过修正增长率来解释改善的重复效用。比如，连续两年的增长率为 10%和两年期共 20%的增长率不一样。理由是：第二年的增长率是以第一年为基础的。因此，如果在 0 期销售额为 100 000 美元，在 1 期增长了 10%，那么 1 期的销售额达到 110 000 美元。然而，如果 2 期的增长率也为 10%，那么 2 期的销售额并不是 120 000 美元，而是 110 000＋（10%×110 000）＝121 000(美元)。

复合效应可以通过电子表格简单地表示出来，可以一年几次地进行复合计算。为了计算 1 期的价值，可以用 0 期相对应的价值乘以 1 加增长率的和。然后以 1 期的价值为基础，乘以 1 加增长率的和，得到 2 期的同期价值。根据所需的年数重复这个过程。

示例：在 3 年期内，100 美元以 10%的复合增长率会得到 133.10 美元。

0～1 期 100＋10%增长率（也就是 10 美元）＝110（美元）

1～2 期 110＋10%增长率（11 美元）＝121（美元）

2～3 期 121＋10%增长率（12.10 美元）＝133.10（美元）

可以通过一个数学公式来表示这个过程。用初期的价值，也就是 0 期，乘以 1 加增长率的期数次方。

$$\text{末期的价值（\$，\#，\%）}=\text{当期价值（\$，\#，\%）}\times[1+\text{CAGR}(\%)]^{\text{期数(\#)}}$$

示例：运用这个公式，我们可以计算 3 期内年增长率为 10%的影响。0 期的价值为 100 美元，期数为 3。增长率为 10%。

$$\begin{aligned}\text{末期的价值}&=0\text{ 期的价值}\times(1+\text{增长率})^{\text{期数}}\\&=100\times(100\%+10\%)^{3}\\&=100\times133.1\%=133.10\text{（美元）}\end{aligned}$$

复合年均增长率（CAGR）：复合年均增长率在一定时期内，可以说是与上年同期相比增长率的常值。给定初期、末期以及期限的长度，CAGR 的计算如下：

$$\text{CAGR}（\%）= [\text{末期价值}（\$，\#）/\text{初期价值}（\$，\#）]^{1/\text{期数}(\#)} - 1$$

示例：让我们假设在前面的例子中观察到的复合增长率的结果，但是我们并不知道具体的复合增长率是多少。我们知道初期价值为 100 美元，末期价值为 133.10 美元，以及期数为 3。我们把这些数简单地代入 CAGR 公式中，可以得到 CAGR。

$$\begin{aligned}\text{CAGR} &= (\text{末期价值}/\text{初期价值})^{(1/\text{期数})} - 1\\ &= (133.10/100)^{1/3} - 1\\ &= [1.331\ (\text{增加率})^{1/3}\ (\text{立方根})] - 1\\ &= 1.1 - 1 = 10\%\end{aligned}$$

因此，我们可以确定增长率为 10%。

数据源、难点和注意点

增长率是量化指标中很有用的一个指标。然而，如果不对诸如商店、销售人员或产品或对新市场的扩张进行调整，就会受骗。“同店”销售额，以及对其他因素相似的修正，可以解释公司是如何有效地使用可比较资源的。然而，这些修正受到某些不在研究期限内运作而删除因素的限制。修正指标必须联同总增长率来检验。

相关的量化指标和概念

生命周期：营销经理认为产品经历 4 个阶段的发展：

- **介绍期**：还没有快速增长的小型市场。
- **成长期**：有快速增长率的较大市场。
- **成熟期**：稍有增长或无增长的大型市场。
- **衰退期**：负增长率的可变市场。

只是一个粗略的划分。并不存在作此划分的一般依据。

4.3 产品侵蚀率和公平份额获取

产品侵蚀（cannibalization）是指由于新产品的推出而使公司现有产品的销售（销量或收入）降低。产品侵蚀率（cannibalization rate）是指现有产品销售损失（归因于新进入者）占新产品销售的百分比。

$$产品侵蚀率（\%）=\frac{现有产品的销售损失（\#，\$）}{新产品的销售（\#，\$）}$$

产品侵蚀率在评价新产品战略中是一个重要的考虑因素。

公平份额获取（fair share draw）构造这样一个假设或期望，即新产品将会从与现有产品同比例市场份额的现有产品中获取销售（销量或收入）。

产品侵蚀是一个很熟悉的商业形态。有较强市场份额的成功产品的公司面临着两个相抵触的观点。第一个观点是使现有产品线的利润最大化，关注期望短期内成功的当前优势。第二个观点是该公司或其竞争者可能会识别与特定细分市场需求匹配得更好的新产品机会。然而，如果该公司在这个领域内推出新产品，该产品可能会“侵蚀”现有产品的销售。也就是说，它可能削弱已经被证明而且成功的产品线。然而，公司如果不推出新产品，将更容易受到推出新产品的竞争者的攻击，从而可能损失的销售额和市场份额。通常，当出现新的细分市场，而且早进入市场又有优势时，时效性将会变成关键的因素。公司如果过早地推出新产品，可能会损失现有产品线大量的收入；如果推出太迟，可能会错过这个新机会。

产品侵蚀：某产品所达到的销售是以公司其他产品的销售为代价的营销现象。

产品侵蚀率是指来自特定现有产品域的新产品的销售的百分比。

$$产品侵蚀率（\%）=\frac{现有产品的销售损失（\#，\$）}{新产品的销售（\#，\$）}$$

示例：某公司有一个在前期销量为10单位的产品。公司计划推出一种销量为5单位而且产品侵蚀率为40%的新产品。因此新产品40%的销售量（40%×5单位=2单位）是以老产品为代价的。因此，在产品侵蚀后，公司可以期望销售8单位的老产品和5单位的新产品，共计13单位。

任何考虑推出新产品的公司都面临着产品侵蚀的潜在可能性。公司应该预先对产品侵蚀的数量进行估计，以了解产品线作为整体是如何变化的。如果进行得合适，这些分析可以使公司明白在推出新产品线后，公司的整体利润是增加还是降低了。

示例：露易丝在一个只有她一家供应商的小海滩出售雨伞。她最后一个月的财务情况如下：

雨伞的售价：	20美元
每把伞的变动成本：	10美元
每把伞的贡献：	10美元
每月的总销量：	100把
每月的总收入：	1 000美元

下个月，露易丝计划推出一把大且轻的雨伞，名叫“Big Block”。Big Block计划的财务状况如下所示：

Big Block的售价：	30美元
每把Big Block的变动成本：	15美元
每把Big Block的贡献：	15美元
每月总销量（Big Block）：	50把
每月总收入（Big Block）：	750美元

如果没有产品侵蚀，因此，露易丝期望她的每月总收入为1 000美元+750美元，或1 750美元。然而，根据反映，露易丝认为Big Block的产品侵蚀率为60%。在考虑产品侵蚀以后她的财务预测情况如下：

Big Block的销量：	50把

产品侵蚀率：	60%
普通雨伞的销售损失：	50×60%＝30
普通雨伞的新的销量：	100－30＝70
新的总收入（普通）：	70×10＝700（美元）
Big Block 总收入：	50×15＝750（美元）
露易丝的总收入：	1 450 美元

在这些预测下，雨伞的总销量从 100 增加到 120，而总收入从1 000 美元增加到 1 450 美元。露易丝用 30 把 Big Block 代替了 30 把普通的伞，而且每把获得了额外 5 美元的收入。她比上个月多销售了 20 把雨伞，而且每把多获得了 15 美元的收入。

在这种情境下，露易丝处在一种令人羡慕的位置，即用高毛利率的产品替代了较低毛利率的产品。然而，有时候，新产品的单位贡献要低于现有产品的单位贡献。在这种情况下，产品侵蚀会降低公司的总利润。

另一种计算产品侵蚀率的方法是使用加权毛利贡献率。在前面的例子中，加权毛利贡献率应该是露易丝在计算产品侵蚀后从 Big Block 得到的单位毛利。因为每把 Big Block 的直接贡献为 15 美元，而且侵蚀普通雨伞 60%的贡献 10 美元，所以 Big Block 的加权毛利贡献率是 15－(0.6×10)，或每单位 9 美元。因为露易丝期望销售 50 把 Big Block，她的总贡献预计要增加 50×9，或 450 美元。这与我们前面的计算相一致。

如果 Big Block 的推出要求一些固定的营销支出，那么可以使用加权毛利 9 美元找出 Big Block 的盈亏平衡销量来弥补支出。比如，如果 Big Block 的推出要求 360 美元的一次性营销成本，那么露易丝需要销售 360/9，或者 40 把 Big Block 来平衡这些支出。

如果某新产品的毛利低于被侵蚀的现有产品，以及其产品侵蚀率足够高，那么其加权毛利贡献率可能就是负的。在这种情况下，公司收入将会随着每件新产品的售出而减少。

产品侵蚀指的是公司的一种产品从公司其他产品或更多的产品中争

夺市场的动态现象。当一种产品从竞争者的产品中夺取销售，这就不是产品侵蚀，虽然经理人员有时候错误地认为他们的新产品正在“侵蚀”其竞争者产品的销售额。

虽然这不是侵蚀，但是新产品对竞争商品销售的影响在推出产品时是非常重要的考虑因素。一个有关新产品的上市如何影响现有产品销量的简单假设叫做“公平份额获取”。

公平份额获取：有关新产品直接从现有产品所占有的市场份额中获取销售（销量或收入）的假设。

示例：在一个小城镇里，有 3 家年轻服饰的竞争者。他们上年的销售额和市场份额如下表所示：

公司	销售额（美元）	市场份额
Threadbare	500 000	50%
Too Cool for School	300 000	30%
Tommy Hitchhiker	200 000	20%
总计	1 000 000	100%

下一年被认为有一个新的竞争者进入，而且会有 300 000 美元的销售额，其中，三分之二来自其他 3 家竞争厂商。在公平份额获取的假设条件下，下一年每个公司的收入是多少？

如果新公司收入的三分之二来自现有竞争者，那么销售额的获取总量为（2/3）×300 000，或 200 000 美元。在公平份额获取下，这 200 000美元的构成与当前竞争者的市场份额成比例。因此，200 000美元的 50%来自 Threadbare，30%来自 Too Cool，以及 20%来自 Tommy。下面的表格显示了在公平份额获取假设条件下，4 家竞争者在下一年的预测销量和市场份额。

公司	销售额（美元）	市场份额
Threadbare	400 000	36.36%
Too Cool for School	240 000	21.82%
Tommy Hitchhiker	160 000	14.55%
新进入者	300 000	27.27%
总计	1 100 000	100%

注意到新进入者扩大了100 000美元的市场，数量上相当于新进入者并不是以现有竞争者为代价的销售额。同样也注意到，在公平份额获取的假设条件下，现有竞争者的相对市场份额仍然保持不变。比如，Threadbare相对于原有3个竞争对手的市场份额是36.36/（36.36＋21.82＋14.55），或50％，这与新竞争者进入之前的市场份额相等。

数据源、难点和注意点

就像前面介绍的一样，产品侵蚀是指公司的产品从公司的其他产品中获取销量或收入。从竞争者的产品中获取销量并不属于“侵蚀”，虽然一些管理者认为是。

产品侵蚀率依赖于新产品的特征、定价、促销以及分销渠道与现有产品的比较。它们各自营销战略的相似性越大，产品侵蚀率可能就越高。

虽然当公司推出与现有产品线竞争的新产品时才会出现产品侵蚀，但是当一个低毛利率的产品从公司高毛利率供应物中争夺份额时，这种势态会影响公司的利润率。在这种情况下，新产品的加权毛利贡献率可以是负的。然而，甚至当产品侵蚀率很高，即使使最后的净效应为负，如果管理层相信原有的产品线正在损失其竞争优势，推出新产品对公司来说可能也是明智的。下面的例子可以说明这个问题。

示例：一家奶粉配方的生产商有机会推出一种新的、改进的配方。新的配方有一些现有产品中找不到的因素。然而由于较高的成本，它的毛利贡献只有8美元，而现有配方的毛利贡献为10美元。分析发现新配方的产品侵蚀率在其初始年将会是90％。如果企业期望在第一年销售300单位的新配方，是否应该继续推出新产品？

分析显示新配方将会产生8×300，或2 400美元的直接贡献。然而，产品侵蚀率会使得现有产品销售减少10×0.9×300，或2 700美元。因此，公司的总贡献由于新配方的推出而减少300美元。（请注意新产品的加权单位毛利是－1美元。）这个简单的分析表明不适合推出新配方。

然而，下面这个表格包括了 4 年详细分析的结果。该表格反映了在没有推出新配方时管理层的看法，普通配方的销量在第 4 年会降到 700 单位。另外，新配方的销量在第 4 年会上升到 600 单位，而产品侵蚀率会降到 60%。

	第 1 年	第 2 年	第 3 年	第 4 年	总计
没有新产品推出时普通配方的销量	1 000	900	800	700	3 400
	—		—		
新配方的销量	300	400	500	600	1 800
产品侵蚀率	90%	80%	70%	60%	—
有新产品推出时普通配方的销量	730	580	450	340	2 100

在没有新产品推出时，4 年的总贡献为 10×3 400，或34 000美元。有新产品推出时，预测的总贡献为（8×1 800）+（10×2 100），或35 400美元。虽然第一年有新配方时预测的收入低于没有新配方的收入，但是 4 年的总收入由于新配方销量的增加和产品侵蚀率的降低而使得有新产品时的收入更高。

4.4 品牌资产量化

品牌资产（Brand Equity）是一种战略性的关键资源但却很难将其量化。许多学者采用不同的方法来衡量该资产，然而迄今为止仍然未找到一种普遍被人们接受的方法。因此，我们将会在本节中采用下列方法来对这一问题进行深入探讨：

- 品牌资产十要素（艾克）
- 品牌资产标量（扬雅集团）
- 品牌资产指数（莫兰）
- 品牌价值评估模型（Interbrand）

目的：为了测量一个品牌的价值

一个品牌包括公司的名称、标识、图像以及产品、服务或提供物在消费者心目中所处地位的感知。品牌不仅体现在广告、包装和其他营销方式中，而且已经成为一种与客户进行联系的重要媒介。不仅如此，一个品牌还包含了公司对的产品、服务或提供物在质量、功能和其他价值维度上所做的承诺，而这些承诺会进一步影响到客户选择哪种产品。当客户相信某种品牌并感到其能为自己带来更高价值时，那么他就会选择与该品牌相关的提供物而不选竞争对手的产品。即使在需要支付更高的价格时，这类顾客依然会采取上述做法。当一项品牌承诺不只是针对某一特定产品时，其管理者通常会利用这种品牌优势进入新市场。基于上述讨论可以得知品牌能够为管理者带来较高的价值，也就是所谓的**品牌资产**（brand equity）。

尽管如此，品牌能够为企业创造的价值是难以衡量的。当一家公司并购另一家公司时，营销者必须从整体的角度来分析合并商誉，进而明确被并购者的品牌能够为公司创造多少价值。以上所提到的合并商誉是确定并购价的一个重要因素。由于商誉是并购方向被并购方支付的超过有形资产价值的那部分价格，而且品牌是公司无形资产的重要组成部分，所以通过计算商誉可以得出品牌资产组合的价值。当然，在合并的过程中品牌并不是唯一的无形资产。一般而言，商誉不仅包括公司品牌，还包括知识产权和其他形式的无形资产。在评估公司价值时，经济周期、投资者的“热情”以及其他无法与品牌的固有价值相区分的因素都会影响到无形资产的价值。

从顾客的角度而言，品牌的价值可能是他愿意为拥有品牌名称的商品支付的价格，而且该价格远高于没有品牌商品。[2]营销人员通过评估这些额外收入来了解公司的品牌资产。尽管如此，他们在评估的过程中仍然会遇到各种各样的困难。这是因为每个人对于不同品牌在感知、评价标准、估价决策以及意向对购买行为的影响程度上各不相同。

理论上，营销人员可能通过夸大总体偏好的方式来评估客户愿意为特定品牌支付的总超额费用。即便如此，我们仍然无法获得全部品牌资产的价值。除此之外，品牌价值不仅包括顾客愿意为每一件与品牌相关的产品所支付的额外费用，还包括购买量的增加。一个成功品牌会使产品或服务的需求曲线发生显著地右移。于是在这种情形下，公司不仅能提高产品价格（价格从 P 变成了 P′，见图 4—3），而且还能增加需求量（需求量从 Q 变成了 Q′）。因此，本案例中所讨论的品牌资产被认为是有品牌时的收益（P′ * Q′）与没有品牌时的收益（P * Q）之差，即图 4—3 的阴影部分。（当然，本案例主要是用收益来衡量公司品牌资产。事实上，我们也可以用利润或利润的现值来衡量。）

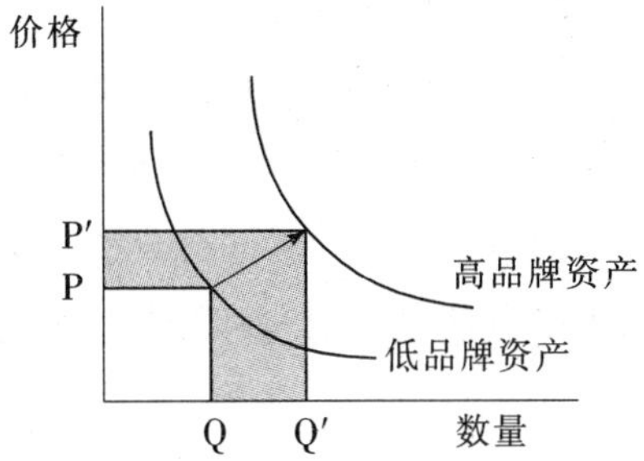

图 4—3

事实上，公司很难找出其所面临的需求曲线而且营销决策者也很少采用上述方法。由于品牌的一项非常关键的资产，因此许多营销决策者和研究者纷纷通过各种方法来衡量品牌资产的价值。例如，戴维·艾克（David Aaker）利用品牌的十要素来评估品牌价值。比尔·莫兰（Bill Moran）用品牌资产指数模型来获取产品的三个重要方面：有效市场份额、相对价格以及持久度。苏姆·艾拉瓦蒂（Kusum Ailawadi）和她的同事对莫兰的品牌资产指标进行了重新定义，并指出增加竞争市场中资金量的莫兰指数可以帮助找到一个更准确的品牌价值评估模型。营销公关代理机构扬雅集团（Young & Rubicam）建立一种品牌资产标量模型（该模型受版权保护）。资产评估标量模型从差异性、相关性、尊重和认知四个维度来衡量品牌价值。从概念上来讲，品牌资产就是公司有品牌和没有品牌时所创造的价值之间的差异。我们很难想象一家公司没有品牌会是什么情况，同样，你也可以想象衡量品牌资产价值的难度。全球最大的综合性品牌咨询公司 Interbrand 找到了一种专门用于区分有形产品价值和无形品牌价值的模型，并用该模型对全球品牌价值进行排名，找到全球最佳品牌的前100强。最后，组合分析法也可用于评估一个品牌的价值。这是因为营销人员可以用组合分析来测量品牌对消费者偏好的影响程度，同时消费者在购买行为的决策过程中也会利用组合分析来对各种购买因素进行权衡。

结构定义

品牌资产十要素（Aaker）：营销学教授和品牌咨询顾问戴维·艾克强调品牌的十要素可以用于评估品牌资产的价值。这些要素分别是差异性、满意度/忠诚度、感知质量、领导力/流行度、感知价值、品牌个性、企业形象、品牌知名度、市场份额以及市场价格与分销覆盖。艾克认为任何权重都具有一定的主观性，且不同行业和产品类别所具有的品牌属性特征也各不相同，所以他没有对这些特征进行简单的加权汇总。相反，他对每个要素都做了相应的跟踪记录。

品牌资产指数（Moran）：营销执行官比尔·莫兰用品牌资产指数来衡量产品的三个重要方面：有效市场份额、相对价格以及持久度。

品牌资产指数（I）＝有效市场份额（%）×相对价格（I）
×持久度（%）

有效的市场份额是一个加权平均数，是对某品牌在所有竞争细分市场中所占份额的加权汇总，而其相应的权数为该品牌在每个细分市场上的销量占总销量的百分比。如果一个品牌在A细分市场上的销量占总销量的70%，并且市场份额为50%；而在B细分市场上的销量仅占总销量的30%，市场份额也只有20%。据此我们可以得出，该品牌的有效市场份额为：(0.7×0.5)＋(0.3×0.2)＝0.35＋0.06＝0.41，表示为41%。

相对价格是商品价格间的比率，即某一品牌商品的价格与市场中同类产品平均价格之比。例如，某个品牌产品的单价是2.50美元，而其竞争产品的均价为2美元，那么该品牌的相对价格为1.25。我们将其称之为溢价。相反，如果某个品牌产品的价格只有1.5美元，而竞争产品的均价仍为 2 美元，那么此时的相对价格则为 0.75，说明该产品以折扣价进行销售。相对价格的计算公式不同于某一品牌价格与市场均价的比值。与后者不同，使用该方法的一个好处就是公司或其竞争者的市场份额不会影响品牌资产价值的大小。

持久度是用于衡量顾客保留程度或顾客忠诚度的一种方法，它表示来年将会重复购买公司产品的客户占现有客户的百分比。

示例： ILLI 是一种保健饮料，它的两个主要市场分别是美国的东部城市和西部城市。ILLI 在西部市场的销量占总销量的 60%，并且该饮料的市场份额为 30%；而在东部市场，ILLI 的市场份额达到了 50%，而销量占公司总销量的 40%。

有效的市场份额和通过品牌销售比例加权后的细分份额是一样的。

- 西部＝30%×60%＝0.18
- 东部＝50%×40%＝0.20
- 有效的市场份额＝0.38

市场上保健饮料的平均价格只有 2.00 美元，因此 ILLI 可以从中获得价格溢价。一般情况下，公司的售价为 2.50 美元。那么其相对价格为 2.50/2.00 或 1.25 美元。

假设 ILLI 当年的消费者中会有一半的人会在来年进行重复购买，据此我们可以得出忠诚度指数为 0.5。（参见 4.1 节中重复率的定义。）

通过以上信息，我们可以算出 ILLI 的品牌资产指数为：

品牌资产＝有效的市场份额×相对价格×持久度
＝0.38×1.25×0.5
＝0.237 5

毫无疑问，营销人员希望找到品牌资产指数三要素之间的相互关系。如果提高某品牌产品的价格，可能会在增加相对价格同时降低有效市场份额和持久度。这种做法会从总体上为品牌带来积极地效果吗？营销者通过对提价前后的品牌资产指数进行评估就能找到该问题的答案。

我们发现该指数背后的其他两个因素——有效市场份额和相对价

格——会导致需求曲线发生变化（需求曲线是产品价格和销量间的关系曲线）。莫兰在他的资产指数结构中增加了一个时间维度，即通过每年的顾客保留率来描述这两个因素之间的关系。

艾拉瓦蒂（Ailawadi）和她的同事们指出增加品牌竞争市场中资金量可以增加一个品牌的资产指数，进而找到一个更好的品牌资产评估方法。同时，她还认为与产品单价相比，总收益（相对于其他同类产品而言）能够更好地体现出某一品牌的资产价值。主要原因是收益不仅是价格与销量的乘积，而且能够反映出需求曲线的变化而非需求的变化。

品牌资产标量（扬雅集团）：扬雅集团（Y&R）是一家销售代理机构，它开发了一种用于衡量品牌强度和价值的工具，即：品牌资产价值标量（Brand Asset Valuator，BAV）。Y&R 利用 BAV 从以下四个维度来研究顾客对品牌的感知，分别是：

- 差异度（differentiation）：定义品牌特征并使该品牌区别于其他竞争品牌。
- 相关度（relevance）：品牌对于某一消费者的适应性和相关性。
- 尊重度（esteem）：消费者对品牌的尊重和喜爱。
- 认知度（knowledge）：消费者对品牌的理解程度和认知广度。

Y&R 坚持认为上述标准能够解释隐藏于品牌强度和市场活力背后的一些重要因素。例如，强势品牌在这四方面的得分都非常高。处于成长期的品牌在差异度和相关度的表现要高于认知度和尊重度，而那些衰退品牌却呈现出了一种与成长品牌完全相反格局，即拥有较高的认知度和尊重度，但是在差异度和相关度上表现较差（参见图 4—4）。

虽然品牌资产标量是 Y&R 公司的一项专利工具，但是它所包含的概念已经得到了广泛的应用。许多营销者使用这些概念来进行独立的研究，并对某种特定品牌相对于其竞争者的价值进行判断评估。飞利浦消费电子类的利昂·拉姆塞勒（Leon Ramsellar）[3] 用四个关键指标来评估公司的品牌资产价值，并提出了一些常见的问题。

- 独特性：这个产品是否能为我带来一些新的东西？
- 相关性：这个产品是否与我相关？

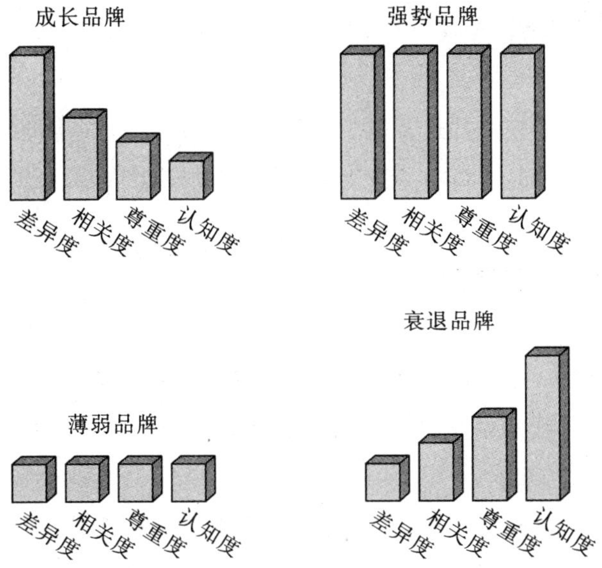

图 4—4

- 吸引力：我是否想要这个产品？
- 可信性：我是否相信这个产品？

虽然拉姆塞勒的这种方法明显不同于 Y&R 的品牌资产标量，但是我们可以从中看出二者都涉及了产品的差异度和相关度。因此，差异度和相关度在品牌资产评估中起着不可或缺的作用。

品牌评估模型（Interbrand）：品牌战略机构 Interbrand 公司在它的品牌价值评估模型中引入了财务结果和预测。这一模型不仅包括审查公司的财务报表和分析市场动态与品牌的获利能力，还包括把归属于有形产品的利润与归属于品牌的利润相区分，其中有形产品包括资金、产品、包装等。同时，它还利用品牌强度和风险对公司未来的利润和贴现率做出了相关预测。Interbrand 公司通过上述方法来评估品牌价值，并且每年都会公布全球最有价值品牌前 100 强的排行榜。

组合分析：营销人员利用组合分析来衡量消费者对产品、服务或提供物属性的偏好，这些属性包括特征、设计、价格或地理位置（参见 4.5 节）。他们可以通过品牌和价格这两个关键属性来洞察消费者对品牌价值的估值，并据此了解客户愿意为该品牌支付多少溢价。

数据源、难点和注意点

前面所介绍的模型都是关于专家努力对一种复杂且无形的资产进行价值评估。本书中几乎所有的量化指标都与品牌资产的某个维度相关。

相关的量化指标和概念

品牌战略是一个非常广泛的领域且包含着许多概念，其中有些概念是可以量化的。从严格意义上来讲，品牌战略并不是一个可以量化的指标。

品牌特征：品牌特征是营销者对理想品牌的一种愿景，即公司关于实现市场品牌洞察力的目标。所有物理、情感、视觉和文字方面的信息都是为了实现这一目标。这些信息具体包括名称、商标、文字以及其他营销方式。因此，品牌特征并不是一个可以量化的指标。

品牌定位和品牌联想：品牌定位和联想是指消费者对公司品牌相对于竞争对手品牌的真实感知。品牌定位经常通过多维空间图中的产品维度来进行衡量。如果在很长一段时间内品牌的定位保持不变，那么我们可以把这些维度称为可量化指标——与产品的感知定位图类似（参见2.7节中关于态度、使用方法和效果层次的讨论）。

产品差异化：虽然产品差异化是营销学中的一个常用术语，但是却没有一个被广泛认可的概念。差异化除了“不同”外，还涉及到产品的独特属性，而这些属性可以提高消费者的偏好或需求。由于这些真实或能被感知的属性并不是单一不变的，所以很难对他们进行量化。换而言之，虽然像价格这类特定属性是可以被量化并服从拟线性偏好模型（即无论增加或减少总是好的），但是产品的其他属性不能用数字来分析或者它们可能会陷入“某个最佳位置”，而在该点之外无论增加或减少这些属性都无法产生偏好（例如某种食物的香味）。基于上述原因，产品差异化并不是一个量化指标，甚至还有人将其称为一个“毫无意义的术语”。

附加引文

Simon, Julian, "Product Differentiation": A Meaningless Term and an Impossible Concept, *Ethics*, Vol. 79, No. 2 (Jan., 1969), pp. 131 - 138. Published by the University of Chicago Press.

4.5 组合效用和消费者偏好

组合效用测量的是某个特征水平上的消费者偏好，然后与多特征评价联合在一起，测量对总体选择的偏好。测量一般会以个体为基础，虽然这种分析也可以在细分水平上执行。比如，在冷冻比萨市场，组合效用可以用来确定一个消费者如何评价特别的口味（一个特征），以及为干酪想要额外支付的溢价（第二个特征）。

组合效用也可以在分析补偿性决策和非补偿性决策中起作用。在补偿性因素中的弱势可以通过其他特征进行弥补。在非补偿因素中的弱势则不能由其他强势弥补。

在确定消费者真正的需求，以及当包括价格因素时消费者想要支付的价钱时，组合分析是很有用的。在推出新产品时，营销者发现这种分析对深入了解消费者对不同产品特征的价值定位很有帮助。纵观产品管理，组合分析可以帮助营销者把努力集中到对消费者最重要的特征上。

目的：为了了解顾客的需求

组合分析是用来评价消费者偏好的模型，这是基于消费者在做决策时是如何加权特征的。组合分析的前提假设是消费者在产品间的偏好可以被分成特征的集合体，通过这些加权的特征形成一个总体评价。除了直接询问消费者他们需要什么和原因外，在组合分析中，营销经理询问消费者对以特征描述的选择域的总体偏好，然后把它们分解成成分维度，再对优先的成分进行加权。一个模型可以被发展成为用来比较特征域，以确定那些代表了最吸引消费者的特征组合。

组合分析指标经常被用于评估对目标顾客很重要的某个产品或服务的特征，然后用来支持以下的流程：

- 产品设计；
- 广告文案；
- 定价；
- 细分；
- 预测。

结构定义

组合分析：通过评估顾客对可选择的总体偏好来推测顾客的方式。

一个个体的偏好可以被看做他对任何选择的底线偏好的总数，加上个体对这个选择所表现的部分效用值（相对价值）。

在线性形式中，这可以通过下面的公式表示出来：

组合偏好线性形式（I）

=[特征 1 对个体的部分效用（I）×特征水平（1）]

+［特征 2 对个体的部分效用（I）×特征水平（2）]

+［特征 3 对个体的部分效用（I）×特征水平（3）]+…

示例：一部手机的两个特征——价格和机身大小的组合分析评价结果显示在表 4—5 中。

表 4—5　　组合分析：手机的价格和机身大小

特征	等级	部分效用
价格	100 美元	0.9
价格	200 美元	0.1
价格	300 美元	−1
大小	小	0.7
大小	中	−0.1
大小	大	−0.6

一部 100 美元的小手机，消费者的部分效用值为 1.6（0.9+0.7）。这是这个练习中效用最高的。一部小的但贵的（300 美元）手机的效用值被评为−0.3（即−1+0.7）。这部小手机的效用被其价格抵消了。一部大的而且贵的手机对消费者来说是最没有效用的，其效用值只有−1.6［即（−1）+（−0.6）］。

在这个基础上，我们可以确定与价位在 300 美元的小手机（效用=−0.3）相比，消费者更偏好价位在 200 美元的中型手机（效用=0）。这些信息可以用来决策在产品设计和价格之间的选择。

这个分析也显示了，在所检验的范围内，消费者认为手机的价格比大小更重要。价格产生的效用范围为 0.9～−1（即总效差为 1.9），而由最想要和最不想要型号跨度所产生的效用范围为 0.7～−0.6（即总效差为 1.3）。

补偿性与非补偿性消费者决策

一个补偿性决策过程是指消费者在作出选择时，认为一个或几个维度的优势可以弥补其他维度的弱势。

与此相反的是，在非补偿性决策过程中，如果产品的某个特征是劣势的，就没有补偿的可能性，即使产品在其他维度上有优势。比如，在前面提到的手机例子中，一些消费者可能感觉到如果手机比某个特定的型号大，不管什么样的价格都不可能有吸引力。

在另一个例子中，大多数人根据地理位置的接近来选择杂货店。任何在住所或工作特定半径内的商店都有可能被考虑。然而，若超出了这个距离，所有的商店都将不被考虑，而且没有一家商店可以解决这个难题。比如，即使价格很低，提供琳琅满目的商品，布置得赏心悦目，以及供应新鲜食品，商店还是无法使顾客奔波 400 英里来购买商品。

虽然这个例子极端得有点荒谬，但是它说明了一个重要的问题：当消费者基于非补偿性作出选择时，营销者需要确定哪些特征必须被传递，从而可以简单地对他们的总供应物作出考虑。

非补偿性决策的一种形式是逐步消除法。采用这种方法，消费者先考虑整个选择域，然后以特征重要性的顺序把那些不符合他们期望的逐步排除。比如，在杂货店选择的过程中，这个过程可能如下所示：

- 哪些商店与我家的距离在5英里之内？
- 哪些在晚8点后还营业？
- 哪个商店销售我喜欢的芥末粉？
- 哪个商店销售鲜花？

这个过程一直持续到只剩下一个选择。

在理想的情况下，在分析顾客决策的过程中，营销者应该有渠道了解顾客个体水平上的信息，包括：

- 决策是否对每个顾客都是补偿性的；
- 特征的优先顺序；
- 每个特征的分解水平；
- 如果遵循补偿性决策，每个特征的相对重要权重。

然而，更经常的是营销者只有可能了解到顾客过去的行为，帮助他们据以作出推断。

由于缺乏市场中顾客的详细个体信息，组合分析提供一种获得样本顾客决策的过程。在组合分析中，我们一般假设采用补偿性决策。也就是，我们假设效用是可加的。在这个假设条件下，如果在某个维度上的决策是劣势（比如，如果商店不提供芥末粉），这可以通过其他特征，至少部分地进行补偿（比如，它确实提供鲜花）。组合分析可以通过特定价值水平对特征进行非线性加权，估计一个非补偿性模型。比如，对杂货店距离的加权可能如下所示：

在1英里内：	0.9
有1～5英里路：	0.8
有5～10英里路：	−0.8
超过10英里路：	−0.9

在这个例子中，在5英里半径以外的商店实际上不能弥补由于距离远而带来的效用损失。因此，距离变成了一个非补偿性维度。

通过研究顾客的决策制定过程，营销者明白产品特征需要满足消费者的期望。比如，他们要了解某个特征是补偿性的还是非补偿性的。对顾客对不同特征评价的了解使得营销者可以有效地设计产品和分配资源。

在考虑补偿性和非补偿性决策时产生了几个潜在的困难。顾客通常并不知道某个特征是补偿性的还是非补偿性的，以及他们并不能充分解释他们的决策。因此，这就有必要通过对选择的评价来推断或确定消费者的决策过程，而不是通过描述。然而，这也有可能导致在使用组合分析法时，没有考虑到非补偿性因素。实际上，由于评价跨度大而不能由其他特征弥补的所有特征都是非补偿性特征。

示例：在众多的杂货店中，胡安偏好 Acme 市场，因为这家商店离他家很近，尽管 Acme 的价格普遍要比本地 Shoprite 商店的价格高。还有一家商店，名叫 Vernon's，在胡安的公寓附近，但是胡安从不光顾这家商店，因为 Vernon's 不提供他最喜欢的苏打。

从这些信息中，我们了解到胡安的购物选择至少受到三个因素的影响：价格、与他家的距离以及商店是否提供他最喜欢的苏打。在胡安的决策过程中，价格和距离似乎是补偿性因素。他用距离来补偿价格。是否提供苏打似乎是一个非补偿性因素。如果一家商店不提供胡安最喜欢的苏打，他将不会光顾此商店，不论其价格和地理位置如何。

数据源、难点和注意点

在进行组合分析之前，有必要识别对一个顾客来说重要的特征。焦点小组（focus group）经常被用来收集这样的信息。在特征和水平确定以后，组合分析的一个典型方法是使用部分因子正交设计法（fractional factorial orthogonal design），即所有特征可能性组合的部分样本。这是为了减少被试者需要评价的选择数量。在正交设计中，特征间是相互独立的，以及该测试不会不成比例地给某个特征加权。

虽然有多种方法可以收集数据，但是一个直接的方法是向被试者展示各种选择，然后让他们根据自己的偏好对每个选择进行评分。最后，把这些偏好作为回归模型中的因变量，而特征水平作为自变量，就像前面提到的等式一样。组合效用包括被确定的权重，以便最准确地获得被试者所提供的偏好分数。

通常，一些特征会一起影响消费者的决策。比如，一辆车速快且造型优美的跑车可能比由快速和光滑特征加总给消费者带来的价值更大。特征间的这种关系在简单的组合模型中并没有显示出来，除非解释了它们之间的相关性。

理论上，组合分析是在个体水平上进行的，因为特征可以根据不同的个体进行加权。营销者也可以创造一个通过个体样本进行分析的平衡观点。在有相似权重的消费者细分市场中进行分析也是可行的。组合分析可以被看做消费者需求时的快照。它不会延伸到不确定的未来。

在任何组合研究中运用正确的特征至关关键。人们可以只告诉你在你所设定的参数范围内他们的偏好。如果研究中不包括正确的特征，以及在技术上可以依靠这些结果数据进行市场细分，分析的结果在形成有效的细分市场中可能是无效的。比如，在有关汽车颜色和款式的消费者偏好的组合分析中，有人可能根据他们对这些特征的感觉正确地分组。但是如果消费者更看重的是引擎型号，那么这种细分可能就会不具有价值。

4.6 运用组合效用进行细分

了解顾客的需求是影响中一个重要的目标。细分，或者把相似的顾客聚在一起，可以帮助管理者识别有用模式，以及在一个较大的市场中发现有吸引力的细分市场。通过这些知识，管理者可以选择目标市场，为每个细分市场提供合适的产品或服务，确定达到这些目标市场的有效方式，以及据以有效地分配资源。组合分析在这些活动中很有用。

目的：根据组合效用识别细分市场

就像在前面一部分介绍的，组合分析被用来根据消费者在决策中所显示的特征权重，来确定他们的偏好。一般在个体水平上对这些权重或效用进行评价。

细分使得那些具有相似的偏好模式，以及对特定的产品特征有相似权重的顾客，与其他的具有不同模型的顾客群区分开来。运用这些细分，公司可以决定自己的目标顾客群，以及确定满足目标人群的方式。在进行市场细分后，公司可以根据他们的吸引力（大小、成长性、购买率、多样性）来制定战略，以及根据自己的能力来为这些细分市场服务。

结构定义

为了根据组合效用完成市场细分，首先必须在顾客个体水平上确定效用分数。下一步，必须把那些具有相似头脑的个体聚在一起。这些一般会通过一种叫做聚类分析的方法来做。

聚类分析（cluster analysis）：通过缩小组内差异，扩大组间差异的方式来计算消费者和所构成群组之间距离的一种指标。

聚类分析是通过计算个体间的距离（平方和）运作的，而且通过层级的方式，开始把这些个体进行配对。配对的过程是缩小组内距离的过程，而且在较大的人口中发现一个可供管理的细分数量。

示例：Samson-Finn公司有3个顾客。为了帮助管理其营销努力，Samson-Finn想把看法一致的顾客组成细分市场。他运用组合分析来测量顾客对产品是可靠还是非常可靠，是快速还是非常快速的偏好（见表4—6），然后考虑每个顾客组合效用以确定哪些具有相似的需求。当以组合的数据进行聚类时，距离根据部分效用值计算。

表 4—6　　顾客组合效用

	非常可靠	可靠	非常快速	快速
鲍勃	0.4	0.3	0.6	0.2
艾琳	0.9	0.1	0.2	0.7
约吉什	0.3	0.3	0.5	0.2

分析结果发现，鲍勃和艾琳在选择时，可靠性的重要性是有差别的。鲍勃的得分是 0.4，而艾琳的得分是 0.9。我们可以对这个差别进行评分以得到鲍勃和艾琳间的“距离”。

使用这种方式，Samson-Finn 的每对消费者间的距离计算如下：

距离	非常可靠	可靠	非常快速	快速
鲍勃和艾琳：	$=(0.4-0.9)^2$	$+(0.3-0.1)^2$	$+(0.6-0.2)^2$	$+(0.2-0.7)^2$
	$=0.25$	$+0.04$	$+0.16$	$+0.25$
	$=0.7$			
鲍勃和约吉什：	$=(0.4-0.3)^2$	$+(0.3-0.3)^2$	$+(0.6-0.5)^2$	$+(0.2-0.2)^2$
	$=0.01$	$+0.0$	$+0.01$	$+0.0$
	$=0.02$			
艾琳和约吉什：	$=(0.9-0.3)^2$	$+(0.1-0.3)^2$	$+(0.2-0.5)^2$	$+(0.7+0.2)^2$
	$=0.36$	$+0.04$	$+0.09$	$+0.25$
	$=0.74$			

在这个基础上，鲍勃和约吉什看起来是最接近的，因为他们的平方和是 0.02。那么，我们认为他们都属于相同的细分市场。相反，由于艾琳的偏好和其他人的平方和距离很大，因而，他不被认为是和鲍勃以及约吉什一样的细分市场的部分。

当然，大多数的细分分析是以大量顾客为基础进行的。这个例子仅仅说明了聚类分析计算的过程。

数据源、难点和注意点

就像前面介绍的，一个顾客的效用可能并不是一成不变的，而且对某个顾客的细分会随着时间和场合转变。一个人可能既属于价格是主要因素的个人航空旅行细分市场，又属于很看重方便性的商务旅行细分市场。这个顾客的组合权重（效用）会根据购买场合而有所不同。

为一种分析确定合适的细分数量可能有些武断。这里没有被普遍接受的统计方式来确定正确的细分数量。理论上，营销者所要寻找的细分结构要满足以下两个条件：

- 每个细分市场包括相似的人群，在这个细分市场内，在不同个体间的特征效用差异相对较小。
- 不同细分市场间的人群是不同质的，即在细分市场间的特征效用有很大的差异。

4.7 组合效用和数量预测

产品和服务的组合效用可以用来预测每个可达到的市场份额和销量。营销者可以根据消费者从一个相关选择域中选择它的百分比，及其总体效用来预测某个产品或服务的市场份额。

目的：使用组合分析来预测产品或服务可达到的市场份额和销量

组合分析被用来测量产品的效用。这些效用的组合，通常加在一起，指的是对该产品所期望流行度的类别分数。这些分数可以被用来评价产品。然而，需要进一步的信息来估计市场份额。我们可以期望在选择域中，评分较高的产品被选择的可能性比评分较低的产品更大。将把该品牌评为第一的消费者数量加总，可以得到顾客份额。

数据源、难点和注意点

为了完成对销量的预测，有必要进行全方位的组合分析。这种分析必须包括消费者作出决策时所依据的所有重要的特征。定义这样的“市场”对一个有意义的结果很关键。

为了定义市场，识别该市场中所有的选择是重要的。为每个选择计算“第一个选择”的比例仅仅提供一种“偏好的份额”。为了把这个扩展到市场份额，我们估计每个消费者的销量，分销水平或每个选择的可得性，以及那些直到发现他们的第一个选择后才会购买的消费者比例。

这个过程中最大的潜在误差是会把一些有意义的特征排除在组合分析之外。

网络效应也会歪曲组合分析。在一些例子中，顾客不是单纯根据产品特征作出购买决策的，而是受到市场上可接受水平的影响。这些网络效应以及控制或克服这些影响的重要性等，在技术行业的转型期特别明显。

参考文献和建议进一步阅读的资料

Aaker，D. A. (1991). *Managing Brand Equity：Capitalizing on the Value of a Brand Name*，New York：Free Press；Toronto；New York：Maxwell Macmillan；Canada：Maxwell Macmillan International.

Aaker，D. A. (1996). *Building Strong Brands*，New York：Free Press.

Aaker，D. A.，and J. M. Carman. (1982). “Are You Overadvertising?” *Journal of Advertising Research*，22 (4)，57 - 70.

Aaker，D. A.，and K. L. Keller. (1990). “Consumer Evaluations of Brand Extensions，” *Journal of Marketing*，54 (1)，27 - 41.

Ailawadi，Kusum，and Kevin Keller. (2004). “Understanding Retail Branding：Conceptual Insights and Research Priorities，” *Journal of Retailing*，Vol. 80，Issue 4，Winter，331 - 342.

Ailawadi，Kusum，Donald Lehman，and Scott Neslin. (2003). “Revenue Premium As an Outcome Measure of Brand Equity，” *Journal of Marketing*，Vol. 67，No. 4，1 - 17.

Burno，Hernan A.，Unmish Parthasarathi，and Nisha Singh，eds. (2005). “The Changing Face of Measurement Tools Across the Product Lifecycle，” *Does Marketing Measure Up? Performance Metrics：Practices and Impact*，Marketing Science Institute，No. 05 - 301.

Harvard Business School Case：Nestlé Refrigerated Foods Contadina Pasta & Pizza (A) 9 - 595 - 035. Rev Jan 30 1997.

Moran, Bill. Personal communication with Paul Farris.

注释*

[1] Harvard Business School Case: Nestlé Refrigerated Foods Contadina Pasta & Pizza (A) 9-595-035. Rev Jan 30 1997.

[2] Kusum Ailawadi, Donald Lehmann, and Scott Neslin (2003)," Revenue Premium as an Outcome Measure of Brand Equity," Journal of Marketing, Vol. 67, No. 4, 1-17

[3] Bruno, Hernan, Unmish Parthasarathi, and Nisha Singh, Eds. (2005). "The Changing Face of Measurement Tools Across the Product Lifecycle," in *Does Marketing Measure Up*? Performance Metrics: Practices and Impact, Marketing Science Conference Summary, No. 05-301.

[4] Young and Rubicam can be found at: http://www.yr.com/yr/. Accessed 03/03/05.

[5] Bruno, Hernan, Unmish Parthasarathi, and Nisha Singh, eds. (2005). "The Changing Face of Measurement Tools Across the Product Lifecycle," *Does Marketing Measure Up? Performance Metrics: Practices and Impact*, Marketing Science Conference Summary, No. 05-301.

[6] 参见 Darden technical note and original research。

[7] 比尔·莫兰(Bill Moran)的信息来自与作者的私人沟通。

[8] Interbrand can be contacted at: http://www.interbrand.com/. Accessed 03/03/05.

* 本章注释与正文序号标识不符，原书如此。——译者注

第 5 章

顾客利润分析

引　言

本章涉及的量化指标

顾客、崭新度、挽留率

顾客利润

顾客终身价值

潜在顾客价值与顾客价值

获取与挽留成本

在第 2 章中，描述了用来测量企业是如何把消费者作为整体来管理的量化指标。前面讨论的量化指标是关于消费者在整个市场或细分市场中的企业绩效的总结。在本章中，我们讨论用来测量个体消费者关系的量化指标。首先我们先看一个简单的量化指标，用来测量公司的目标客户数。作为本章要讨论的，测量销售数字远比测量购买人数要容易得多。5.2 节介绍了消费者利润的概念。就像一些品牌的利润率比其他品牌的更高，与消费者之间的关系也一样。消费者利润是总结消费者关系的过去财务绩效的量化指标，顾客终身价值期望试图评估现有的消费者关系。5.3 节讨论如何评估和解释顾客终身价值。顾客终身价值的一个重要用处是推断将来的决策。5.4 节揭示了如何来完成，并且描述了潜在顾客价值和消费者价值之间的细微差别。5.5 节讨论了获取和保留支出，这两个量化指标是为了知道两个重要的营销支出的表现，一个是指获取新顾客的支出，一个是挽留和从现有顾客中获利的支出。

量化指标	结构定义	考虑因素	目的
5.1 顾客(customers)	在一个特定的时期内从公司购买产品的人数(或机构数)。	避免重复计算购买不止一件产品的个体。仔细定义消费者:曾经购买/订购/注册的个体/住户/账户名/分组。	测量公司的吸引力和挽留顾客的能力。
5.1 崭新度(recency)	从顾客上次购买到现在的时间跨度。	在非合同情况下,公司将要跟踪顾客的崭新度。	跟踪活跃顾客数量的变化。
5.1 挽留率(retention rate)	在风险时期所挽留顾客的比例。	不要与顾客数量的增长率(降低率)相混淆。挽留率只指合同情况下的现有顾客。	跟踪公司在挽留顾客能力的变化。
5.2 顾客利润(customer profit)	在特定时期内,收入以及与顾客关系相关的成本之间的差额。	要求把收入和成本分配到个体顾客。	帮助公司识别哪些顾客是有利润的,哪些没有。作为提高公司获利能力区别对待的先兆。
5.3 顾客终身价值(customer lifetime value)	归因于顾客关系的未来现金流现值。	要对来自顾客关系的未来现金流进行预测。在合同情况下比较容易。CLV 的公式与初始毛利和获取支出有所不同。	客户关系管理决策应该以提高 CLV 为目标。做获取预算应该以 CLV 为基础。
5.4 潜在顾客终身价值(prospect lifetime value)	反应率乘以初始毛利和顾客的 CLV 减去将来努力的成本。	有多种相同的方法来计算这种预期的努力是否值得。	指导公司未来的努力。只有在潜在顾客终身价值是正值的时候,前景才是有益的。
5.5 平均获取成本(average acquisition cost)	获取成本与新获取顾客数的比值。	经常很难从营销支出中分离出获取成本。	跟踪获取新顾客的成本以及把成本与最近获取新顾客的价值相比。
5.5 平均挽留成本(average retention cost)	保留顾客成本与保留顾客数量的比值。	经常很难把挽留支出从营销总支出中分离出来。平均挽留成本在制定挽留预算决策时并不是很有用。	监测在每个顾客身上的挽留支出。

5.1 顾客、崭新度和挽留率

这三个量化指标用来测量顾客数目和跟踪顾客的活动而忽视与每个顾客的交易量（或交易价值）。

一个顾客是指从公司购买的个人或机构。

- 顾客数：一个特定时期内某公司的顾客数。
- 崭新度：从顾客上次购买到现在的时间跨度。一个 6 个月的顾客是指在最近 6 月内至少从公司购买一次的人。
- 挽留率：在风险时期所挽留顾客数的比例。

在合同情况下，根据合同可以说出当前的顾客数，以及在合同期限过后所保留的比例，是有意义的。

在非合同情况下（比如目录销售），讲出当前的顾客数就毫无意义了，但是可以计算特定崭新度的顾客数。

目的：为了指导企业在吸引和保留顾客方面的绩效

直到最近，大多数营销者才开始担心关注个体顾客的量化指标。为了开始考虑管理个体顾客关系，公司首先必须能够测量顾客的数量。虽然测量顾客数量的一致性可能比形成一个准确的定义要重要，但是一个准确的定义还是需要的。特别地，我们认为顾客的定义和数量在合同与非合同情况下是不同的。

结构定义

计算顾客数

在合同情况下，根据合同，在任何时点都可以非常简单地计算出当前消费者的数量。比如，沃达丰澳大利亚公司[1]（Vodafone Australia）

是一家全球性的移动电话公司，在第四季度的 12 月末其直接顾客可达到 260 万。

在合同情况下计算顾客数量时的一个难点是对包含有两个或更多个体合同的处理。一个家庭拥有 5 部电话，但是一部电话有一个账户，还是 5 部电话共用一个账户？一个以基本费用为基础而且对所有1 000部电话都要收费的 B2B 合同在计算数量时，是作为 1 名顾客，还是1 000名顾客？前面问题的答案依赖于个体使用者是向沃达丰支付，还是向他们的公司支付，或免费使用？在这种情况下，公司必须选择一名顾客（政策制定者，成员）的标准定义，并一致性地执行。

在合同情况下计算顾客数的第二个困难是对一些顾客与一个公司有多个合同的处理。USAA 是一家全球性的保险和多样化的金融服务协会，向美国军队成员和他们的家庭提供保险和金融服务。每个顾客被认为是具有唯一会员号码的成员。这使得 USAA 在任何时间都可以准确知道会员数，其会员在 2004 年底达到 500 万之多，而且大多数会员享有多种会员服务的权力。

然而，对于其他的金融服务公司来说，顾客数经常对每个经营行业都是分开的。比如，州立农业保险公司 2003 年的年报显示了共计7 390万的保险单客户，并用一张饼图显示了在汽车、住宅、人寿、年金等方面的比例。很显然，这 7 390 万是保险单账户数，而不是消费者数量。这是因为一些消费者通过州立保险公司承保汽车、住宅以及人寿保险，在 7 390 万的数量中他们得到了 2 次甚至是 3 次的计数。因为州立农业保险公司知道所有承保客户的名字和地址，看起来测量他们服务的个体客户数量是可行的。州立农业保险公司测量保险单的数量而不是顾客数量的事实说明了保险单销售的重要性，而不是顾客关系管理的重要性。

最后，我们举一个天然气公司的例子以防止重计顾客数，它把顾客定义为付款期内用一个煤气表连接的任一顾客。在个别地方使用天然气的实体被认为是每个地方的个别顾客。对这个天然气公司来说，顾客和煤气表是一样的。如果你的工作是安装和维修煤气表，那么这样看问题可能相差很远。如果你的工作是营销天然气，你就会觉得这样看问题很正常。

在非合同情况下，公司测量顾客数的能力由个体是否可确认的决定。如果顾客不可识别，那么公司只能统计访问或交易数量。因为沃尔玛不会识别它的购物者，它的顾客数仅仅是一天、一周或一年内柜台所发生的交易量。这就像在运动会或浏览网站时通过的人数。一定程度上是在统计消费者数量，但是当把几期进行加总时，就不再测量单独个体。因此，尽管参加亚特兰大勇敢者游戏的家庭数在 1993 年[2]就达到了 3 884 720，但那一年参加一次或多次勇敢者游戏的人数并不多。

在可以确认顾客的非合同情况下（直邮、拥有经常性购物卡的零售商、商店会员、出租车的购买以及需要注册的登录），困难是顾客购买活动是不固定的。虽然《纽约时报》知道当前顾客的具体数量，但是对于 L. L. Bean 公司来说，讨论当前的顾客数量就没有太大的意义。虽然 L. L. Bean 将会知道每天收到的订单数和每月邮寄目录的数量，但是不可能知道当前顾客的数量，因为很难对当前的顾客下一个定义。

在非合同情况下，公司统计有多少顾客在特定时期内购买了公司产品来代替。这就是崭新度的概念，即从上次购买到现在的时间跨度。一年崭新度的顾客是指在过去一年购买过该公司的产品。在非合同情况下有可确定顾客的公司将会统计不同崭新度的顾客。

崭新度：顾客从上次购买到现在的时间跨度。

比如，eBay 在 2005 年的第一季度有 6 050 万个活跃用户。活跃用户是指在过去的 12 个月内通过 eBay 平台拍卖、购买或列出条目的用户。他们继续指出，有 4 510 万个活跃用户在一年前同样的时期内被统计过。

注意到 eBay 统计的是活跃用户，而不是顾客，并且使用的是崭新度指标来跟踪其活跃用户的数量。活跃用户（12 个月）的数量在一年内从 4 510 万增长到了 6 050 万。这说明活跃用户的数量部分是由于顾客获取而增加的。一个测量公司维护现有顾客关系状态的指标是一年前 4 510 万活跃顾客在刚过去的 12 个月中仍然活跃的比例。比率测量与挽留率很形似，因为它反映了活跃顾客在随后的时期内仍然活跃的比例。

挽留：应用于在合同情况下哪些顾客是被保留的，哪些不是。顾客重新订阅杂志或放弃。顾客会在银行维持他们的账号直到关闭。租赁者要付租金直到搬走。这些都是纯粹的顾客挽留的例子，顾客要么维持，要么考虑放弃。

在这种情况下，公司要紧密关注挽留率。

挽留率：在风险中，保留顾客的数量与总数的比率。

如果有 40 000 名订阅《财富》杂志的顾客在 7 月到期，而出版商确定有 26 000 名顾客会重新订阅，我们就可以说出版商保留了其 65% 的订阅者。

挽留的完成是有耗损或流失的。对 40 000 名的《财富》订阅者来说，耗损率或流失率为 35%。

注意到挽留率的定义是指保留的顾客数与总数的比率。这个定义的关键特点是指，为了统计被成功挽留的顾客，顾客必须在统计期内离开。也就是说，7 月份新获得的《财富》订阅者并不包含在等式内，当然也不包括在随后不再重订的读者内。

最后，我们指出有时候根据顾客时间来测量挽留率要比根据日历时间来测量更有意义。除了询问在 2004 年公司的挽留率是多少外，很有必要询问公司前三年顾客的挽留比例。

数据源、难点和注意点

在末期的顾客总数与初期的顾客总数的比值并不是挽留率。在期限间的挽留肯定会影响这个比率，而且顾客获取也会影响这个比率。

初期的顾客贯穿这个时期内仍然是其顾客的比例与挽留率很接近。如果初期所有的顾客是在期限内离开的，则该比例就是挽留率。

有关统计顾客数量的建议[3]

恰当地定义顾客很关键

营销者倾向于使用简单的方法统计顾客，因此容易得到错误的答案。他们倾向于忽视定义顾客这个基本和非常重要的步骤。由于错误的定义，统计也就不会准确。银行着眼于“居民”，这是因为他们有这方面的“关系”（关系是指向一个共有账户地址销售产品的数量）。银行倾向于强调产品的销量，不论居民可能包含拥有所有账户的一个交易主，其配偶极可能在其他的银行交易，而且其孩子不进行银行业务。在这种情况下，以居民为单位统计就毫无意义。这里至少有 3 个

"顾客"：交易主（大客户）、配偶（几乎是一个非客户）以及孩子（肯定不是客户）。

零售商统计交易量或"小票"（付款登记单），这可能包括了向母亲、父亲以及孩子们，还有玛丽阿姨和邻居苏的全部销售。或者是，它可能反映了配偶一方在特定情况下为另一方的购买。在这种环境下，其配偶是真正的顾客，而另一方则是跑腿的。

定义顾客往往很难，这是因为它要求对交易战略和购买者行为有清晰和全面的了解。

并不是所有的"顾客"都一样

在没有弄清楚顾客间的差异之前，吸引和保留顾客是不能用做以管理行动为目的的。去年，一个主要的软件公司 Zapp 购买了一套软件的一个拷贝。另一家公司 Tancat 吸引和保留顾客购买了 100 个拷贝。这些都是"顾客"吗？当然不是。Tancat 公司几乎肯定是一名顾客，而且有必要进行挽留，并且向其推销公司的其他产品。Zapp 公司可能只是评估该产品，为了能够站在新软件概念的前沿，并且潜在性地进行复制。一种选择是跟踪只购买一个拷贝的 Zapp 公司究竟想要干什么。如果我们清楚其购买动机，或者如果我们利用这次购买奠定了合作的基础，那么 Zapp 公司就会成为一个大"客户"。

在统计任何数量之前，你不得不把潜在的与当前的顾客进行细分，以便制定战略。一些当前的购买者，如 Zapp 公司，实际上是潜在的购买者，取决于你将会对他们做什么。你必须统计购买者，以及通过特定的方式预测谁是相似的。

"顾客"在哪里

大量的顾客经常从每个用户地点独立购买。美洲银行是顾客，还是每个分支办公室是顾客？如果花旗集团进行集中购买，你怎么能把它视为一名顾客，而将美洲银行看做上百名顾客？

谁是"顾客"

要定义谁是顾客更是困难。许多顾客并不是直接向你的销售人员进行订购。真正的顾客在购买组织内部是难以把握的，一些需要花费大量的努力去识别。账户的名字可能是 GM，而真正的顾客可能是

Burt Cipher，一名在未知设备方面的工程师。或者，购买者福特通过分布在全国的几个人来确定订单。在这种情况下，除了付账的人之外，福特并不是顾客。所以，你将统计什么？

甚至更平常的是多头顾客。购买决策是通过几个人来制定的。不同的人在不同的时间和不同的产品上扮演不同的角色。大公司拥有销售团队致力于向那些购买组织销售产品。虽然他们被看做一个顾客，但是他们购买决策的动态性比起由一个人指定的决策来说更加复杂。

销售少女服饰的零售商至少有两类顾客：母亲及其孩子。你是把他们看做一名顾客还是两名顾客？营销学可能想要把每个人都看做顾客，以决定如何设计产品和投放广告。而商店可能把他们看做单一顾客，或者选择少女作为其目标顾客。

关键的问题是为了统计数量而对顾客进行定义是由其统计的目的所决定的。你可能不得不为了不同的目的而采用不同的方式统计同样的“顾客”。这里没有统一的顾客定义。

5.2 顾客利润

顾客利润（CP）是公司在特定时期内从目标顾客和目标顾客群中获取的利润。

计算顾客利润率在了解哪些顾客关系比其他的好时是一个很重要的步骤。公司经常会发现一些顾客关系是不利的。公司在没有这些顾客时可能会更好（利润率更高）。另一方面，公司将识别利润率最高的顾客，而且采取措施确保这些利润率最高的顾客关系维持下去。

目的：为了识别单个顾客的利润率

公司通过整体来考虑它们的绩效。在公司内一句经常说的话是：“我们有一个好年景，利润达到了40万美元。”当提及顾客时，经常使用平均值，诸如“我们每个顾客创造的利润为 2.50 美元。”虽然这些都是有用的量化指标，它们有时候会掩盖一个重要的事实，并不是所有的顾客都一样，更糟的是，一些顾客是没有利润的。我们可以通过发现每个顾客对我们底线的贡献，而不是简单地测量平均顾客而学到更多。[4]

顾客利润率：在特定时期内，由顾客关系获得的收入与相关的成本之间的差额。

公司的整体利润率可以通过有差异性地对待不同顾客而得到提升。

在本质上，考虑三个不同的顾客层：

1. 第一层级顾客——**盈利**：最想要挽留的最有价值的顾客。他们应该比其他客户群得到更多的关注。如果你损失了这些顾客，利润就会受到巨大的损失。应该寻找方法来奖励他们，而不是简单地通过降价。这些顾客可能最看重你做了什么，而不是价格敏感者。

2. 第二层级顾客——**成长**：处于中层的顾客，得到中等到低等的利润率，该顾客群的目标是为了增长。这些顾客可能会发展成为第一层级顾客。使用 5.3 节讨论的顾客份额这个量化指标来帮助区分出哪些顾客具有最大的增长潜力。

3. 第三层级顾客——**放弃**：这些顾客会给公司带来损失。如果不能很容易地把他们变成较高层级的消费者，你就应该考虑在向这些顾客提供服务时收取更多的费用。如果我们能够事先识别这个顾客群，那么最好不要获取这些顾客。

可以在个体水平上分析顾客获利能力的数据库将会是一项有竞争性的优势。如果能够根据消费者分出利润率，就有机会保卫你最好的顾客，也可以从竞争者处抢夺最高利润的顾客。

结构定义

在理论上，这是一个没有困惑的计算。找出每个顾客的服务成本和在该时期内从每个顾客得到的收入。通过减法得到顾客的利润，以及根据此利润对顾客进行分类。虽然在理论上很简单，但是拥有大量顾客的大公司，即使是运用最详尽的数据库，也会面临着巨大的挑战。

为了使用大量的数据库来分析，可能有必要摒弃计算单个顾客利润的概念，而是计算最有意义的顾客群。

在分出顾客利润（或顾客群利润）的列表后，人们习惯于将总利润的累计百分比图与总顾客累计百分比相比。假设顾客是从高利润到低利润分类排列，那么其图形就像鲸的头部。

利润会快速地增加，而且从一开始就会减少。（记住，我们是从最高利润率的顾客到最少利润率的顾客排列的。）只要存在负利润的顾客，随着每个顾客的利润从正到负的转变，利润图就会达到巅峰，甚至超过100%。由于负利润的顾客，累计利润以曾经增长的速率来降低。该图经常在所有顾客占总利润的 100%时结束。

罗伯特·卡普兰（Robert Kaplan）（基于活动的成本核算和平衡计分卡的合作开发者）把这些曲线称为"鲸鱼曲线"。[5]卡普兰认为，鲸鱼曲线通常显示了 20%的顾客有时候可以产生 150%～300%的总利润，因此这个结果曲线像水面上飞起的鲸鱼。参见图 5—2 有关鲸鱼曲线的例子。

示例： 一个目录零售商以利润率的 10 分位来分组顾客（见表 5—1 和图 5—1)。（一个十分位是十个百分点，所以 0～10%是顾客中利润率最高的。）

表 5—1　　通过利润率对顾客获利能力进行分级

基于利润率的顾客分组	0～10%	10%～20%	20%～30%	30%～40%	40%～50%	50%～60%	60%～70%	70%～80%	80%～90%	90%～100%
总利润（百万美元）	100	50	25	10	5	3	2	0	−8	−20
总利润百分比（%）	60	30	15	6	3	2	1	0	−5	−12

这里我们有一个很清楚的解释，如果他们不再是服务利润最少的20%顾客，那么将会避免 2 800 万美元的损失。

表 5—2 用累计表格显示了同样顾客的信息。以十分位利润率的累计利润图开始看起来像一条鲸鱼，以陡峭的增势达到了总利润率的巅峰，在超过了 100%之后快速降低（见图 5—2)。

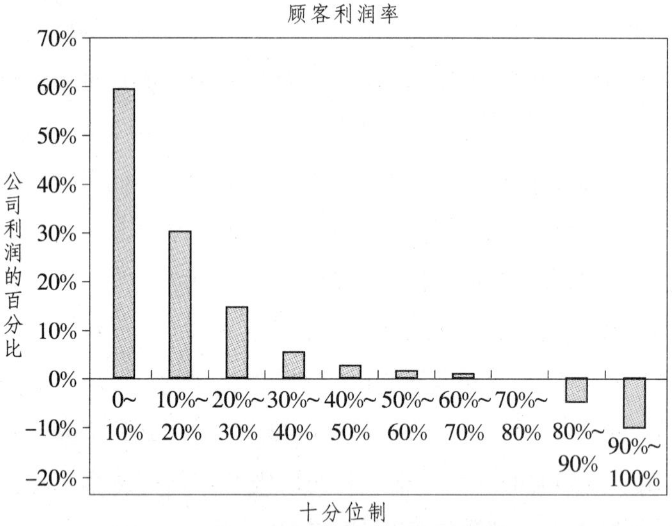

图 5—1　通过百分比表示的顾客利润率

表 5—2　　在所有顾客被服务之前达累积利润率最大值

基于利润率的顾客分组	0~10%	10%~20%	20%~30%	30%~40%	40%~50%	50%~60%	60%~70%	70%~80%	80%~90%	90%~100%
累计利润（美元）	100	150	175	185	190	193	195	195	187	167
累计利润率（%）	59.9	89.8	104.8	110.8	113.8	115.6	116.8	116.8	112.0	100.0

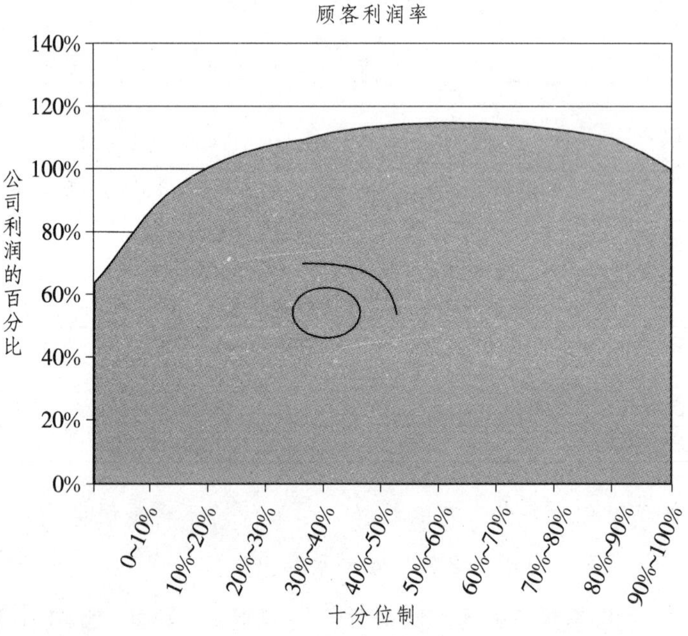

图 5—2　鲸鱼曲线

数据源、难点和注意点

测量顾客利润率需要详尽的信息。把利润分配到每个顾客通常很容易，把成本分配到顾客常常很难。商品销售的成本是根据每个顾客购买的商品分配的。要分配间接成本可能需要使用基于活动的成本核算（ABC）系统。最后，可能有一些类别的成本不可能分配到每个顾客。如果这样，最好的可能是把这些成本作为公司成本，然后与顾客利润数加总，得到的数小于总公司利润。

当从消费者角度考虑利润时，必须谨记大多数情况都是随时间而变化的。去年还是有利润的顾客可能今年就没有利润了。因为鲸鱼曲线反映的是过去的绩效，当使用它来进行将来的决策时，我们必须小心。比如，可能非常想与在过去没有利润的顾客维持关系，如果我们知道其将来会变得更好，就如银行经常向学生提供折扣以争取他们未来的交易。这可能在短期内只有负的和低利润。这个“计划”是将来的利润会弥补当前的损失。顾客终身价值（在 5.3 节中讨论）是一个预测未来的量化指标，试图解释每个顾客关系期望得到的利润。

当获取顾客信息以决定哪些顾客需要服务时，考虑公司运营的合法环境是非常重要的。这在不同的国家是不一样的，在一些行业有反歧视法律和其他特殊情况。比如，公共部门有责任为所有的消费者提供服务。

也有必要记住侵入性地获取顾客特别数据可能会损害顾客关系。一些个体由于过分的数据收集可能会被应付。对于一个食品企业，它可能帮助识别哪些顾客是节食的。但是食品公司的管理层在进行顾客调研时应该三思。

有时候，会有充分的财务理由来继续维持没有利润的顾客。比如，一些公司依赖网络效应。以美国服务公司为例，其优势的一部分是他们有能力将物品递送到整个国家。看起来停止向山村邮递很肤浅。但是，当这种情形发生时，服务就变得对所有顾客都缺少价值了。简言之，有时候没有利润的顾客关系对公司维持其有利润的顾客来说很有必要。

同样，在顾客利润的结构中，有的公司固定成本较高，且把这些成本分配到每个顾客，那么如果我们要终止没有利润的顾客关系，就必须询问这些成本是否还存在。如果成本并没有消失，终止没有利润的顾客关系只可能使剩下的顾客关系看起来获得更少的利润率（在成本分配后），其结果会降低公司利润率。简言之，如果要终止关系，要确保负的利润消失。当然商品的收入和成本将会消失，但是某些成本并不会，公司应该为了弥补固定成本继续维持负的利润关系（参见 3.4 节和 3.6 节）。

摒弃顾客是一个非常敏感的实践活动，一个企业应该考虑这些活动的公关后果。同样，当需要抛弃一个顾客时，就不要再指望把他们轻易地再吸引回来，成为你有利润的细分顾客。

最后，因为鲸鱼曲线检验总利润的累计比例，顾客数对总利润非常敏感。当总利润是个小数字时，对大多数有利润的顾客而言，小数量的顾客非常容易代表利润的巨大份额。所以当你听到 20％的公司顾客代表了公司 350％的公司利润时，需要考虑的第一件事情是利润的总数。如果总数很小，350％也是一个很小的数字。为了证明这个观点，你可以想象一下利润为 0 时的鲸鱼曲线是什么样的。

5.3 顾客终身价值

顾客终身价值（CLV）是基于来自顾客关系的预期未来现金流的现值的顾客关系的美元价值。

当毛利率和挽留率是常数时，下面的等式可以用来计算顾客关系的终身价值：

$$\text{顾客终身价值（\$）} = \text{毛利（\$）} \times \frac{\text{挽留率（\%）}}{1+\text{折扣率（\%）}-\text{挽留率（\%）}}$$

顾客终身价值是一个重要的概念，是因为它使得公司从关注公司季度利润转变到关注公司顾客关系的长期健康。顾客终身价值是一个重要的数字，是因为它指的是在获取新顾客时能够支出的最高极限。

目的：为了评估每个顾客的价值

正如唐·佩珀斯（Don Peppers）和马萨·罗杰斯（Martha Rogers）喜欢说的那样，“有些顾客比其他顾客更有用。”[6]我们在上一部分看到了一个明确的解释，即个体顾客关系的利润率。就像我们注意到的，顾客利润是在特定时期内顾客所得收益与成本的差额。CP 和 CLV 之间最大的不同是 CP 测量的是过去的价值，而 CLV 测量的是将来的价值。正因为如此，CLV 在制定管理决策时才更加有用，但是测量它却很困难。量化的 CP 是报告和总结过去行为的结果，而量化的 CLV 则涉及预测将来的行为。

顾客终身价值（CLV）：归因于顾客关系的未来现金流的现值。

现值的概念将会在 10.4 节做更加详尽的讨论。现在，你只要认为现值就是未来现金流总和的折扣价值。我们用折扣后（用一个仔细选择的且小于 1 的数字相乘）的未来现金流来解释金钱的时间价值。金钱的时间价值从另一个角度说明了每个人都想要尽早地从别人那里得到支付，而每个人也都想要越晚地向他人支付。这对个人，就如同对公司，也是一样的（越早地得到别人的支付，就可以越早地还清信用卡欠款，而且可以避免支付利息）。确切的折扣因子依赖于所选择的折扣率（以每年 10%为例），以及我们得到每个现金流的期限（10 年后得到的现金要比 5 年后得到的现金折扣更多）。

CLV 的概念不仅仅是把现值的概念应用到归于顾客关系的现金流。因为任何未来现金流的现值都是指现在一次性付清的价值，所以 CLV 指的是顾客关系在现在的一次性付清的价值。更简单地说，CLV 是公司顾客关系的货币价值。这是公司为获取顾客关系而愿意支付的最高限额，也是公司为避免丢失顾客关系而愿意支付的最高限额。如果我们把顾客关系作为公司资产，CLV 应该计算该资产的现值。

群组和孵化

一种预测未来客户现金流价值的方法是大胆假设几期以前获得的顾

客比起当期获得顾客来说状况不好或更坏（对他们的顾客终身价值而言）。然后我们回过来收集几乎同时期获得的顾客数据，并且仔细重建他们在几个固定时期内的现金流。接下来是把每个顾客的现金流折扣到其获取的时间，以计算顾客样本的 CLV，然后把所有样本的 CLV 进行平均，得到每个新获取顾客的 CLV 估计值。我们把这种方式称为“群组和孵化法”。同样，从群组中可以计算所有现金流的现值，然后除以顾客数量，得到群组的平均 CLV。如果顾客关系的价值是不变的，那么群组样本的 CLV 是新获取顾客 CLV 的一个合适的估计值。

作为一个群组和孵化法的例子，伯杰、温伯格和汉纳（Berger，Weinberg and Hanna，2003）研究了 1993 年游船航线所获得的所有顾客。在 1993 年有 6 094 名顾客，研究期限（孵化）为 5 年。这些顾客的现金流总净现值为 27 916 614 美元。这些现金流包括游船得到的收入（在 5 年间6 094名顾客进行了 8 660 次航行）、游船的变动成本以及促销成本。群组 5 年的净现值平均后为每个顾客27 916 614/6 094，或 4 581 美元。这是该群组的平均 5 年的 CLV。

> 在分析之前，航线管理层为获取一名乘客的花费绝不应该超过 3 314 美元……现在，意识到 CLV（包括概念和实际的计算结果），一个导致每次 3 000～4 000 美元获取成本的广告是受欢迎的——特别是因为 CLV 的数字是保守的（再一次强调 CLV 5 年后无任何残值）。[7]

群组和孵化法在顾客关系固定的时候最有用。当顾客关系的价值变化缓慢时，我们可以使用过去关系的价值作为新关系价值的预测因子。

在顾客关系价值快速变化的情境下，公司经常使用一个简单的模型来预测这些关系的价值。通过一个模型，我们提供一些有关顾客关系是如何展示的假设。如果模型足够简单，甚至有可能发现未来现金流在我们模型里的现值方程。这会使 CLV 的计算更加简单，因为现在只要求把这些数字代入 CLV 的方程里。

下一步，我们将会解释未来顾客现金流最简单的模型是什么，以及这些现金流的净现值方程。虽然这不是未来现金流唯一的模型，但是应用最广的一个。

结构定义

顾客现金流模型把公司的顾客关系看做一个漏斗。每个时期，公司会有部分（1 减去挽留率）顾客离开和丢失。

CLV 模型只有 3 个参数：（1）每期的固定毛利（在扣除包括挽留支出的变动成本后的贡献）；（2）每期的固定挽留概率；（3）折扣率。另外，模型假设顾客一旦没有被挽留，就表示离开。最后，模型假设初始毛利在第一期末得到（和挽留率的概率一样）。

该模型的另一个假设是公司在计算未来现金流的现值时，是无限期的。虽然实际上没有公司可以是无限期的，但是假设的结果将在下面讨论。

顾客终身价值：CLV 公式[8]是将每期现金毛利（这里我们只使用“毛利”）乘以一个因子，即顾客关系在期望长度内的现值。

$$\text{顾客终身价值}(\$)=\text{毛利}(\$)\times\frac{\text{挽留率}(\%)}{1+\text{折扣率}(\%)-\text{挽留率}(\%)}$$

在这个模型的假设下，CLV 是毛利的倍数。乘积因子是顾客关系期望长度（期限）的现值。当挽留率为 0 时，顾客全部流失，那么乘积因子将会是 0。当挽留率为 1 时，顾客没有流失，公司将无限期地获得毛利。无限期毛利的现值变成了毛利/折扣率。不同的挽留价值，CLV 公式告诉了我们合适的乘积因子。

示例：一家网络服务提供商（ISP）每月收取 19.95 美元。变动成本为每月每账户 1.50 美元。每年的营销支出为 6 美元，它们的耗损率每月仅为 0.5%。在 1%的月折扣率下，顾客的 CLV 是多少？

贡献毛利＝（19.95－1.50－6/12）＝17.95（美元）

挽留率＝0.995

折扣率＝0.01

顾客终身价值（$）

$$=\text{毛利}(\$)\times\frac{\text{挽留率}(\%)}{1+\text{折扣率}(\%)-\text{挽留率}(\%)}$$

$$\begin{aligned}CLV &= 17.95\times[0.995/(1+0.01-0.995)]\\ &= 17.95\times 66.33\\ &= 1\ 191\ (\text{美元})\end{aligned}$$

数据源、难点和注意点

挽留率（延伸为耗损率）是顾客价值的驱动器。非常微小的变化可以导致顾客终身价值巨大的差异。参数的正确性对有意义的结果来说很关键。

挽留率在顾客关系的生命中被认为是固定的。对经过试用、转换以及忠诚阶段后的产品和服务来说，挽留率随着关系的寿命将会增加。在这种情况下，该模型这里所解释的可能过于简单。如果公司想要估计一系列的挽留率，电子表格模型在计算 CLV 时可能会更加有用。

折扣率也是顾客终身价值的敏感因素，和挽留率一样，细微的变化也会引起 CLV 巨大的差异。应该仔细地选择折扣率。

毛利贡献被认为是固定的，不随时间变化。如果毛利被认为是随着顾客关系的寿命而增加，这个简单的模型就不适用了。

必须小心，不要把 CLV 公式应用到顾客不活跃并不代表顾客关系终止的情况下。比如，在目录营销的情况下，公司的顾客中只有一个很小的比例会从给定的目录单中购物。不要混淆在给定时期内活跃顾客比例和该模型中的挽留率。如果在一段沉寂后，顾客经常回头与公司进行交易，CLV 公式就再不适用了。

有初始毛利的顾客终身价值：一个混淆的源泉是模型内部的时效性假设。模型中首次现金流是在一期末以和挽留率相等的概率得到的。其他模型也包括初期获得的毛利。如果包括一定的初始毛利，那么新的 CLV 等于原来的 CLV 加上初始毛利。另外，如果初始毛利和以后的毛利相等，那么这里至少有两种 CLV 公式的表现形式：

有初始毛利的顾客终身价值（$）

$$=\text{毛利}(\$)+\text{毛利}(\$)\times\frac{\text{挽留率}(\%)}{1+\text{折扣率}(\%)-\text{挽留率}(\%)}$$

或　　$=\text{毛利}(\$)\times\dfrac{1+\text{折扣率}(\%)}{1+\text{折扣率}(\%)-\text{挽留率}(\%)}$

第二个公式看起来像在原有的公式中，用 1＋折扣率取代了乘积因子中的挽留率。只要记住新 CLV 公式和原来 CLV 公式应用到同样的情况，不同的是加上一个初始毛利。这个新的 CLV 公式包括毛利，而原有的那个 CLV 公式则不包括。

无限期的假设

在一些行业和公司中，会计算 4～5 年的顾客价值，而不是使用前面公式中提到的无限期价值。当然，在短期内，顾客的挽留率越少受到技术或竞争战略巨大变化的影响，就越有可能通过历史的挽留率得到。对于管理者来说，问题是“使用无限期和 5 年期的价值是不是有区别”。这个问题的答案是“是的”，有时候，它们之间存在差异，因为 5 年期的要比无限期的少 70％（见表 5—3）。

表 5—3　　有限期的 CLV 是无限期 CLV 的百分比

在前 5 年 CLV 产生的比率						
折扣率	挽留率					
	40％	50％	60％	70％	80％	90％
2％	99％	97％	93％	85％	70％	47％
4％	99％	97％	94％	86％	73％	51％
6％	99％	98％	94％	87％	76％	56％
8％	99％	98％	95％	89％	78％	60％
10％	99％	98％	95％	90％	80％	63％
12％	99％	98％	96％	90％	81％	66％
14％	99％	98％	96％	91％	83％	69％
16％	100％	99％	96％	92％	84％	72％
18％	100％	99％	97％	93％	86％	74％
20％	100％	99％	97％	93％	87％	76％

表 5—3 计算了在前 5 年（无限期）CLV 发生的百分比。如果挽留率高于 80％，而折扣率低于 20％，这两种方式的差异是肯定的。受制于公司感知到的战略风险，使用有限期的额外复杂性是值得的。

5.4 潜在顾客终身价值与顾客价值

潜在顾客终身价值是期望从潜在顾客得到的价值。用由潜在顾客所期望得到的价值减去所花费的成本。从潜在顾客中期望得到的价值是潜在顾客中会购买的比例乘以公司从初始购买得到的平均毛利与新获取顾客的CLV之和。

只有潜在顾客价值是正值的时候，公司才可以继续获取支出计划。

目的：为了解释在制定未来决策时，一名新获取顾客的终身价值

CLV的一个主要用处是判断将来的决策。一名潜在的顾客是公司试图通过在他身上进行投资而使其成为公司的顾客。获取支出不仅要与直接销售产生的毛利贡献相比较，也要与期望从新获取顾客关系中所产生的现金流相比较。只有在对新获取顾客进行全面解释的基础上，才能作出合理的和经济的未来决策。

结构定义

潜在顾客终身价值（PLV）是指从每个潜在顾客所得的价值减去寻找顾客的成本。每个潜在顾客所期望的价值是获取率（潜在顾客中可能购买和成为顾客的比例）乘以初始毛利和CLV之和。成本是花在每个潜在顾客上的获取支出。PLV公式表示如下：

潜在顾客终身价值（\$）＝获取率（%）
×［初始毛利（\$）＋CLV（\$）］
－获取支出（\$）

如果PLV为正，获取支出是一个明智的投资。如果PLV为负，获

取支出就不应当执行。

PLV 值总是非常小，虽然 CLV 有时候是数以百计的美元，但是 PLV 只有数美分。要记住 PLV 应用到潜在的顾客，而不是现在真正的顾客。大量小的而且正价值的潜在顾客可以给公司带来可观的价值。

示例：一家服务公司计划在一个可以触及 75 000 名读者的广告上花费了 60 000 美元。如果该服务公司期望这个广告可以使 1.2%的读者信服（由于价格很低，公司初始毛利只有 10 美元），以及获取顾客的 CLV 为 100 美元，该广告在经济上是否具有吸引力？

这里，每个潜在顾客的获取支出为 0.80 美元，所期望的获取率为 0.012，以及初始毛利为 10 美元。75 000 名潜在顾客中每名顾客的价值是：

$$\text{PLV}=0.012\times(10+100)-0.80=0.52\ (\text{美元})$$

PLV 是 0.52 美元。未来努力的总期望价值是 75 000×0.52＝39 000美元。计划的获取支出在经济上是有吸引力的。

如果我们不能确定 0.012 美元的获取率，我们可能会问获取率是多少的时候在经济上才能是成功的。我们可以通过 Excel 的目标寻求函数来得到 PLV 为零时的获取率。或者我们可以通过迭代，用 0 美元代替 PLV 得到盈亏平衡时的获取率：

$$\text{盈亏平衡时的获取率}=\frac{\text{获取支出（\$）}}{\text{初始毛利（\$）}+\text{CLV（\$）}}$$

$$=\frac{0.80}{10+100}=0.007\ 273$$

为了能够盈利，获取率必须超过 0.727 3%。

数据源、难点和注意点

除了新获取顾客的 CLV 外，公司还需要了解所计划的获取支出数量（表示成每个潜在顾客）、期望成功率（期望可以变成顾客的潜在顾客比例）以及公司从新获取顾客的初次购买中所得的初始毛利。之所以需要初始毛利值是因为就像在前一部分对 CLV 定义的那样，它反映的是顾客关系的未来现金流。初始现金流不包括在 CLV 中，需要单独进行计算。要注意，初始毛利必须能弥补首期的挽留费用。

或许在计算 PLV 时最大的挑战是评估 CLV。其他指标（获取支出、获取率以及初始毛利）均涉及在不久的将来的现金流和结果，而 CLV 要求长期的预测。

另一个值得提到的注意点是，无论 PLV 是不是正值，在顾客获取上的支出决策都停留在这样一个假设，即那些要获取但还没有获取的顾客不再让公司花钱。也就是说，我们的方式是对随后的顾客获取给予“完全信任”的获取支出。如果公司同时有几个获取方案，放弃一个可能会导致其他获取方法获取率的上升。诸如这样的情况（一种方案侵蚀另一种的情况）需要更加复杂的分析。

公司必须仔细地寻找更加经济的方式去获得新的顾客。如果有其他可选择的方案，公司不应该简单地执行第一个 PLV 为正值的方案，而应该在有限的可选方案中，选择一个 PLV 最高的方案。

最后，我们想要告诉您的是还有其他的计算方法可以判断一个潜在方案的经济可行性。虽然其他的方法和我们这里讲的是等效的，但是它们的不同在于 CLV 所包含的项。一些会把初始毛利作为 CLV 的一部分；其他的不仅包括初始毛利，还包括每获取一个顾客所花费的成本，都属于 CLV 的一部分。我们将用服务公司的例子来解释这两种方法。

示例：一家服务公司计划在一个可以触及 75 000 名读者的广告上花费了 60 000 美元。如果该服务公司期望这个广告可以使 1.2%的读者信服（由于价格很低，公司初始毛利只有 10 美元），以及获取顾客的 CLV 为 100 美元，该广告在经济上是否有吸引力？

如果我们在 CLV 中包括初始毛利，那么

CLV（包括初始毛利）＝初始毛利（＄）＋CLV（＄）

＝10＋100＝110（美元）

PLV为

$$\text{PLV}(\$)=\text{获取率}(\%)\times\text{CLV}(\text{包括初始毛利})-\text{获取成本}(\$)$$
$$=0.012\times 110-0.85=0.52\ (\text{美元})$$

与前面使用的略有不同，即包括初始毛利的CLV，所计算的结果是一样的。

我们讨论另一种计算方法来判断期望活动的经济性。这个方法以每个获取顾客为基础，使用包括初始毛利和分配获取支出的CLV。具体想法如下：一个新顾客的期望价值是10美元加上将来得到的100美元收入，即110美元。获取一个顾客期望的成本是总活动成本除以期望获得的新顾客数。这个平均的获取成本为60 000/（0.012×75 000）＝66.67（美元）。扣除获取成本外，一名新顾客期望的净价值为110－66.67＝43.33（美元）。因为这个新的"净"CLV是正的，所以该计划在经济上是有吸引力的。一些人甚至把43.33美元看做一名新顾客的CLV。

注意到43.33美元乘以期望的顾客数900等于39 000美元，这与前面的例子中用0.52美元的PLV乘以75 000的潜在顾客得出的结果一样。这两种计算方式是等同的。

5.5 获取和挽留成本

公司平均获取成本是获取支出与获取顾客数量的比率。平均挽留成本是直接针对某顾客群的挽留支出与成功挽留顾客数量的比率。

$$\text{平均获取成本}(\$)=\frac{\text{获取支出}(\$)}{\text{顾客获取数}(\#)}$$

$$\text{平均挽留成本}(\$)=\frac{\text{挽留支出}(\$)}{\text{挽留的顾客数}(\#)}$$

这两个量化指标可以帮助公司监督这两个重要营销支出类别的效果。

目的：为了确定公司的获取和挽留成本

在公司可以优化其获取和挽留支出组合之前，它首先必须评估公司现状。在当前的支出水平，公司获取新顾客的（平均）支出以及挽留其现有顾客的（平均）支出为多少？获取一个新顾客的费用是否为挽留一个现有顾客的5倍？

结构定义

平均获取成本：指的是获取一名顾客的平均成本，用总支出成本除以获取的新顾客数。

$$平均获取成本（\$）=\frac{获取支出（\$）}{顾客获取数（\#）}$$

平均挽留成本：指的是挽留一个现有顾客的平均成本，用总挽留支出除以挽留的顾客数。

$$平均挽留成本（\$）=\frac{挽留支出（\$）}{挽留的顾客数（\#）}$$

示例：在过去的一年，一家区域性的虫害控制服务公司花费了140万美元，而且获得了64 800名新顾客。在年初共有154 890名顾客，在年末只剩下87 957名顾客，尽管去年在顾客挽留上共花费了50万美元。平均获取成本的计算相对比较直接。140万美元的费用吸引了64 800名新顾客。每个顾客的平均获取成本为1 400 000/64.8＝21.60（美元）。平均挽留成本的计算方法也非常简单。50万美元的支出使87 957名顾客得到挽留。其平均每年的挽留成本为500 000/87 957＝5.68（美元）。因此，对于虫害控制公司来说，获取一名新顾客的成本约为挽留一名现有顾客的成本的4倍。

数据源、难点和注意点

对任何特定的时期，公司需要了解在顾客获取上所花费的成本，以及通过这些费用所获取的顾客数。关于顾客挽留，公司需要测量公司在某段时期内为了挽留现有顾客所花费的成本，以及在该时期最终成功挽留的顾客数。注意到针对获取顾客的挽留支出并没有包括在这个指标内。同样，挽留的顾客数只指那些在计算期的开始就存在的顾客。因此，平均挽留成本的计算与研究时期的长度有关。如果期限是一年，那么平均挽留成本将会成为每个顾客每年的挽留成本。

平均获取成本的计算和解释比平均挽留成本的计算和解释更容易。之所以如此，是因为经常把获取支出以及由获取支出吸引的新顾客数独立出来。做一次简单的除法就可以得到获取一名新顾客的平均成本。这个计算的合理假设是如果没有获取支出，就无法吸引到新的顾客。

但当计算平均挽留成本时，事情就变得不那么清晰了。困难的根源是挽留率（或成本）受考虑期限的影响。年度挽留与月度挽留是不一样的。保留顾客一个月的成本比保留顾客长达一年的费用要低。因此，平均挽留成本的定义要求设定与挽留相关的一个特定期限。

另一个难点来自这样的事实，那就是即使公司不在挽留上进行支出，一些顾客仍然会保留下来。鉴于此，用挽留支出与挽留顾客数的比值而得到的平均挽留成本就有点误解。不能立即说如果没有挽留支出，就不会有顾客挽留。也不能假设如果根据平均挽留成本提高挽留预算，就会多挽留一名顾客。平均挽留成本在帮助制定预算决策时并不是很有用。

最后一个注意点牵涉到公司区分获取支出和挽留费用的能力。很清楚，通过这些费用可以提高公司的获取和挽留努力。比如，一般的品牌广告就是为了降低获取和挽留的成本。不要试图把所有的费用分配到获取或保留项目上，我们建议最好是维持一项单独的类别，该类别既不是获取方面的，也不是保留方面的。

参考文献和建议进一步阅读的资料

Berger, Weinberg, and Hanna. (2003). "Customer Lifetime Value Determination and Strategic Implications for a Cruise-Ship Line," *Database Marketing and Customer Strategy Management*, 11 (1).

Blattberg, R. C., and S. J. Hoch. (1990). "Database Models and Managerial Intuition: 50% Model+50% Manager," *Management Science*, 36 (8), 887-889.

Gupta, S., and Donald R. Lehmann. (2003). "Customers As Assets," *Journal of Interactive Marketing*, 17 (1).

Kaplan, R. S., and V. G. Narayanan. (2001). "Measuring and Managing Customer Profitability," *Journal of Cost Management*, September/October: 5-15.

Little, J. D. C. (1970). "Models and Managers: The Concept of a Decision Calculus," *Management Science*, 16 (8), B-466; B-485.

McGovern, G. J., D. Court, J. A. Quelch, and B. Crawford. (2004). "Bringing Customers into the Boardroom," *Harvard Business Review*, 82 (11), 70-80.

Much, J. G., Lee S. Sproull, and Michal Tamuz. (1989). "Learning from Samples of One or Fewer," *Organization Science: A Journal of the Institute of Management Sciences*, 2 (1), 1-12.

Peppers, D., and M. Rogers. (1997). *Enterprise One-to-One: Tools for Competing in the Interactive Age* (1st ed.), New York: Currency Doubleday.

Pfeifer, P. E., M. E. Haskins, and R. M. Conroy. (2005). "Customer Lifetime Value, Customer Profitability, and the Treatment of Acquisition Spending," *Journal of Managerial Issues*, 17 (1), 11-25.

注释

[1] "Vodafone Australia Gains Customers," *Sydney Morning Herald*, January 26, 2005.

[2] "Atlanta Braves Home Attendance." Wikipedia, the free encyclopedia. http://en.wikipedia.org/wiki/Major_League_Baseball_attendance_records.

[3] 感谢 Gerry Allan, President, Anametrica, Inc. (developer of Web-based tools for managers) 及其研究。

[4] Pfeifer, P. E., Haskins, M. E., and Conroy, R. M. (2005). "Customer Lifetime Value, Customer Profitability, and the Treatment of Acquisition Spending," *Journal of Managerial Issues*, 25 pages.

[5] Kaplan, R. S., and V. G. Narayanan. (2001). "Measuring and Managing Customer Profitability," *Journal of Cost Management*, September/October, 5-15.

[6] Peppers, D., and M. Rogers. (1997). *Enterprise One to One: Tools for Competing in the Interactive Age*, New York: Currency Doubleday.

[7] Berger, P. D., B. Weinberg, and R. Hanna. (2003). "Customer Lifetime Value Determination and Strategic Implications for a Cruise-Ship Line," *Database Marketing and Customer Strategy Management*, 11 (1), 41-52.

[8] Gupta and Lehman. (2003). "Customers as Assets," *Journal of Interactive Marketing*, 17 (1), 9-24.

第 6 章

销售力量和渠道管理

引　言

本章涉及的量化指标		
销售力量覆盖面	销售目标	销售结果
销售补偿	渠道分析	数字分销
ACV 分销	PCV 分销	饰面数和货架占有率
脱销和服务水平	存货周转	降价
存货投资的毛利回报率（GMROII）		直接产品获利性（DPP）

本章的主题是推进市场销售。销售系统的作用在于说服消费者进行产品的购买，并为他们的购买提供机会，本章将介绍营销者如何衡量销售系统的充分性和有效性。

第一部分讨论了销售力量量化指标。在这里，我们列举和定义了最常用的量化指标，来衡量销售力量努力和地区覆盖是否充分。我们讨论了渠道分析，这在进行销售预测和分配不同销售阶段的销售努力方面是非常有用的。渠道量化指标被用于测定从导入期到跟随期再到转变期和销售期的一系列的销售活动。尽管其中最重要的是代表着最初购买产品的市场引领者的比例，其他的关于活动、产量、效率和成本的测量在销售的每个阶段也是很有用的。

在本章接下来的部分里，我们将讨论产品分销和可获得性。对于那些通过零售商来达到目标市场的产品制造商来说，三个关键的量化指标提供了关于“表册”——潜在的销售其产品的终端的比例的暗示。这些包括数字分销（这个不重要）、ACV（行业标准）、PCV（对于具体类目的产品可获得性的测量）。

关于营销物流追踪的量化指标通常用来衡量服务零售商和分销商的运作效率。存货周转次数、脱销率和服务水平是其中最关键的因素。

在零售层面上，存货投资的毛利回报率（GMROII）和直接产品获利性（DPP）提供了关于库存单位的产品绩效、综合变动率、毛利、存货成本和其他因素的量化指标。

	量化指标	结构定义	考虑因素	目的
6.1	工作量（workload）	需要用来服务客户和潜在顾客的时间。	潜在顾客的时间是有争议的。用来转变潜在顾客的时间因不同的地域、销售人员和潜在客户而异。	用来评价用于某一地区的销售人员的数量，并保证平衡的工作量。
6.1	销售潜力预测（sales potential forecast）	其中包含了潜在顾客及其购买量。	并不评估转化潜在顾客的可能性。对于购买力的定义更多的是艺术，而不是科学。	用来决定销售目标，可以帮助分清具有分配有限的销售资源的价值的区域。
6.2	销售目标（sales goal）	个人销售计划可能基于销售人员在销售预测中的份额，基于以前的销售业绩和在渠道计划增长中的份额，或者基于管理设计的权重体系。	根据往年的销售业绩设定个体的销售目标可能会不利于积极的销售业绩，因为某年的很好的销售业绩会导致下年更高的销售目标。	为个体销售人员和区域设定目标。
6.3	销售队伍效果（sales force effectiveness）	效果量化指标在不同的标准下分析销售，包括请求数、合同数、潜在客户、现存客户、区域购买力量和费用。	依赖于那些同样影响销售潜力和工作量的因素。	评价销售人员或团队的绩效。
6.4	报酬（compensation）	支付给销售人员的全部报酬，一般包括基本工资、奖金或佣金。	激励性工资与可控活动之间的关系可能会在不同的行业和公司间有很大的差别。	激发最大的销售努力。使销售人员和管理层能够根据目标追踪进程。

续前表

	量化指标	结构定义	考虑因素	目的
6.4	盈亏平衡点的雇员数量（break-even number of employees）	销售收入加上佣金的边际收益，除以单位员工的成本。	边际收益可能因不同的产品、时间和销售人员而异，销售并不是独立于销售人员的数量的。	决定一个预定销售量所需的恰当的工作人员的数量水平。
6.5	销售漏斗、销售渠道（sales funnel，sales pipeline）	在销售循环各个阶段对于现存客户和潜在客户数量的描述。	渠道规模取决于业务类型和对于潜在顾客的定义。	管理销售努力和计划未来销售。
6.6	数字分销（numeric distribution）	特定领域内储存特定品牌或产品的销售终端的数量。	终端的大小或者销售水平并不在这项指标中得到反映。 分销区域界线的划定可能是很主观的。	评价一个品牌或产品渗透到其潜在销售渠道的程度。
6.6	所有商品数量（all commodity volume，ACV）	用所有产品销售的终端渗透份额进行加权计算数字分销。	反映出“所有商品”的销售额，但可能不会反映出相关产品或类目的销售额。	用来评估一个品牌或产品渗透到零售终端的程度。
6.6	产品类目数量（product category volume，PCV）	加权计算出的数字分销，权重是某商品占渗透到终端中的销售额在相关产品销售额中的比重。	市场潜在份额的有力指示器，但可能会推动扩大类目的机会。	用来评估一个品牌或产品渗透到其类目产品所在零售终端的程度。
6.6	总分销（total distribution）	一般以ACV或PCV为基础，将关于品牌或产品线的每个库存单位的相关衡量指标加总。	产品线分销的有力指示器，与个体的库存单位相对。	用来评估系列产品的可获得程度。
6.6	类目业绩表现率（category performance ratio）	是PCV与ACV的比值。	与ACV和PCV相同。	用于评估品牌分销渠道的效率或零售商的绩效与所有商品上的平均销售效率的比较。
6.7	脱销（out-of-stock）	那些正常情况下储存某品牌或产品的但没有可供出售的产品的终端所占的比重。	可以用数量、ACV或PCV衡量脱销量。	管理物流系统匹配供需的能力。

续前表

量化指标		结构定义	考虑因素	目的
6.7	存货（inventories）	在一个销售渠道中，可供出售的某产品或品牌的总数量。	可以处于不同的水平，并用不同的方式来评价，可能反映促销折扣和折让，也可能不反映。	用来计算满足需求的能力，确定渠道投资。
6.8	降价（markdowns）	从正常销售价格中进行折让的比例。	对许多产品来说，人们是期待一定比例的折让的，很少有降价反映出“处于订货中”。但如果太高，可能会出现相反的情况。	用来衡量渠道销售能否获得计划毛利。
6.8	直接产品获利性（direct product profitability，DPP）	产品毛利率的修正，即用产品毛利减去直接产品成本。	成本分配通常是隐性的。一些产品可能不是用来产生利润，而是用来增加销量的。	用来发现盈利的库存单位，并较接近现实地计算它们的盈利。
6.8	存货投资的毛利回报率（gross margin return on inventory investment，GMROII）	一个特定时期内，毛利除以存货的平均货币价值。	折价和回扣必须基于边际贡献的计算来考虑。对于“损失的导入者”，这个测量结果可能持续为负，但仍然不能代表问题。对于大多数产品来说，GMROII 为负的趋势是未来问题的征兆。	用来估算投入存货的资本的回报率。

6.1 销售力量覆盖面：区域

销售力量区域是个体销售人员或销售团队负责的顾客群体或者地理区域。区域可以在地理、销售潜力、历史或这些因素综合的基础上进行定义。公司努力去平衡它们的销售区域是因为这样可以降低成本，增加销售。

工作量（#）

=现有的账户数（#）×服务每个现有账户所需的平均时间

+潜在顾客(#)×试图将潜在顾客转化为现实账户所需的时间(#)

销售潜力（$）=可能的账户数量（#）×购买力（$）

目的：创建平衡的销售区域

分析销售区域的方法有很多。[1]最常见的方法是基于它们的销售潜力和大小对销售区域进行比较。这是个很重要的操作。如果销售区域区别巨大或者失去平衡，销售人员就会被要求完成过多或过少的工作量，从而导致顾客所接受的服务低于或者超过应有的水平。

如果销售队伍被拉长以致过于狭窄，结果可能是顾客得不到标准水平的服务。这会给公司带来损失，因为任务过重的销售人员在很多地区从事并不是最理想的活动。他们找到的潮流引导者太少，辨别出的可能顾客较少，在现有顾客上所用的时间也太少，那么这些顾客就可能转向使用其竞争者所提供的服务。

相反，服务过度会提高成本和价格，因此间接地减少销售量。在一些区域的过度服务还可能导致在其他区域的服务不足。

不平衡的区域关系会导致在销售队伍的成员间产生销售潜力分配不公平的问题。这可能会导致扭曲的报酬，以致有才能的销售人员离开公司，去寻求更高的平衡和报酬。

对于保持顾客、销售人员和公司整体的满意度来说，在区域间达到适当的平衡都是一个重要的因素。

结构定义

在定义或重新定义销售区域时，公司要努力做到：

- 平衡工作量；
- 平衡销售指标；
- 发展相容的区域；

● 在重新设计的过程中减少分裂情形的出现。

这些目标对于不同的利益相关者有不同的影响，如表 6—1 所示。[2]

表 6—1　　平衡销售区域的影响

	平衡工作量	平衡销售指标	减少分裂	发展相容的区域	
顾客	反应性	×			×
	关系			×	
销售人员	赢得机会		×		
	可管理的工作量	×			×
	减少不确定性			×	
	短期控制				×
公司	销售结果	×	×	×	
	努力控制	×			
	激励	×	×	×	×
	差旅费控制				×

在设计新的销售区域之前，销售队伍的管理者应该评估销售队伍中所有成员的工作量。一个区域的工作量可以按照如下公式计算：

工作量（#）
＝现有的账户（#）×服务每个现有账户所需的平均时间（#）
＋潜在顾客（#）×试图将潜在顾客转化为现实账户所需的平均时间（#）

一个地区的销售潜力按如下公式计算：

销售潜力（$）＝可能的账户数量（#）×购买力（$）

购买力是基于如下因素计算出的货币量：平均收入水平、区域内业务量、每笔业务的平均销售额、人口统计因素等。购买力对于个体行业来说都是具体的。

示例： 一个复印机制造商在其某个销售区域内，从可能的客户中挑选出 6 个小商店、8 个中等规模的企业和 2 个大的公司。类似规模的企业在往年的年购买金额分别是 500 美元、700 美元和 1 000 美元。因此这个地区的销售潜力是：

销售潜力＝6×500＋8×700＋2×1 000＝10 600（美元）

除了工作量和销售潜力，还需要第三个关键营销量化指标来进行销售区域间的比较。这就是大小，或者更具体地说，是路程时间。在这个情境下，路程时间比大小更有用，因为它更精确地代表着大小所暗含的因素，即到达顾客和潜在顾客所需的时间。

既然经理的工作目标是在销售队伍间平衡工作量和销售潜力，计算混合的量化指标，比如销售潜力和路程时间，对于进行区域间的比较是很有益处的。

数据源、难点和注意点

销售潜力可以用许多方式来衡量。其中，最基本的是人口，即一个区域中可能的顾客的数量。在复印机制造商的示例中，可能就是这个区域的办公机构的数量。

估计一个销售区域的大小可能只需简单地计算其所覆盖的地理区域。然而，可能的情况是，平均的路程时间也很重要。基于道路质量、交通状况或者商店之间的距离，相同面积的销售区域可能面对差别很大的路程时间要求。在评估这些差别时，销售队伍以前关于地点间所需的路程时间的记录很有用。专门的计算机软件也可以为这些目的服务。

重新定义销售区域是一个十分困难的过程。要想做得好，除了前面提到的量化指标，销售人员与顾客关系的打破和他们对销售所有权的感受也是必须考虑的因素。

6.2 销售目标：设定目标

往往需要设定销售目标来激励销售人员。但是，如果设定得过高或过低，这些目标可能会带来消极的影响。设定销售目标的方法如下：

销售目标（$）

＝销售人员上年的销售额在大区销售额中所占的比例（%）

×大区的预测销售量（$）

销售目标（$）

＝销售人员上年的销售额＋大区的预期销售增长（$）

×该区域在大区销售潜力中所占的份额（%）

销售分配的加权份额（%）

＝销售人员上年的销售额在大区销售额中的份额（%）

×被赋予的权重（%）

＋该区域的销售潜力在整个大区中的份额

×［1－被赋予的权重（%）］

销售目标（$）

＝销售分配的加权份额（%）×大区的预测销售额（$）

这些方法中很多都包含对于历史结果和区域销售潜力进行权衡的综合性的结果。这可以保证如果销售人员都达到了个人目标，那么总体的目标就会得以实现。

目的：激励销售人员，为评估业绩、进行奖励建立基本标准

在设定销售目标时，经理们应尽力去激励他们的员工施展自己的才能，以获得最大可能的销售量。但他们并不想把标准定得过高。正确的目标水平会激励所有的销售人员并使大多数人获得奖励。

在计划销售目标时，一些指导原则很重要。杰克·D·威尔纳（Jack D. Wilner）（《成功销售管理的七个秘密》[3]的作者）提出的SMART策略指出，目标应该是具体的（specific）、可测量的（measurable）、可获得的（attainable）、现实的（realistic）、有时间限制的（timebound）。对于具体的部门、区域甚至销售人员个人来说，目标应该是清晰具体的。目标对于每个人来说应该是清楚和可操作的，这样销售人员就没有必要自己去推导出他们的目标。用销售额或增长比例等具体数字表达的可测量的目标，可以使销售人员准确地设定他们的目标并

在销售过程中不断追踪这些目标。那些诸如“更多”或“增长”之类的词所表达出的模糊的销售目标并没有效果，因为它们很难用以测量销售过程。可获得的目标是指要处于可能实现的销售领域。它们可以被管理层和销售人员双方想象和理解。现实的目标要设定得足够高以起到激励作用，但不要高到让销售人员还没开始工作就放弃的程度。最后，目标要有时间限制是指目标必须处于一个具体的时间框架之内。这就为销售人员施加了压力，让他们尽早实现销售目标，并规定测定结果的最后时间。

结构定义

在销售人员之间分配公司的预计销售额的方法非常多。这些方法用来设定公平的、可达到的、与历史结果相一致的目标。目标具体表述为每个销售人员应该达到的销售总额。下面的公式是对这些方法的压缩，其中，大区是由个体的区域组成的，这些区域又是由许多销售人员组成的。

基于上年的销售额所设定的销售目标或进行的销售额分配可以按如下公式计算[4]：

销售目标（$）
＝销售人员上年的销售额在大区中所占的比例（%）
×大区的预测销售额（$）

基于上年的销售结果和区域销售潜力，销售目标可以按如下公式计算：

销售目标（$）
＝销售人员上年的销售额（$）＋大区的预期销售增长（$）
×该区域在大区销售潜力中所占的份额（%）

销售目标还可以按照一种综合性的方法来计算，即管理层分别对销售人员上年的销售额和每个区域的销售潜力这两项赋予一定的权重，用这些权重计算每个销售人员在预计销售额中所占的比例份额，再用比例份额计算销售目标的货币数额。

销售分配的加权份额（%）
＝销售人员上年的销售额在大区销售额中的份额（%）
×被赋予的权重（%）
＋该区域的销售潜力在整个大区中的份额（%）
×［1－被赋予的权重（%）］
销售目标（＄）
＝销售分配的加权份额（%）×大区的预测销售额（＄）

示例：某销售人员上年的销售额是 1 620 美元，在她所在的大区里占到了 18%的销售份额。这个销售人员所在的区域对整个大区销售潜力的 12%负责。如果销售人员的雇主要求整个大区下年达到10 000美元的销售目标（相当于比上年增加了 1 000 美元），那么这个销售人员的个人销售目标可以根据对历史销售记录和销售潜力不同的侧重比例来进行计算。下面是 4 个例子：

1. 基于上年的销售额设定的销售目标＝18%×10 000＝1 800（美元）

2. 基于销售潜力设定的销售目标＝12%×10 000＝1 200（美元）

3. 基于上年销售额设定的销售目标＋销售潜力×增长＝1 620＋12%×1 000＝1 740（美元）

4. 销售分配的加权份额，比如上年的销售额和销售潜力各被赋予50%的权重＝18%×50%＋12%×50%＝15%。那么，基于销售分配的加权份额设定的销售目标＝15%×10 000＝1 500（美元）。

数据源、难点和注意点

销售目标的设定通常是自下而上的程序与自上而下的程序相结合的产物。高层管理者通常在公司层面设定目标，而销售经理根据总体目标在销售队伍的众多人员中进行份额的分配。

高层管理者通常用很多方法来预测销售额，包括上年问题产品的销售额、相关市场上年的总体销售额、上年竞争者的销售额、公司当前的市场份额。得出公司的预计销售额之后，销售经理要证实这些目标是合理的，并在需要的时候将其推后。然后经理在大区的销售队伍间分配这些目标销售额，这些分配至少部分地根据上年的个人绩效表现的测量结果。在这个计算中最重要的是每个销售人员的历史销售份额和其所在区域的销售潜力。

在一年之中重新评估销售目标也是很重要的，这可以保证实际的业绩合理运行并接近计划份额。如果在测定的时候发现多于90%或少于50%的销售队伍正在达到他们的目标，那么就有理由来改变这些目标。这会避免销售人员因目标达到在望而过早放松，或者因为目标难以达到而放弃。在设定目标时，可能的规则是预计的75%的成功率，以保证足够多的销售人员达到他们的目标，并且这些目标是有足够的挑战性的。

如果重新进行预算是有必要的，那么保证其被恰当地记录是很重要的。如果没有足够的谨慎，修正的销售目标可能会与财务预算和高层管理者的期望不一致。

6.3 销售队伍的效果：测量努力、潜力和结果

通过分析销售队伍的业绩，管理层可以做出适当的变动来使正在进行的销售达到最优化。为了这一结果，有很多方法来估计个体销售人员的业绩、整个销售队伍的业绩以及总体的年度销售额。

$$\text{销售队伍效果比率}=\frac{\text{销售额（\$）}}{\text{与顾客的合同数（请求数）（\#）}}$$

$$=\frac{\text{销售额（\$）}}{\text{潜在的户头数（\#）}}$$

$$=\frac{\text{销售额（\$）}}{\text{有效的户头数（\#）}}$$

$$=\frac{\text{销售额（\$）}}{\text{购买力（\$）}}$$

$$=\frac{\text{费用（\$）}}{\text{销售额（\$）}}\text{（也被称为销售成本）}$$

每个都可以根据货币贡献来进行计算。

目的：测量销售队伍和个体销售人员的业绩表现

在分析销售人员的业绩表现时，很多量化指标的结果可以进行比较，这就会比只估计其总体销售额更能了解一个销售人员的相关信息。

结构定义

一个权威性的来源列出了如下在评价销售人员的相对有效性时有用的比率[5]：

$$\frac{\text{销售额（\$）}}{\text{与顾客的合同数（请求数）（\#）}}$$

$$\frac{\text{销售额（\$）}}{\text{潜在的户头数（\#）}}$$

$$\frac{\text{销售额（\$）}}{\text{有效的户头数（\#）}}$$

$$\frac{\text{销售额（\$）}}{\text{购买力（\$）}}$$

这些公式对于比较不同区域的销售人员和随时间推移不断进行趋势检查是很有用的。它们可以发现仅从销售总额结果上看不到的区别，尤其是在那些各区域面积、潜在客户数量或者购买力差别很大的大区里。

这些比率提供了透视销售额表现背后的因素的机会。比如，如果一个销售人员每个订单销售额很低，这可能显示需要对这个销售人员进行鼓动顾客进行更大金额购买方面的培训，或者显示出这个销售人员缺乏交易技能。如果每个潜在账户的销售额或者每个购买力尺度所衡量的销售额较低，这个销售人员在寻求新的账户方面所做的努力可能不够。这些尺度更多地显示了许多关于有希望的和领先的阶层的信息，因为它们基于每个销售人员所在的整体区域，包括现存的和潜在的顾客。每个有效账户的销售额这一尺度提供了有效的衡量销售人员在现有顾客价值最大化方面的效果的指针。

虽然得到每个订单的最大部分很重要，但是一个销售人员不可能仅仅通过一个订单来达到其销售目标。为完成销售额需要一定数量的努力。这可以用图表示出来（见图 6—1）。[6]

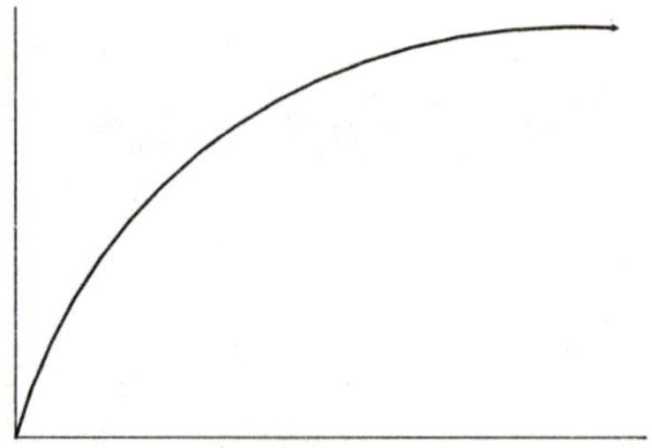

图 6—1　顾客请求产生的销售额

虽然销售人员可以通过在某个顾客、某一点上花费更多的时间和精力来增加销售额，但他会发现，向同样的顾客不断地发出订单后，得到的反馈会越来越少。最后，每个新订单所增加的业务量会不如原有订单带来的业务量大。

除了前面介绍的公式，另一个重要的关于效果的量化指标是销售成本率。这一成本尺度最常被表述为销售额的比例，按如下公式计算：

$$\frac{\text{费用（\$）}}{\text{销售额（\$）}}$$

如果某个销售人员的这一比率明显高于他人，就可以显示出其对于费用没有进行较好的控制。较差的费用控制可能包括对顾客进行不必要的访问，过多地印发产品宣传册，或者在宴请上花费太多。另一方面，如果销售人员的交易技能较差，费用也会在销售额中占有较大的比重。如果销售人员的费用与同事是可比的，但其销售额较低，那么他有可能在一个有潜力的顾客上花费了相当多的费用但并没有获得相应的销售额。

销售人员业绩表现衡量尺度中更具有挑战性的是顾客服务方面的指标。顾客服务很难衡量，因为除了重复购买率和顾客抱怨数，没有具体的确切数值对其进行衡量。这两项指标是有意义的，但是对于那些没有重复购买、离开或者抱怨的顾客，销售经理该如何评价为他们提供的服务？一种可能性是进行调查，包括一个具体项目的量表来帮助顾客量化他们的意见。在进行了足够的调查之后，管理层就可以计算不同服务衡量指标的平均数。通过这些平均数与销售数值的比较，管理者就可以将销售额与顾客服务联系起来，根据业绩表现对销售人员进行分级。

示例：为了将顾客的意见转化为衡量指标，公司可以提出如下的调查问题：

在您订购的货物发货后，您对我公司业务人员所提供的服务水平的评价是：

1	2	3	4	5	6	7	8	9	10
非常差				满意					非常好

数据源、难点和注意点

衡量销售人员的效果并不困难，但它确实要求追踪少数几个重要的数值。幸运的是，它们在销售行业通常有记录。

最重要的统计数据是每个销售的数额（用美元表示）和每个销售所作的贡献。如果某个销售人员被指定去强调特定的产品线，那么，追踪哪些项目被售出也是很重要的。其他有用的信息可能包括对于业务沟通数的测量（包括面对面的或通过电话的会谈）、有效账户的总数以及该区域的总账户数。后两个是计算区域购买力所必需的。

对于业绩表现衡量，最大的问题是一种只依赖于一两个尺度的倾向。这可能是很危险的，因为以任何一个量化指标来衡量的个体销售人员的业绩可能是异常的。举个例子，一个每次业务沟通得到 30 000 美元订单的销售人员可能会比拿到 50 000 美元订单的销售人员更有价值，如果他在每个有潜力的账户上得到了更多的销售额。一个小区域的销售人员可能产生的总体贡献较低，但是每个购买力的销售额却更大。如果这是正确的，就应该建议扩大这个销售人员的区域面积。另一个销售人员可能在每个现有的账户上取得了非常大的增长，但如果他只是简单地取消除了那些弱购买力的账户而没有增加销售额，这不能作为奖励的依据。在考查销售人员时，管理者应该根据尽可能多的衡量尺度来进行评估。

尽管之前所描述的顾客服务调查是基于直接的概念，管理者会发现难以收集足够的资料或者足够具有代表性的资料，来使其更有利用价值。这可能是因为顾客急于填完调查问卷，或者因为只有当他们遇到问题时，他们才会接受调查。小样本或者普遍负面的回应会扭曲结果。即使这样，仍需要一些测量顾客满意度的努力，来保证销售人员不是强调错误的事项，或者忽略那些对顾客生命价值有潜在影响的事项。

6.4 销售人员报酬：工资、奖金的混合

"激励计划需要使销售人员的行为与公司的目标保持一致。"[7]为了达到这一目的，有效的计划必须基于过去（增长）、现在（与他人比较）或者将来（所达到的目标的比重）。关键的公式如下：

$$\text{报酬（\$）}=\text{工资（\$）}+\text{奖金1（\$）}+\text{奖金2（\$）}$$

$$\text{报酬（\$）}=\text{工资（\$）}+[\text{销售额（\$）}\times\text{佣金（\%）}]$$

$$\text{盈亏平衡点的雇员数量（\#）}=\frac{\text{销售额（\$）}\times[\text{盈余（\%）}-\text{佣金（\%）}]}{\text{工资（\$）}+\text{费用（\$）}+\text{奖金（\$）}}$$

目的：决定工资、奖金和佣金的结合以使销售额最大化

在为销售队伍设计报酬计划时，管理者面临四个关键的考虑因素：薪酬水平、工资和激励的混合、绩效表现的测量、绩效—支出的关系。薪酬水平，或者说报酬，是公司在一年内计划支付给销售人员的数量。这可被视为一个范围，因为其总数会因奖金和佣金而有所不同。

工资和激励的混合代表着总报酬中的关键分配。工资是有保证的金额。激励可以采取多种形式，包括奖金或者佣金。奖金指的是一个销售人员可能会因达到特定销售目标而得到的一笔奖金数额。而就佣金而

言，激励是增加的，并且是基于每次交易的。为了产生激励，重要的是准确衡量销售人员在每次销售中的作用。因果关系中有更高的水平归因于销售人员，那么运用激励系统也就更加容易。

许多尺度可以用来测量销售人员的业绩。基于这些，管理者可以根据过去、现在或者将来的可比较的因素来评价销售人员的表现，具体如下：

- **基于过去：** 测量销售人员在前几年的销售份额增长。
- **基于现在：** 在现有的结果的基础上对销售人员进行排序。
- **基于将来：** 测量每个销售人员达到的销售目标所占的比重。

销售经理还可以选择根据组织的哪个层面来形成一个激励计划。激励报酬的支付可以与公司、部门或者产品线水平的结果相联系。在沿着这些维度测量绩效和设计报酬计划方面，管理者寻求销售的激励与公司目标的一致。

最后，在测量每个销售人员的业绩表现时，要定义一个具体的时间段。

结构定义

管理者喜欢在设计报酬体系时拥有较多的自主权。关键是首先确定销售预计值和每个销售人员的报酬区间。在决定这些因素之后，有很多方法来激励销售人员。

在一个实行多重奖金的体系内，下面的公式代表着每个销售人员的报酬结构：

报酬（\$）＝工资（\$）＋奖金 1（\$）＋奖金 2（\$）

在这个体系中，奖金 1 可能在个人年度销售目标差不多完成一半的时候得到，奖金 2 可能会在目标达到时得到。

在一个佣金体系中，下面的公式代表着对于一个销售人员的报酬计算：

报酬（\$）＝工资（\$）＋［销售额（\$）×佣金（%）］

理论上，在一个 100%的佣金结构中，工资可能会低到 0 美元，然而许多法规对这种安排施加了限制。管理者必须保证他们所选择的报酬结构与劳动法保持一致。

管理者还可以将奖金与佣金结构结合起来，即可以在特定销售水平上，对最高的佣金进行奖励，也可以在特定的销售水平提高佣金率。

示例： 蒂娜在100万美元的销售额内可以获得2%的销售佣金，在100万美元之上可以获得3%的佣金。她的工资是每年2万美元。如果她的销售额为120万美元，她的报酬应该这样计算：

$$\text{报酬}=20\,000+2\%\times 1\,000\,000+3\%\times 200\,000$$
$$=46\,000\text{（美元）}$$

在制定销售报酬计划之后，管理者可能会想评价其销售队伍的规模。基于对下一年的预测，公司可能有雇用更多销售人员的空间，或者它可能需要缩小销售队伍的规模。在给定的计划销售额的价值的基础上，管理者可以决定公司盈亏平衡点的雇员人数，其计算公式如下：

$$\text{盈亏平衡点的雇员数量（\#）}=\frac{\text{销售额（\$）}\times[\text{盈余（\%）}-\text{佣金（\%）}]}{\text{工资（\$）}+\text{费用（\$）}+\text{奖金（\$）}}$$

数据源、难点和注意点

通常用于激励计划中的量化指标包括销售总额、总体贡献、市场份额、顾客保有率和顾客抱怨数。因为这样的计划是基于达到特定的目标而对销售人员进行奖励，这些目标必须在年初（或者其他时间段的开始）就确定。对这些尺度的不断追踪可以帮助销售人员和公司为年底的报酬作计划。

时间选择是激励计划中的重要事项。公司必须定期收集资料，这样管理者和销售人员都可以知道他们与建立的目标之间的距离。一个计划所包含的时间框架也代表着重要的考虑事项。如果公司想要通过每周的奖金来激励员工，那么它的报酬程序可能会很昂贵并且费时；相反，如果程序跨越了太长的时间段，可能就会失去公司预计销售量与目标之间的一致性，还可能导致销售人员所得到的报酬过多或过少。为了克服这些缺陷，管理者可以形成一个综合了短期激励和长期激励的报酬体系。它们可以是一些与简单、短期衡量相联系的奖金，比如每周业务沟通量，还有一些是与更复杂的、长期的目标相联系的，比如年内所达到的市场份额。

激励体系中更进一步的应用是因果关系在销售人员之间的分配。这在许多情况下都成为一个问题，包括在达到销售额过程中的团队协作。在这样的情境下，决定哪个团队成员应该得到奖金就很困难。因此，管理者会发现最好是在达到目标时给予团队成员同样的奖金。

最后的考虑：在实施一个激励体系时，可能会奖励了不应奖励的销售人员。为了避免这种情况，在采用任何新的体系时，建议销售经理将其应用于上年的销售结果作为一种检测。一个好的计划往往会奖励那些被认为是优秀的销售人员。

6.5 追踪销售队伍：渠道分析

渠道分析用来追踪所有用于现有或者潜在顾客的销售努力的进程，以预测短期销售额并评估销售队伍的工作量。

目的：预测近期销售额，评价工作量的分配

短期内预测销售额并关注销售队伍活动的便捷的方法是创造一个销售渠道。虽然这个概念可以用图形来表示，但是它背后的材料被存储在电子数据库或电子数据表中。

销售漏斗的概念起源于一个很著名的动态变化：如果销售力量接近了大量的潜在顾客，实际上只有一部分会进行购买。随着销售人员沿着与顾客互动的不同阶段推进，许多潜在顾客被过滤掉了。在每个阶段的最后，更少的潜在顾客被留下来。通过在进程中的每个阶段对潜在顾客

的数量进行追踪，销售队伍管理者可以在队伍中平衡工作量，对销售额作出准确的预测。

这个分析与2.7节中讨论的层级效应相似，尽管层级效应关注广告或大众媒体的影响，而销售漏斗用来追踪个体顾客（通常是按姓名）和销售队伍的努力。（注意：在一些行业中，比如消费者包装的产品中，“渠道销售”这个词可以用来指某个分销渠道的销售额。不要混淆销售渠道与渠道销售的概念。）

结构定义

为了将销售漏斗或销售渠道概念化，画一张显示销售过程各阶段的图是很有用的（见图6—2）。在年中的任何时间点，渠道的所有阶段都可能含有一定数量的顾客。如图6—2所示，尽管会有很大数量的潜在顾客，那些真正进行购买的只是最初识别者的一部分。

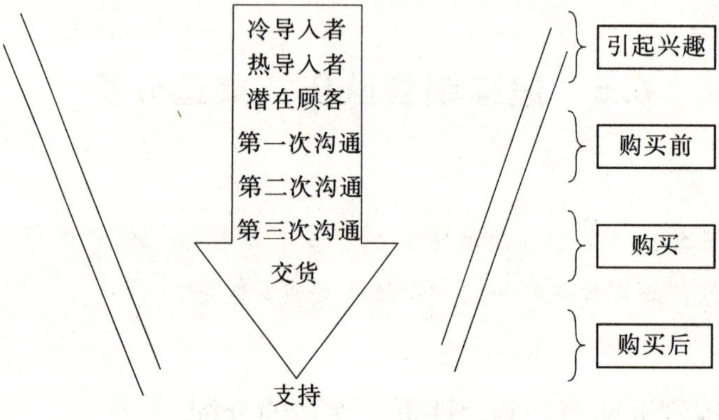

图6—2　销售漏斗

引起兴趣：这包括通过一系列活动来建立对于产品的意识，比如交易会、直接邮寄和广告。在引起兴趣的过程中，销售人员可以引起消费导入者。也就是说，他们能够识别出可以添加到潜在顾客数据库的目标人群。两类主要导入者的识别包括冷导入者和热导入者。

- **冷导入者**：那些没有表达其兴趣的导入者，这些可以通过邮寄单、电话号码簿、商店记录等识别出来。
- **热导入者**：那些预期会作出回应的导入者，比如这些潜在顾客可能通过互联网注册或者索要产品信息。

购买前：这个阶段包括从冷导入者和热导入者中识别可能的顾客。销售人员通过与这些导入者最初的会谈来达到这种识别，在会谈中他们解释产品特征和优点，并就解决顾客的问题进行合作。这种前期的会谈所期待的结果不是销售，而是识别出可能成为顾客的人并安排下一次的会谈。

潜在顾客：一个被认为很有可能进行购买的有潜力的消费者，他有能力和意愿进行产品购买。[8]

购买：在识别出可能成为顾客的人群，并且其同意继续沟通之后，销售人员会与其进行第二次和第三次的会谈。在这些阶段，传统的“销售”行为发生。销售人员会进行劝说、谈判或者竞标。如果一项购买事项达成，销售人员可以选择是通过书面建议、合同还是订单来形成最后的结果。

购买后：在顾客进行购买之后，还有相当多的工作要做。这包括发送产品或进行服务、安装（如果需要的话）、款项的回收，可能还会有培训。此外，还会有对于顾客的长期售后服务。

销售人员在对销售漏斗中的各个阶段进行形象化之后，可以更准确地追踪顾客和账户。他们可以通过电子数据库或电子数据表来进行这项工作。如果销售渠道文件保存在一个共享的驱动器上，那么销售队伍的每个成员都能够对相关的资料进行常规的更新。这也会使销售经理在任何时点都可以查看队伍的工作进程。表 6—2 就是一个销售漏斗的电子数据表的例子。

表 6—2　　销售漏斗电子数据表

销售人员	引发兴趣		购买前		购买	购买后	
	冷导入者	热导入者	潜在顾客	第一次、第二次会谈	第二次、第三次会谈	发货	支持
桑迪	56	30	19	5	8	7	25
鲍勃	79	51	33	16	4	14	35

管理者可以使用这样的漏斗中存储的信息来为近期的销售做准备。这是渠道分析的一种形式。当公司面临存货问题时，或当销售目标不能达到时，这代表着关键的信息。通过应用历史的平均水平，销售或市场经

理可以运用漏斗中的信息改进销售预测。这可以手工进行，也可以用专业软件来做。销售漏斗背后暗含的假设是任何一个阶段的失败都会导致潜在顾客的流失。下面的示例阐述了如何应用这种自下而上的预测方法。

示例： 使用表6—2中的销售漏斗，桑迪和鲍勃的经理想要预测接下来的5个月需要完成的销售数量。为了达到这一目的，她应用了某些历史的平均数：

- 2%的冷导入者要求在5个月内转化为实际的销售。
- 14%的热导入者要求在4个月内转化为实际的销售。
- 25%的潜在顾客在3个月内提供了实际的销售额。
- 36%同意参加购买前会谈的顾客在2个月内转化为实际的消费者。
- 53%同意参加有关购买会谈的顾客在1个月内转化为实际的顾客。

$$
\begin{aligned}
\text{预计未来销售额} &= (56+79)\times 2\% + (30+51)\times 14\% \\
&\quad + (19+33)\times 25\% + (5+16)\times 36\% \\
&\quad + (8+4)\times 53\% \\
&= 41
\end{aligned}
$$

注意：这个示例仅适用于只有一种产品的情形。通常，公司需要多种销售漏斗来针对不同的产品或产品线。另外，一项销售可能包含单个产品或上千种产品。在后一种情形下，运用“平均销售额/顾客”这样的尺度来预测比较合适。

数据源、难点和注意点

为了正确计算销售漏斗的数量，销售人员必须保存他们现有顾客和潜在顾客的记录，以及每个人在购买过程中的地位。销售人员之间应当共享这些信息，这样信息可以聚焦关于销售队伍活动的记录，形成一个全面的数据库。通过应用这些假设，包括那些从历史销售记录中得出的假设，公司可以预计未来的销售量。举个例子，如果25%的热导入者在 2 个月内进行了实际购买，现在销售漏斗中有 200 个热导入者，管理者可以估算出他们中的 50 位会在 2 个月内成为实际的顾客。

有时，销售漏斗的运用会带来预期过多的缺陷。如果一个顾客增加的贡献低于获得这个顾客所花费的成本，那么对这个顾客的预期就会导致消极的结果。建议销售人员运用顾客生命周期来决定适当的范围和他们的预期。增加购买前销售漏斗会得不偿失，除非这些增加在以后的渠道中也会有体现改善效果的数字。

销售循环中的困难还可能出现下面这个环节：销售人员根据一个潜在顾客有意愿和能力进行购买，因而判断其可能成为顾客。为了进一步证实这个判断，销售人员必须同时证实这个顾客有购买的权力。在预期时，销售人员应该花费必要的时间去弄清楚他们所接触的人可以不需要其他来源的批准就可以进行购买决策。

6.6 数字分销、所有商品数量和产品类目数量分销、饰面数和货架占有率

分销量化指标量化了通过转售商销售的产品的可获得性，通常是用所有潜在终端的百分比来表示的。通常根据终端的类目销售额份额或“所有商品”销售额份额对其赋予一定的权重。

数字分销（%）

$$=\frac{\text{销售该品牌的终端数量（\#）}}{\text{销售相关市场产品的所有终端的数量（\#）}}$$

所有商品数量（ACV）分销（%）

$$=\frac{\text{销售该品牌的商店的所有产品销售额（\$）}}{\text{所有商店的销售额（\$）}}$$

产品类目数量（PCV）分销[9]（%）

$$=\frac{\text{销售该品牌的商店的该类目产品总销售额（\$）}}{\text{所有商店的该类目产品总销售额（\$）}}$$

$$\text{类目业绩表现率（\%）}=\frac{\text{PCV（\%）}}{\text{ACV（\%）}}$$

对于通过转售商销售的营销者，分销计划指标显示出品牌所占的市场渠道的百分比。平衡公司在“推动”（建立并维持转售商和分销商的支持）和“拉动”（产生顾客需求）之间的努力是营销者的持续战略性考虑。

目的：测量公司将产品传递给顾客的能力

广义上讲，营销可以分为两个关键的挑战：

- 第一个挑战是保证顾客或最终使用者想要该公司的产品。这通常被定义为拉动策略，这是被广泛接受的概念。
- 第二个挑战不像第一个那样得到广泛认可，但重要程度相当。推进市场保证顾客有购买的机会。

营销者已经发展出许多量化指标来判断分销系统的有效性，以此帮助创造购买的机会。这其中最基本的就是产品的可获得性的测量。

可获得性量化指标用来确定一个产品可达到的终端的数量，这些终端所服务的相关市场的比例有多大，以及该产品在这一销售终端的总销售额在其所有产品销售额中所占的比重。

结构定义

有三种常用的方法来测量销售覆盖情况：

1. 数字分销；
2. 所有商品数量（ACV）；
3. 产品类目数量（PCV），通常也称为加权分销。

数字分销

这项测量基于销售产品的终端的数量（也就是说，至少列出了产品的一个储存单位的终端，或者库存单位）。这被定义为在销售相关市场产品的所有商店中，销售给定品牌或库存单位的商店的百分比。

数字分销最主要的用处是可以知道有多少存货地点储存了特定的产

品或品牌。这为发货系统和服务这些终端的成本提供了参考。

数字分销：计算数字分销，营销者用销售某种产品或库存单位的终端数量除以销售相关市场产品的所有终端数量，如下式所示：

$$\text{数字分销（\%）} = \frac{\text{销售该产品的终端数量（\#）}}{\text{销售相关市场产品的所有终端的数量（\#）}}$$

更多关于库存单位的讲解详见3.3节。

示例：爱丽丝销售相册给礼品店，在她的区域内有60个这样的商店。为了达到充分的分销覆盖面，爱丽丝认为她必须渗透到60%的商店。然而，在初步建立她与每个商店的关系时，她必须给商店提供价值4 000美元的存货以待销售。为了达到她的分销目标，爱丽丝需要进行多少存货投资？

为了达到她的60%的数字分销的目标，爱丽丝必须在36个商店中进行产品销售（即0.60×60）。

因此，她必须在存货上花费144 000美元（36个商店×每个商店4 000美元）。

所有商品数量

所有商品数量（ACV）是基于商店的总销售额，对产品可获得性或者分销的加权测量。ACV可以表达成美元价值或百分比。

所有商品数量（ACV）：销售某种品牌（至少是该品牌的一种库存单位）的商店在商店所有产品总销售额中所占的比重。

$$\text{所有商品数量（ACV）分销（\%）} = \frac{\text{销售该品牌的商店的所有产品销售额（\$）}}{\text{所有商店的销售额（\$）}}$$

$$\text{所有商品数量（ACV）分销（\%）} = \text{销售该品牌的商店的所有产品的销售额（\$）}$$

示例：母亲牌玉米饼的营销者想知道其分销渠道的所有商品数量

（见表 6—3）。

表 6—3

终端	总销售额（美元）	玉米饼销售额（美元）	母亲牌玉米饼产品库存	牧师牌玉米饼产品库存
商店 1	100 000	1 000	12 ct，24 ct	12 ct，24 ct
商店 2	75 000	500	12 ct	24 ct
商店 3	50 000	300	12 ct，24 ct	无
商店 4	40 000	400	无	12 ct，24 ct

母亲牌玉米饼在商店 1、2、3 中都有库存，但在商店 4 中没有。因此，它的分销系统的所有商品数量是用商店 1、2、3 的总销售额除以所有商店的总销售额，这代表着这些商店中所有产品的销售额，而不仅仅是玉米饼这一产品类目的销售额。

$$\text{母亲牌玉米饼 ACV（\%）} = \frac{\text{商店 1、2、3 的销售额}}{\text{所有商店的销售额}}$$

$$= \frac{100\ 000+75\ 000+50\ 000}{100\ 000+75\ 000+50\ 000+40\ 000} = \frac{225\ 000}{265\ 000} = 84.9\%$$

与数字分销相比，ACV 这一量化指标最基本的优点是，它提供了对储存特定品牌的商店的顾客交易量的较好的测量。在本质上，ACV 修正了数字分销，因为不是所有的零售商都产生相同水平的销售额。比如，在一个由两个小商店、一个超级市场、一个零售亭组成的市场上，数字分销会给予每个终端相同的权重，而 ACV 会更强调获得超级市场分销渠道的价值。在计算 ACV 的过程中，当详细的销售额的资料不可获得时，营销者有时会用商店的面积来估算它们的总体销售数量。

ACV 的缺点在于，它没有提供关于每个商店在相关产品类目上如何经营和竞争的直接信息。一个商店可能在总体经营上做得很好，但可能在我们所考虑的产品类目上销售不多。

产品类目数量

产品类目数量（PCV）[10]是对 ACV 的修正。它考察了在某产品获得销售的商店，相关类目产品销售额所占的比重。它有助于营销者理解一个产品所取得的销售渠道是不是那些顾客搜寻相关产品常去的终端，而不是简单地拥有高交易量却并不出售我们所关注的商品的商店。

继续我们的例子。有两个小零售商、一个零售亭、一个超级市场，ACV 可能会使巧克力棒的营销者去搜寻高交易量的超级市场的分销渠道，而 PCV 可能会意外地发现在速食销售中，零售亭拥有最大的销售量。在建立分销渠道时，营销者会被建议将零售亭作为他的最好选择。

产品类目数量（PCV）：储存了至少一种营销者关注的库存单位的商店的类目销售额的货币价值，或者其类目销售额在所有销售同类目商店的销售额中所占的百分比份额。

$$\text{产品类目数量（PCV）分销（\%）}=\frac{\text{销售该品牌的商店的该类目产品总销售额（\$）}}{\text{所有商店的该类目产品总销售额（\$）}}$$

$$\text{产品类目数量（PCV）分销（\$）}=\text{销售该品牌的商店的该类目产品总销售额（\$）}$$

当详细的销售资料可获得时，PCV 可以提供类目内该产品市场份额的有力的指示。如果销售资料不可获得，市场商可以用相关产品类目的平方尺作为该类目对于特定终端或商店类型重要性的表现来大致计算 PCV。

示例：母亲牌玉米饼的营销者想知道其产品在渗透到那些顾客购买玉米饼常去的终端中的效率如何。运用之前示例的资料：

母亲牌玉米饼在商店 1、2、3 中都有库存，但在商店 4 中没有。母亲牌玉米饼分销系统网络的产品类目数量可以用商店 1、2、3 的总的玉米饼销售额除以市场上所有玉米饼销售额来计算。

$$\text{PCV（\%）}=\frac{\text{销售母亲牌玉米饼的商店的该类目总销售额}}{\text{所有商店的该类目总销售额}}$$

$$=\frac{1\,000+500+300}{1\,000+500+300+400}=81.8\%$$

总分销：单个计算的关于一个品牌的所有库存单位的 ACV 或 PCV

的总和。与简单计算的ACV或PCV不同，后者是基于所有至少库存一种品牌的库存单位的商店的所有商品销售额或类目商品销售额，总分销也反映出这些商店所销售的品牌的库存单位的数量。

类目业绩表现率：在一个给定产品类目下，零售商的相对业绩表现，这种相对是基于所有产品类目的业绩表现。

通过比较PCV和ACV，类目业绩表现率提供了关于品牌分销渠道是否在销售品牌所在类目产品方面更有效率的透视，即与它在所有商品上的平均销售效率相比，其他类目的商品实际上是本类目商品的渠道竞争者。

$$\text{类目业绩表现率（\%）}=\frac{\text{PCV（\%）}}{\text{ACV（\%）}}$$

如果分销网络的类目业绩表现率大于1，那么相对于整个市场来说，这些终端所组成的销售网络在销售我们所关注的类目产品方面是更加有效的。

示例：如前所述，母亲牌玉米饼的分销网络的PCV是81.8%，ACV是84.9%，因此，它的类目表现率是0.96。

母亲牌成功地获得了在它的市场上最大商店的分销渠道，然而，相对于整个市场来说，这些商店中玉米饼产品的销售额稍低于所有商品销售额的平均值，也就是说，相对于这个市场上所有的商店来说，那些销售母亲牌产品的终端在玉米饼这一产品类目上的关注略显薄弱。

数据源、难点和注意点

在许多市场上，有数据提供商，比如A.C. 尼尔森，它精通于获取分销渠道的信息。在其他市场上，公司必须生成它们自己的资料。销售队伍报告和运输发票提供了一个起点。

对于某些商品来说，尤其是那些数量少、价值高的商品，计算销售产品的有限的终端数量相对简单。而对于数量大、价值低的产品，仅确定库存产品的终端的数量就是一个挑战，可能还需要一些特定的假设。比如，销售一种特定软饮料的销售终端的数量。为了得到准确的数字，可能需要在计算传统的百货店之外，再考虑自动售货机和街头小贩的数量。

终端的总销售额通常可以通过销售点的空间大小（用平方英尺或平方米来测量）来进行估算，可以将这一指标应用到每个销售空间的销售额的行业平均值。

如果类目产品销售额的确切资料缺失，通常使用加权的 ACV 来得到 PCV 的估计值，这也是很有用的。比如，营销者可能知道，相对于其总体销售额来说，药店销售给定产品的比例要高于超级市场。在这种情形下，他们可以在评价相关的分销覆盖率时，赋予药店比超级市场更高的权重。

相关的量化指标和概念

饰面数：饰面数是指在一个装满商品的货架上，从正面可看到的一个产品的单个包装。

货架份额：这个量化指标通过比较特定品牌的饰面数和总的可获得饰面数的位置数，来量化一个品牌饰面数的突出程度。

$$\text{货架份额（\%）}=\frac{\text{品牌的展示数（\#）}}{\text{总的展示数（\#）}}$$

商店测量与品牌测量：营销者经常参与零售商店链条的 ACV。这可能是一个货币价值（商品链的相关市场的所有商品的总销售额）或者一个百分比的数值（它的销售货币价值在所有商店中的份额）。品牌的 ACV 就是这些供应链和库存商店中的 ACV 的加总。因此，如果一个品牌在市场上是由两条供应链进行储存，这些供应链的 ACV 为 40%和 30%，那么这个品牌的分销网络的 ACV 就是 30%+40%，即 70%。

营销者也会参考特定类目的供应链的市场份额。这与供应链的 PCV 是等同的。相反，一个品牌的 PCV 代表着所有库存该品牌的供应链的 PCV 的总和。

存货：指的是实物储存水平。通常是在销售渠道的不同点来进行测量。一个零售商可能有从供应商那里正在订购的、在仓库中、在运往商店的途中、在商店的内室中以及在商店的货架上的存货。

分销广度：这个指标可以用储存的单位库存商品的数量来测量。通常，一个公司会库存相当大范围的其感兴趣销售的产品的库存单位，即分销广度高。

在店特征：在给定时间段内提供促销的商店所占的比重。这可以用产品或所有商品数量进行加权。

ACV 展示：在所有商品数量的量化指标中，可以加入区别因素，来考虑产品应该在何处展示。如果它们不是在一个位置出售，这会减少产品被测量到的分销。

ACV 促销：营销者也想测量那些产品正在进行促销的终端的 ACV。这是一种决定商品促销依赖度的便捷的方式。

6.7 供应链量化指标

营销物流追踪包括如下的量化指标：

$$脱销（\%）=\frac{列有品牌或产品但无现货可供出售的终端数（\#）}{列有品牌或产品的终端的总数（\#）}$$

服务水平，按时送货百分比（%）

$$=\frac{在承诺的时间框架内到达的送货数（\#）}{这一期间所有的送货数（\#）}$$

$$存货周转次数（I）=\frac{产品收入（\$）}{平均存货（\$）}$$

物流追踪有助于保证公司有效率和有效果地满足需求。

目的：监管组织在管理分销和物流过程中的效率

如果合适的商品没有按照顾客的需要在合适的时间按合适的数量传送到合适的终端，潜在的购买点会蒙受很大的损失。这样到底有多难？

那么，保证供应满足需求在下列情形下会变得更加困难：

- 公司销售的不仅仅是几种库存单位。
- 在分销过程中，有很多不同水平的供应商、仓库和商店参与进来。
- 产品频繁变换。
- 渠道提供顾客友好退货的政策。

在这个复杂的领域，通过应用核心的量化指标，将这些数值与历史常态和准则相比较，营销者可以确定他们的分销渠道作为面向顾客的供应链究竟作用效果如何。

通过监管物流，管理者可以深入了解如下问题：我们是否因为给正在促销的商店运输了错误的物品而导致销售额受损？我们是否被迫为那些在仓库或商店停留太久的过时或废弃商品付出代价？

结构定义

脱销：这个量化指标将那些应该有但没有可供出售给顾客的某种产品的零售终端的数目予以量化。典型的表达式是在列有相关产品项目商店中的百分比：

$$\text{脱销（\%）}=\frac{\text{列有品牌或产品但无现货可供出售的终端数（\#）}}{\text{列有品牌或产品的终端的总数（\#）}}$$

在一个链条中，“列出”代表着总店的购买者在商店水平上具有某个品牌、库存单位或产品的“授权的”分销。由于各种各样的原因，列出并不代表总能够保证货架上有产品。本地的管理者可能并不同意“分销”。或者，一个产品可能是有分销的，但已经售完。

脱销通常用百分数来表示。营销者必须注意到脱销的百分比是基于数字分销、ACV、PCV，还是某个供应链的分销商店的百分比。

有库存率是脱销率的补充。3%的脱销率与97%的有库存率相同。

净脱销 PCV：基于脱销情形修正后的某种产品分销网络的 PCV。

产品类目数量（PCV），净脱销：这种脱销的量化指标是用一个因子乘以 PCV 计算得出的，这个因子用来在脱销情形下调整 PCV，修正因子是由 1 减去脱销指数得到的。

$$\text{产品类目数量，净脱销（\%）} = \text{PCV（\%）} \times [1 - \text{脱销（\%）}]$$

服务水平，按时送货百分比：在营销物流中有很多不同的服务量化指标。一个常用的指标即按时送货百分比。这个量化指标是指顾客（或交易）订单与承诺时间一致的送货所占的百分比。

$$\text{服务水平，按时送货百分比（\%）} = \frac{\text{在承诺的时间框架内到达的送货数（\#）}}{\text{这一期间所有的送货数（\#）}}$$

与脱销和服务水平类似，存货也应该在库存单位的水平上进行追踪。比如，在监管存货时，一个服装零售商不仅需要知道品牌和商品的设计，还要知道它们的大小。比如，只是简单地知道商店中有 30 双小山羊皮的旅行靴是不够的，尤其是如果这些靴子都是同样的尺码而且不适合大多数的顾客。

通过追踪存货，营销者可以测量物流过程的每个阶段的商品数的百分比，比如在仓库、在运往商店的途中或者在零售店。这种信息的重要性取决于资源管理战略。比如，有些公司要在仓库中存放大量的存货，尤其是在它们拥有有效的运输系统，可以迅速将货物运往商店的情况下。

存货周转次数：存货在一年内周转的次数可以在将收入与产品和存货水平相联系的基础上计算出来。只需用与产品相联系的收入除以该产品的平均存货水平就可以得到。当这个份额上升时，它表明该项目的存货正在更加迅速地通过分销过程。存货周转次数可以基于公司、品牌或库存单位进行，可以在分销链的任何水平进行，但它们对于个体交易的顾客来说通常相关度更高。重要提示：在计算存货周转次数时，销售额和存货的货币数值必须在成本或者批发基础，或者基于零售或转卖基础上进行，但这两个基础不能混淆。

$$\text{存货周转次数（I）} = \frac{\text{年度产品收入（\$）}}{\text{平均存货（\$）}}$$

存货周转天数：这个量化指标即存货在销售过程中的流转速度。要进行计算，营销者要用一年的 365 天除以存货周转次数，得出公司存货的平均天数。举一个例子来说，如果一个公司某产品的存货在一年内周转了 36.5 次，则公司平均持有 10 天存货的价值。较高的存货周转次数相应地具有较少的存货周转天数，会通过公司在存货投入上的有效运用，增加公司的获利能力。但是它们也可能导致更高的脱销和销售额的丧失。

$$存货周转天数（\#）=\frac{年内天数（365）}{存货周转（I）}$$

存货周转天数代表着在一个给定的时间点的存货所提供的销售额的天数价值。从一个略微不同的观点看，这个数字给物流管理者在承受脱销前的预期时间提供了建议。为了计算这个数字，管理者用年度产品收入除以存货周转天数，得出该存货水平下预期的年度周转数。这可以用之前的等式很容易地转化为天数。

示例：一个服装零售商在 1 月 1 日拥有价值 600 000 美元的短袜存货，在随后的 12 月 31 日拥有 800 000 美元的存货，年度内短袜的销售收入为 3 500 000 美元。

为了估计年度平均短袜存货，管理者可能要利用年初和年末的平均值：(600 000＋800 000）/2＝700 000 美元存货。在这个基础上，管理者可以如下计算存货周转次数：

$$存货周转次数=\frac{年度产品收入}{平均存货}=\frac{3\ 500\ 000}{700\ 000}=5（次）$$

如果存货每年周转 5 次，这个数字可以转化为存货周转天数，来测量这一时期的存货拥有的平均天数。

$$存货周转天数=\frac{年内天数（365）}{存货周转次数}=365/5$$

$$=73（天）$$

数据源、难点和注意点

尽管一些公司和供应链保持着完善的存货追踪系统，其他公司则必须基于并不完整的数据来估计物流量化指标。制造商可能也会在购买研究方面遇到越来越多的困难，因为收集这种信息的零售商倾向于对这种获取进行限制或收费。通常，随时可获得的信息可能是由超负荷工作的销售队伍的人员从不完整的商店审计或报告领域中得出的。理想情况下，营销者想获得关于如下信息的可靠的量化指标：

- 每个库存单位对于每一个主要的顾客、在分销链的每个水平的存货的单位数量和货币价值。
- 每个库存单位的脱销百分比，同时在供应商和商店水平上。
- 顾客订单中按时正确的送货数的百分比。
- 追踪系统中的存货数与实物存货数量并不匹配（这可能会方便对于存货缩水或失窃的测量）。

当考虑到存货的货币价值时，重要的是要在所有的计算中运用可比较的数字。作为在这一领域中可能出现的不一致和混淆的例子，公司可能会以商店的成本来评价它在零售货架上的价值（这会包含对所有直接成本进行估算的问题），或者它可能为了某种目的重视处于零售价格成本的库存。这些数字可能很难与商品购买成本一致，也可能与经过折旧修正后的会计数据不同。

在评价存货时，管理者必须建立关于产品的成本系统，这不是基于单个基础进行追踪的。这样的成本系统包括如下内容：

- **先进先出法（FIFO）**：最早接收的存货最先销售。
- **后进先出法（LIFO）**：最后接收的存货最先销售。

先进先出法或后进先出法的选择会在通货膨胀时期具有较重要的财务影响。在这样的时期里，FIFO 会降低所销售的商品的成本，因为这是基于最早的可获得价格。同时，它会使现有的存货处于其可能的最高价格水平，也就是说，最近的价格。LIFO 的作用与此相反。

在一些行业，存货管理是一门核心技术，这样的行业包括服装行业（零售商必须保证他们不会留下上一季的流行服装）和技术性行业（在这个行业里快速的技术发展使产品仅仅在几个月之后就很难销售出去）。

在物流管理中，公司必须关注创造合适的报酬结构以得到最接近理想的结果。比如，一个存货管理者仅仅因为脱销率最小化而获得奖励，那么对于过多购买就会有一个明确的激励，而不管存货保持的成本。在这一领域，管理者必须保证激励体系足够成熟，而不会对不期望出现的行为进行奖励。

公司还必须对于存货管理应该达到什么样的状况抱有现实的态度。在大多数组织里，保证在每个产品上一直都有库存的唯一方法就是增加存货。这会涉及巨大的库存成本，会使公司的资本中很大一部分受到限制，用来购买存货，而且会导致痛苦的处置过时或废弃产品的成本。好的物流和存货管理包括处理好两个冲突的目标之间的平衡：存货维持成本最小化和脱销所导致的销售损失。

相关的量化指标和概念

促销中的延期或换货：评价商店中不可获得的促销产品的影响。在一个典型的例子中，商店可能追踪到这样的事件：商品促销之后提供给顾客替代性的产品。延期或换货可以用卖出商品的百分比，或者更具体地，用促销带来的但并不是促销商品本身所产生的收入的百分比来衡量。

误送：测量没有按时到达或者没有按适当的数量送达的运送次数。

扣除额：测量由于不正确的或不完整的运输损坏的商品及退回或其他因素所导致的从顾客发票中的扣除额，这通常在分析扣除额的理由时是非常有用的。

过时：对于许多零售商来说都是关键的量化指标，尤其是那些时尚和技术性行业。它典型的表达方式是过时的产品的货币价值，或者是在相关项目总库存价值中的百分比。如果过时率高，那么一个公司可能持有相当多数量的存货，而只能以适当的折扣价格出售。

缩水：这一般是盗窃的委婉表达，它描述了这样一种现象，由于不能解释的库存的单位数量的减少，实物存货的价值比账目记载的价值低。这种测量典型地是用货币数值或总库存价值的百分比来计算的。

渠道销售：为使产品销售可获得而需要供应给零售商和批发渠道的足够的存货所产生的销售额（参见 6.5 节）。

消费者购货：消费者从零售商那里进行的购买，这与零售商或批发商从其供应商那里的购买相对应。当消费者购货率比制造商销售率高时，存货水平会下降。

转移的商品：产品先运达一个顾客，该顾客随后将其出售给其他的顾客。比如，如果在促销价格下，一个药品零售商购买了过多的维生素，它可能会将多余的数量运送到其他的商店。

6.8 库存单位获利性：降价、存货投资的毛利回报率、直接产品获利性

零售产品和类目的获利性量化指标通常与获利性的其他量化指标相似，比如单位和百分比利润。然而，已经发展出一些对于零售商和分销商的修正。比如，降价作为索要的初始价格中的折扣比率进行计算。存货投资的毛利回报率（GMROII）是用利润除以存货的成本进行计算，作为比率或百分比来表达。直接产品获利性（DPP）是考虑了其他诸如存储、维持和供应商折让等成本对毛利进行修正而计算出来的。

$$降价（\%）=\frac{库存单位价格上的减少（\$）}{库存单位原价（\$）}$$

$$存货投资的毛利回报率（\%）=\frac{某时期内产品销售的毛利（\$）}{按原价计算的平均存货价值（\$）}$$

$$直接产品获利性（\$）=毛利（\$）-直接产品成本（\$）$$

通过管理降价，市场商可以对库存单位的获利性有更深刻的认识。GMROII是确定销售率是否证实存货水平适当方面的关键的量化指标。DPP是关于利润的理论上强有力的测量，已经失去吸引力，但它可能在其他形式（比如，作业成本计算）上重新受到重视。

目的：评价个体产品或类目销售的有效性和获利性

零售商和分销商具有相当大的选择来决定储存何种商品，以及是否

要为新产品创造空间而中止何种商品。通过测量每个库存单位的获利性，管理者可以得到产品选择最优化所需的进一步的认识。获利性量化指标在作出关于价格、展示和促销活动方面的决策中也是非常有用的。

影响或反映零售获利性的指标包括降价、存货毛利回报率、直接产品获利性。

降价并不总是应用于滞销商品。然而，大多数情况下，超过预算的降价都被认为是在产品分类、价格或促销中失败的征兆。降价的表达方式通常是常规价格的百分比。作为一个单独的量化指标，降价是很难解释的。

存货投资的毛利回报率（GMROII）将投资回报率（ROI）的概念应用于零售商运作资本中通常最关键的因素——存货。

直接产品获利性（DPP）与作业成本（ABC）有许多共同的特征。在作业成本法下，一系列成本被赋予权重，通过成本动因（导致成本发生的因素）分配到具体的产品中。在测量直接产品获利性时，零售商将诸如存储、处理、制造商折让、担保和财务计划的因子纳入，来计算具体产品销售中的利润。

结构定义

降价：这个量化指标将库存单位价格在商店中的下降予以量化。它可以基于每个单位或作为库存单位的总和来表达。它还可以用货币价值计算或者作为项目原价的百分比。

$$\text{降价（\$）}=\text{库存单位的原价（\$）}-\text{实际的销售价格（\$）}$$

$$\text{降价（\%）}=\frac{\text{降价（\$）}}{\text{库存单位原价（\$）}}$$

存货投资的毛利回报率（GMROII）：这个量化指标将产品与使产品可获得所必需的存货投资联系起来，对产品的获利性进行量化。它通过用产品销售毛利除以相关存货成本而计算得到。

$$\text{存货投资的毛利回报率（\%）}$$
$$=\frac{\text{某时期内产品销售的毛利（\$）}}{\text{按原价计算的平均存货价值（\$）}}$$

直接产品获利性（DPP）

直接产品获利性基于一个简单的概念，但它在实践中可能很难测量。直接产品获利性的计算包含了复杂的步骤。第一步是确定关注的商品的毛利。然后考虑其他与产品相关的收入，比如从供应商那里得到的促销回扣，或从因产品销售而获得生意的财务公司得到的报酬，对这个毛利数字进行修正。接着用修正的毛利减去分配的直接产品成本。

直接产品成本：将产品提供给顾客的成本，它们通常包括库存、分销和商店成本。

直接产品成本（$）
=直接库存成本（$）+直接运输成本（$）
+直接商店成本（$）

直接产品获利性（DPP）：直接产品获利性代表产品修正后的毛利减去它的直接产品成本。

如前所述，直接产品成本的概念很简单，然而，在计算或者估计相关的成本时可能会产生困难。典型地，需要一个成熟的作业成本系统来产生个体的库存单位的直接成本。直接产品获利性通常因为这些困难而不受欢迎。

然而，已经发展出其他的量化指标来获得关于个体单位库存的获利性的更加精确和正确的估计，这些指标考虑了不同的接收、储存和销售的成本。这些成本水平中各产品间的差异可能是很显著的。比如，在食品零售行业，冷冻食品的储存和上架成本比罐装食品的要大得多。

直接产品获利性（$）
=修正的产品毛利（$）−直接产品成本（$）

示例：前面提到的服装零售商想要更深入地预测他的短袜产品的获利性。为了达到这一目的，他收集了如下信息。对于这个零售商，短袜产生了折让。本质上，制造商为了补偿零售商的货架空间，对其支付了费用，每年是 50 000 美元。零售商的库存成本是每年10 000 000美元。短袜占据了仓库的0.5%的空间。估计与短袜销售相联系的商店和分销总成本为80 000美元。

根据这些信息，零售商计算出其短袜商品线的修正毛利：

修正毛利＝毛利＋其他利润
＝350 000＋50 000
＝400 000（美元）

然后零售商计算其短袜商品线的直接成本：

直接产品成本＝商店和分销成本＋库存成本
＝80 000＋0.5％×10 000 000
＝80 000＋50 000
＝130 000（美元）

在这个基础上，零售商计算其短袜商品线的直接产品获利性：

直接产品获利性＝修正毛利－直接产品成本
＝400 000－130 000
＝270 000（美元）

数据源、难点和注意点

对于GMROII的计算，必须要以原价确定持有存货的价值。理想的情形下，考虑该时期的平均值。在期初和期末持有的存货的平均值通常用做代替，一般情况下是（但也并不总是）一个可接受的估计值。为了进行GMROII的计算，需要计算毛利的数值。

在评价直接产品获利性时，一个关键的考虑因素是组织获得大量可供分析的准确资料的能力。直接产品获利性的计算需要估计由该产品引起的库存、分销、商店直接的和其他成本。为了收集这些资料，根据识别的成本影响因素归集所有的分销成本并对它们进行分配是必需的。

持有的存货以及由此而引起的持有成本会随时间而发生相当大的改变。虽然通常可以用期初和期末的平均数来估算平均的存货水平，但情况并非总是如此。季节性因素可能会影响这些数字。而且相对于年末或年初，公司可能会在一年之中持有相当多（或少）的存货。这会对任何直接产品获利性的计算产生主要的影响。

直接产品获利性还需要计算与产品销售相联系的其他收入。

直接产品获利性具有强大的概念力量。它试图说明零售商在传递产品给顾客过程中所产生的一系列的成本，因此提供一个关于产品获利性更现实的测量。这个量化指标唯一明显的弱点在于它的复杂性。很少有零售商能够执行它。然而，很多公司通过诸如成本作业方法，不断地试图实现它潜在的概念。

相关的量化指标和概念

购物篮利润：完整的零售交易的利润，可能包括一系列产品。这种总体交易被定义为个体消费者的购物篮中的商品。

公司获利性中的一个关键因素就是它在核心产品之外，销售副产品的能力。在一些交易中，更多的利润可能是由附件产生的。在剧院的饮料和速食销售就是一个最好的例子。根据这一思想，营销者必须了解每个产品在公司的总供给中的角色，这是为了引发顾客交易量，或者为了增加每个顾客购物篮的大小，或者为了使给自己带来的利润最大化。

参考文献和建议进一步阅读的资料

Wilner，J. D.（1998）. 7 *Secrets to Successful Sales Management：The Sales Manager's Manual*，Boca Raton：St. Lucie Press.

Zoltners，A. A.，P. Sinha，and G. A. Zoltners.（2001）. *The Complete Guide to Accelerating Sales Force Performance*，New York：Amacom.

注释

[1] 7.1节至7.5节的资料来源：Eric Larson，*Note on sales Force Metrics*，Darden MBA 2005。

[2] Zoltners，Andris A.，Prabhakant Sinha，and Greggor A. Zoltners.（2001）. *The Complete Guide to Accelerating Sales Force Performance*，New York：AMACON.

[3] Wilner，Jack D.（1987）. 7 *Secrets to Successful Sales Management*，Boca

Raton，Floride：CRC Press LLC；35－36，42.

［4］更多细节请参见 Zoltners，Andris A.，Prabhakant Sinha，and Greggor A. Zoltners.（2001）. *The Complete Guide to Accelerating Sales Force Performance*，New York：AMACON。

［5］Zoltners，Andris A.，Prabhakant Sinha，and Greggor A. Zoltners.（2001）. *The Complete Guide to Accelerating Sales Force Performance*，New York：AMACON.

［6］Dolan，Robert J.，and Benson P. Shapiro. "Milford Industries（A），" Harvard Business School，Case 584－012.

［7］Zoltners，Andris A.，Prabhakant Sinha，and Greggor A. Zoltners.（2001）. *The Complete Guide to Accelerating Sales Force Performance*，New York：AMACON.

［8］Jones，Eli，Carl Stevens，and Larry Chonko.（2005）. *Selling ASAP*：*Art*，*Science*，*Agility*，*Performance*，Mason，Ohio：South Western，176.

［9］产品类目数量也被称为产品重点经销。

［10］作者运用产品类目数量这一术语来代表这一量化指标。然而，这个术语在行业内的应用并没有所有商品数量那么广泛。

第 7 章

定价战略

引　言

本章涉及的量化指标

溢价	保留价格
值得购买百分比	价格需求弹性
最优价格、线性需求和不变需求	
自身、交叉和剩余价格弹性	

> 在定价上不精通……的成本正在不断增长。全球范围内的顾客和竞争者处于一个整体上更加复杂的营销环境中，这使得人们认为定价会成为公司财务良好运作的一个严重威胁。[1]

有关定价战略和战术的全面评估大大超出了本书的范围。然而，一些重要的量化指标和观念对于分析和选择价格方案十分重要，本章将探讨这些问题。

首先，我们描述几种计算溢价，即相对价格的常用方法。

然后，我们讨论形成价格—数量计划基础的相关概念，即通常所说的需求函数和需求曲线。这些包括保留价格和值得购买百分比。

在第三部分，我们解释价格弹性的定义和计算方法，这是一个经常运用的衡量营销对价格变动反应的指数。在实际操作中，这个相对简单的数量与价格的变动百分比的比率由于测量和解释的多样性而变得比较复杂。

对于管理者来说，理解价格弹性的目的是为了改进定价。本着这一目的，我们用一个单独的部分来讲解如何决定两种主要需求函数类型的最优价格：线性弹性和不变弹性。在本章的最后部分将阐述弹性是否以一种包括所有可能竞争反应的方式来计算的问题。这解释了三种弹性：自身、交叉和剩余弹性。乍一看它们只有极细微的或学究式的区别，但它们有重要的实际含义。囚徒困境的相似思想有助于解释它们的重要性。

	量化指标	结构定义	考虑因素	目的
7.1	溢价 (price premium)	某一品牌商品的价格超出基准价格的百分比。	基准包括平均支付价格、平均要价、平均展示价格以及相关竞争者的价格。价格可以在渠道的任何水平上进行比较，可以在总数的基础上进行计算，也可以在折扣和回扣后的净价的基础上计算。	测度一个品牌的价格与它的竞争者的价格相比如何。
7.2	保留价格 (reservation price)	个人愿意为产品支付的最大价格。	保留价格很难观察。	需求曲线概念化的一种方法是潜在顾客的保留价格的集合。
7.2	值得购买百分比 (percent good value)	认为产品值得购买，即产品售价低于保留价格的顾客的比例。	比个人的保留价格更易于观察。	需求曲线概念化的第二种方法是值得购买百分比与价格的关系。
7.3	价格需求弹性 (price elasticity of demand)	需求对于价格的一个微小变动的反应，用百分比的比率来表示。	对于线性需求来说，线性预计基于准确的弹性，但弹性随着价格而改变。对于不变需求弹性，线性预计是准确的，但弹性对于所有价格是相同的。	测量对于价格改变的数量反应。如果定价理想，边际贡献是弹性的负倒数。

续前表

	量化指标	结构定义	考虑因素	目的
7.4	最优价格 (optimal price)	对于线性需求，最优价格是变动成本和最大保留价格的平均数。对于不变弹性，最优价格是变动成本和弹性的已知函数。总的来说，最优价格是考虑了数量如何随价格改变的最大化贡献的价格。	只有在每单位变动成本不变并且没有更大的战略性考虑时，最优价格公式才是合适的。	迅速决定最大化贡献的价格。
7.5	剩余弹性 (residual elasticity)	剩余弹性是自身弹性加上竞争者产品的反应弹性和交叉弹性。	依赖的假设是竞争者对于公司价格改变的反应是可以预测的。	测量在考虑了竞争者反应后，对于价格改变所产生数量的反应。

7.1 溢 价

溢价，也称相对价格，是某种产品的售价超出（或未达到）基准价格的百分比。

$$溢价（\%）=\frac{品牌A的价格(\$)-基准价格(\$)}{基准价格(\$)}$$

营销者需要监控溢价作为早期竞争性定价策略的指示器，溢价的变动也是货物不足、存货过量或其他供求关系变动的征兆。

目的：在市场竞争环境下评估产品定价

尽管有一些可以将品牌价格与之相比较的有效的基准，管理者仍试图测量市场上的“平均价格”。通过比较品牌价格和市场平均价格，管理者可以得到关于该产品实力的有价值的深刻认识，尤其是在数量和市场份额改变的情形下。事实上，溢价——也就是相对价格——是商业人士和高层管理者通常使用的量化指标。最近在美国、英国、德国、日本和法国的一项调查显示，至少 63%的公司向它们的董事会报告产品的相对价格。[2]

溢价：特定品牌的商品价格超出（或低于）相似产品或一篮子产品的基准价格的百分比。溢价也称为相对价格。

结构定义

在计算溢价时，管理者必须首先明确一个基准价格。一般，被讨论的某品牌商品的价格也是计算基准价格的一个要素，所有基准水平上的价格都会成为产品的等价量（如每升的价格）。通常使用的基准至少有四种：

- 某一特定竞争者或许多竞争者的价格。
- 平均支付价格：在产品类目下用平均价格加权计算出的单位销售额。
- 显示的平均价格：在产品类目下加权显示的平均价格。
- 平均要价：在产品类目下，简单的（未加权的）平均价格。

某个特定竞争者的价格：计算溢价最简单的方法包括将某品牌价格与其直接竞争者的品牌价格相比较。

示例：阿里的公司在欧盟本土市场上以高于其竞争对手 12%的溢价出售“gO2”矿泉水。阿里想知道在土耳其市场上这个溢价能否维持，因为在该市场，gO2 面临着不同的竞争。他注意到在土耳其市场上 gO2 矿泉水的售价是每升 2 土耳其里拉，而它的主要对手精华牌矿泉水的售价为每升 1.9 土耳其里拉。

溢价＝（2.0－1.9)/1.9
＝0.1/1.9
＝5.3%

当要通过大量的竞争对手来评定一种品牌的溢价时，管理者可以将

其竞争者的选择群的平均价格作为他们的基准。

平均支付价格：另一个有用的基准是顾客为给定类目品牌商品支付的平均价格。这种平均价格至少有两种计算方法：（1）用总的类目销售收入除以总的类目单位销售额得到的比率；（2）在产品类目下的单位份额加权平均价格。注意：市场平均支付价格包括考察的品牌。

还应该注意到单位份额的改变也会影响平均支付价格。当一个低价品牌从它的高价竞争对手中夺取大量市场份额时，平均支付价格会下降，这将使一个公司的溢价（将平均支付价格作为基准计算出来的）上升，即使它的绝对价格并未改变。与此相类似，如果一个品牌根据溢价定价，当市场份额增加时，溢价将下降。其原因在于通过溢价获得市场份额将引起市场上所有平均支付价格的上升，从而将减少品牌价格与市场平均价格之间的差异。

示例：阿里想将他的品牌价格与市场上相似产品的平均支付价格进行比较。他注意到当价格为2土耳其里拉/升时，在市场上有20%的单位销售额。它的高档竞争者，华丽牌为2.1土耳其里拉/升，拥有10%的市场份额；精华牌为1.9土耳其里拉/升，拥有20%的份额。最终，预算品牌佰丝为1.2里拉/升，拥有50%的市场。

阿里计算了加权的平均支付价格：

$$20\%\times2+10\%\times2.1+20\%\times1.9+50\%\times1.2$$
$$=1.59\text{（土耳其里拉）}$$

$$\text{溢价（\%）}=(2.00-1.59)/1.59=0.41/1.59=25.8\%$$

当以平均支付价格为基准计算溢价时，管理者可用价值表现的品牌市场份额除以数量份额。如果价值份额和数量份额相等，则没有溢价。如果价值份额大于数量份额，则有正的溢价。

$$\text{溢价（\%）}=\frac{\text{收入市场份额（\%）}}{\text{单位市场份额}}$$

平均要价：计算平均支付价格需要知道每个竞争者的销售额或份额。比较简单的基准是平均要价——在产品类目下，简单的非加权计算的品牌平均价格。该基准仅需知道价格，因此，用该基准计算出的溢价不受单位份额改变的影响。鉴于此，这个基准起到略微不同的作用。它是品牌价格与它的竞争者价格相比较的一种方法，而没有考虑顾客对那些价格的反应。在计算基准价格时，要平等对待所有的竞争者。计算平均要价时，规模大的和小的竞争者被赋予相同的权重。

示例：根据之前的资料，阿里计算出矿泉水的平均要价：

(2+2.1+1.9+1.2)/4=1.8（土耳其里拉）

以平均要价为基准，他计算出的溢价为：

溢价(%) ＝ (2.0−1.8)/1.8=0.2/1.8=11.1%

显示的平均价格：在概念上位于平均支付价格与平均要价之间的一个基准就是显示的平均价格。当营销者寻求一个能够抓住不同品牌分销的规模和强度差异的基准时，他们也许会根据分销数量量化指标的比例对每个品牌的价格进行加权，典型的分销实力量化指标包括数字分销、ACV（%）和 PCV（%）。

示例：阿里利用数字分销计算出显示的平均价格。阿里的品牌——定价为 2 土耳其里拉/升的 gO2 在 1 000 家销售瓶装水商店中的 500 家销售。定价为 2.1 土耳其里拉/升的华丽牌占据了 200 家商店，定价为 1.9 土耳其里拉/升的精华牌在 400 家商店中销售，而定价为 1.2 土耳其里拉/升的佰丝则出现在 900 家商店中。阿里在数字分销的基础上计算出相对的权重。总的商店数是 1 000，因此权重依次是：500/1 000=50%；200/1 000=20%；400/1 000=40%；900/1 000=90%。权重总计为 200%。计算显示的平均价格时，要将加权的价格总量除以权重总计，如下所示：

显示的平均价格

＝ (2×50%+2.1×20%+1.9×40%+1.2×90%) /200%

=1.63（土耳其里拉）

$$
\begin{aligned}
\text{溢价}(\%) &= (2.00-1.63)/1.63 \\
&= 0.37/1.63 \\
&= 22.7\%
\end{aligned}
$$

数据源、难点和注意点

计算溢价的方法在实践方面有几点需要注意。管理者也许会很容易地选择一些主要的竞争者，进而集中精力分析和比较它们，但通常很难在更小的竞争者中获得可靠的数据。

在解释溢价时，管理者必须很仔细。不同的基准测量不同类型的溢价，且必须依据实际情况加以解释。

溢价可以为负吗？可以。虽然通常仅按照正的价值来表述溢价，但溢价是可以为负的。如果一个品牌获得负的溢价，则它的竞争者获得正的溢价。因此，除了在所有价格都完全相等的几乎不可能存在的情况下，管理者可能想说有正的溢价产生。当一个品牌的价格在市场上最低时，管理者可能会说竞争保持了一定幅度的溢价。

我们可以用零售商、生产商或分销商定价吗？它们在各自的水平上对于理解市场动力都是有用的。当不同渠道的产品有不同的渠道利润时，它们的溢价会有差别，这取决于所考虑的渠道。当表述一个溢价时，管理者应明确它所应用的水平。

不同水平的价格可以在总数的基础上进行计算，也可以在折扣、回扣和优惠券的净价的基础上计算。尤其是当与分销商或零售商进行交易时，制造商销售价格（零售价格）之间会有很大的区别，这取决于它们是否根据折扣和补贴进行了调整。

相关的量化指标和概念

理论溢价：这是使潜在顾客对于两种竞争性产品并不在意的价格差别。它代表了“溢价”术语另一种逐渐普及的用法。理论溢价还可以通过将品牌作为属性的联合分析得出。理论溢价就是一个价格点，在该点上消费者可能不会在意品牌商品和非品牌商品，或两种不同的品牌。我们将其称作“理论”溢价的原因在于不能保证市场上观察到的溢价会有这样的价值。（在 4.5 节有关于联合分析的解释。）

7.2 保留价格和值得购买百分比

保留价格是顾客赋予某种产品的价值，它构成个人愿意支付的最大值。值得购买百分比代表了认为产品在某一具体的价格上值得购买的顾客的比例。

这些是在营销者对定价和顾客价值的评估中有用的量化指标。

目的

保留价格提供了一个在没有其他有用资料的情况下评估产品需求函数的基础，同时给营销者提供了关于定价范围的洞察。如果不可能或不方便询问顾客的保留价格，值得购买百分比可以作为这一量化指标的替代。

结构定义

保留价格：一种价格水平，当高于该价格时顾客将不购买。也称作愿意支付最大值。

值得购买百分比：认为某个产品值得购买的顾客的比例，也就是认为售价等于或低于他们的保留价格的顾客的比例。

为方便举例，我们假定有一个市场，该市场由 11 个个体组成，每个个体对一个给定的产品的不同保留价格分别为 30 美元、40 美元、50 美元、60 美元、70 美元、80 美元、90 美元、100 美元、110 美元、120 美元和 130 美元。该产品制造商试图决定其价格。很明显，提供一个相同的定价是不明智的。而目前，采取定制的价格也是不切实际的。生产该产品的变动成本是 60 美元/单位。

根据这些保留价格，制造商也许会打算以不高于 30 美元的价格出售 11 件产品，以高于 30 美元但不高于 40 美元的价格出售 10 件产品，依此类推。这样将没有任何一件产品的价格高于 130 美元。（为方便起见，我们假设每个顾客都以保留价格购得产品。在这个假设中，保留价格和愿意支付最大值相等。）

表 7—1 说明了价格—数量的关系，以及各价格对公司的贡献。

表 7—1　　价格—数量关系

价格（美元）	值得购买百分比（%）	数量	总贡献（美元）
20	100.00	11	−440
30	100.00	11	−330
40	90.91	10	−200
50	81.82	9	−90
60	72.73	8	0
70	63.64	7	70
80	54.55	6	120
90	45.45	5	150
100	36.36	4	160
110	27.27	3	150
120	18.18	2	120
130	9.09	1	70
140	0.00	0	0
150	0.00	0	0

说明：变动成本为 60 美元/单位。

表示在几个价格水平上的预期数量的表格通常称作需求表格（或需求曲线）。这个例子说明了需求曲线概念化的一种方法是将个人保留价格相累加。尽管在实践上衡量单个个体的保留价格会很困难，这里的关键在于简单地说明保留价格在定价决策中的运用。在这个例子中，最优价格，也就是带来最大贡献值的价格，是 100 美元。在 100 美元时制造商预期销售 4 件，每件贡献的利润为 40 美元，产生 160 美元的总贡献。

这个例子同时说明了消费者剩余的概念。价格为 100 美元时，制造商卖出了 3 件低于顾客保留价格的产品。保留价格为 110 美元的顾客有 10 美元的剩余，保留价格为 120 美元的顾客获得 20 美元的剩余，保留价格为 130 美元的顾客获得 30 美元的剩余。从制造商的观点看，总消费者剩余 60 美元说明，如果能够找到一个可以捕获价值的方法，就有一个可以增加贡献的机会。

数据源、难点和注意点

找出保留价格绝非易事。如下两种技术经常用于获得对此量化指标的深入认识：

- **第二价格拍卖：**在第二价格拍卖中，最高出价人获胜但仅支付第二高的出价数额。拍卖理论认为，当投标于已知价值的物品时，投标者有以保留价格进行投标的动机。一些调查问卷方法被设计用来模仿此程序。其中一种请顾客为某种商品定价，并告知会对这些价格进行抽奖。如果写在彩票上的价格低于被试者所报的价格，那么被试者可获得以所写价格购买所调查商品的机会。
- **联合分析：**在这个分析方法中，营销者会对顾客关于通过权衡愿意获得的任何一系列属性的价值评价有更加深入的了解。

然而，诸如此类的实验很难解释并且在许多情况下无法实践。因此，作为一项可靠的技术，营销者可以测得愿意购买百分比。他们也许会发现通过询问顾客认为在各种价格下一件商品是否值得购买去测试一些备选价格会更容易，而不是试图了解每个顾客的保留价格。

线性需求

由保留价格累加形成的数量—价格表有各种各样的形式。当保留价格的分配是均衡的——保留价格被相等地间隔开，正如下面的例子所示，需求表格将是线性的（见图 7—1）。更确切地说，每个价格上的增量都会导致相等的需求减少量。因为线性函数是目前最常用的需求表示法，我们提供这个函数与潜在保留价格的分配相关的描述。

只需两点就可决定一条直线，同样，只需两个参数便可为这条直线

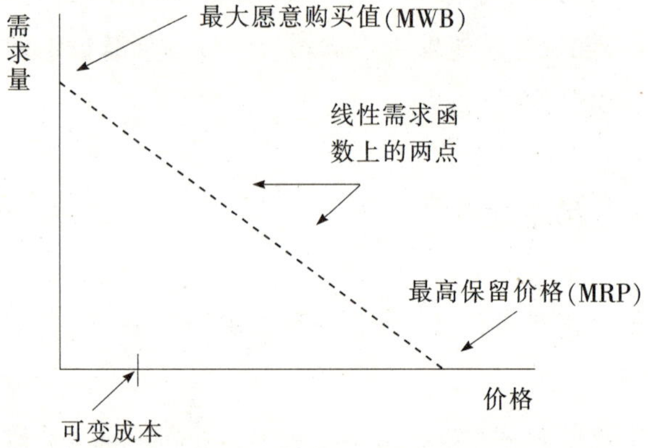

图 7—1　最大愿意购买值和最高保留价格

写一个方程式。一般地，方程式写成：$Y=mX+b$，式中，m 为斜率；b 为 Y 轴上的截距。

一条线还可以根据它穿过轴所截得的两点来定义。在线性需求中，那些交叉点（截点）包含有用的管理解释。

需求量轴的截距可看做最大愿意购买值（MWB），它是某产品潜在顾客的总数。公司对这些顾客在价格为零的水平上服务。假设每个潜在顾客购买一个单位，MWB 是以零价格出售的产品数量。

价格轴的截距可看做最大保留价格（MRP）。最大保留价格是在所有愿意购买产品的顾客中，稍高于最高保留价格的数字。如果一个公司将价格定为 MRP 或更高，就没有人会购买。

最大保留价格：使需求为零的最低价格。

最大愿意购买值（MWB）：当价格为零时，顾客将会“购买”的数量。这是用于测量线性需求函数的人为概念。

在由最大保留价格和最大愿意购买值定义的线性需求曲线中，由数量（Q）作为价格（P）的函数的方程式如下：

$$Q=(MWB)\times\left(1-\frac{P}{MPR}\right)$$

示例：艾琳知道她的软饮料需求是一个简单的线性价格函数。在价格为零时，她可以卖出 10 个单位。当价格为 5 美元时，需求为零。当价格为 3 美元时，能卖出多少单位（见图 7—2）？

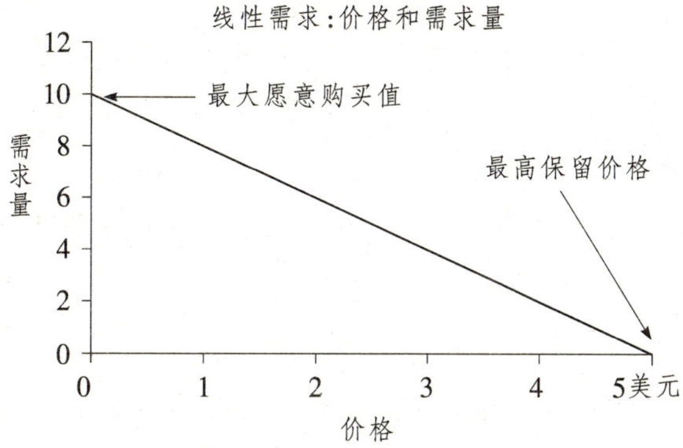

图 7—2 简单线性需求（价格—需求量）函数

对于艾琳的软饮料，最大保留价值（MRP）是 5 美元，最大愿意购买值（MWB）是 10 个单位。价格为 3 美元时，艾琳将卖出 10×（1－3/5）或 4 个单位。

当需求为直线时，价格—需求量函数上的任意两点都可以用来决定 MRP 和 MWB。如果 P_1 和 Q_1 代表第一个价格—数量点，P_2 和 Q_2 代表第二个点，以下两个方程式可用来计算 MWB 和 MRP：

$$\text{MWB}=Q_1-\left(\frac{Q_2-Q_1}{P_2-P_1}\right)\times P_1$$

$$\text{MRP}=P_1-\frac{P_2-P_1}{Q_2-Q_1}$$

示例： 在本章前面，有一个公司以 90 美元的单价出售了 5 件产品，以 110 美元的单价出售 3 件产品。若需求是线性的，MWB 和 MRP 各是多少？

MWB＝5－（－2/20）×90＝5＋9＝14

MRP＝90－（20/－2）×5＝90＋50＝140（美元）

数量方程式即价格函数为：

$$Q=14\times\left(1-\frac{P}{140}\right)$$

正如你所回忆的，本例中的市场由11个潜在的购买者组成，他们分别持有30美元，40美元，…，120美元，130美元的保留价格。当价格为130美元时，公司可卖出一件产品。将之前方程式中的价格定为130美元，数量则为1。为了在实践中也成立，MRP必须是一个比130美元稍大的数。

线性需求函数经常得出一个有限价格范围内的实际需求的合理近似数。例如，在11人的市场中，需求仅在30～130美元间是线性的，但为写出描述需求在30～130美元间线性函数的方程式，我们必须使MWB为14，MRP为140美元。当我们用此线性方程时，必须谨记它仅仅反映了30～130美元间的实际需求，如图7—3所示。

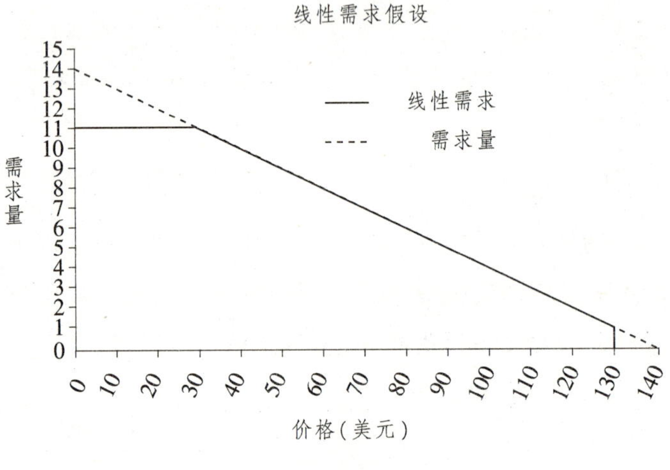

图7—3　简单线性需求示例

7.3　价格需求弹性

价格弹性测量需求数量对价格上较小变动的反应。

$$\text{价格弹性（I）}=\frac{\text{数量变化（\%）}}{\text{价格变化（\%）}}$$

价格弹性是能使营销者确定一个最优价格的有价值的指标。

目的：理解市场对价格变化的响应

价格弹性是最常用的测量市场对价格变动的反应的指标。然而，许多营销者并没有深刻了解价格弹性这个术语的内涵。在本部分，将阐述评估价格弹性时一些潜在的危险细节。这是一个富有挑战性的材料，但它值得为之努力。对价格弹性的有效控制可以帮助管理者制定最优价格。

价格弹性： 需求对价格上小的变动的反应，以百分比的比率来表示。例如，若价格弹性估计为－1.5，则我们预期需求量百分比变化大约为价格百分比变化的 1.5 倍。这个数值为负，说明当价格上升时，需求数量将会下降，反之亦然。

结构定义

若提高一件产品的价格，我们预期需求会平稳还是急速下降？在市场上，若需求对价格变动没有反应，则称需求是缺乏弹性的。若微小的价格变动会对需求产生巨大的影响，则称需求是富有弹性的。大多数人在定性水平上不难理解弹性的概念。当我们要量化这个重要概念时，挑战随之而来。

挑战一：符号的问题

在弹性上的第一个挑战是，对符号的认识是否达成一致。弹性是由于价格上一个小的变动，需求数量变动百分比与价格变动百分比的比率。如果价格的上升引起数量的下降，比率是负数。因此，根据该定义，弹性几乎都为负数。

但许多人仅仅设想价格上升时需求下降，就立即跳到了“多少”的问题上。对于这些人，回答这个问题的价格弹性是正数。在他们看来，若弹性是 2，价格上升的百分比将引起 2 倍的需求下降百分比。

在本书中，我们规定价格弹性是－2。

挑战二：当需求是线性时，弹性随价格变动

对于一个线性需求函数，斜率是恒定的，弹性却不是固定的。原因在于：弹性与斜率不同，斜率是价格变动所对应的数量变动，相反，弹性是价格变动百分比所对应的数量变动百分比。

示例：考虑线性需求曲线上的三个点（8 美元，100 件），（9 美元，80 件），（10 美元，60 件）（见图 7—4）。价格上每一美元的变动引起数量上 20 个单位的变动。

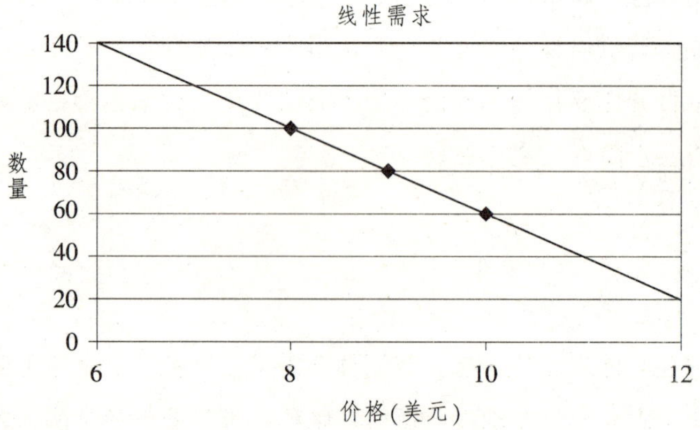

图 7—4　线性需求函数

价格从 8 美元上升到 9 美元（上升 12.5%），数量从 100 下降到 80（下降 20%）。这些百分比的比率是 20%/12.5%，或－1.6。类似地，价格由 8 美元上升到 10 美元（上升 25%），数量由 100 减少到 60（下降 40%）。再一次，弹性（40%/25%）是－1.6，它表明数量变动百分比与价格变动百分比的比率是－1.6，它与价格变动的大小无关。

然而，考虑当价格从 9 美元上升到 10 美元会发生什么状况？数量从 80 下降到 60（下降 25%）。这些数字的比率，25%/11.11%，现在是－2.25。价格从 9 下降到 8 美元产生了－2.25 的弹性，它说明价格为 9 美元时，弹性是－2.25，与价格的任何直接变动无关。

练习：考虑每个可能的价格变动，检验数量变动百分比与价格变动百分比的比率在价格为 10 美元时为－3.33。

对于线性需求曲线，弹性随价格变化。当价格上升，弹性在数量上增加。因此，对于线性需求曲线，一个绝对价格变化所对应的绝对数量变化（斜率）是不变的，而价格变动百分比所对应的数量变动百分比（弹性）并非不变。随着价格增长，需求变得更富有弹性，也就是说，弹性在负方向上变得更大。

对于一个线性需求曲线，需求弹性至少有三种计算方法：

$$\text{弹性}(P_1)=\frac{\dfrac{Q_2-Q_1}{Q_1}}{\dfrac{P_2-P1}{P_1}}$$

$$=\frac{Q_2-Q_1}{P_2-P_1}\times\frac{P_1}{Q_1}$$

$$=\text{斜率}\times\frac{P_1}{Q_1}$$

为强调在线性需求曲线上弹性随价格变动这一观点，我们写下“弹性（P）”来反映弹性是价格的函数这样一个事实。我们同时用术语“点弹性”来强化给定的弹性仅应用于线性需求曲线的一个点的观念。

同样，因为线性需求曲线的斜率代表着一个特定价格变化所对应的数量变化，一个线性需求函数的价格弹性与斜率乘以价格再除以数量的结果相等。在这里用第三个等式表示。

示例：再看之前的需求函数，我们看到曲线的斜率反映，价格上升1 美元，需求减少 20 单位，也就是说，斜率等于－20。

弹性的斜率公式可用来阐明之前的计算。计算曲线上每一点的价格/数量值，并将结果与斜率相乘计算出该点的弹性（见表7—2）。

表 7—2　　从函数斜率计算而来的点弹性

价格（美元）	需求量	价格/数量	斜率	点价格弹性
8.00	100	0.08	－20.00	－1.60
9.00	80	0.11	－20.00	－2.25
10.00	60	0.17	－20.00	－3.33

例如，价格为 8 美元时，售出 100 件，因此，

弹性（8美元）$=-20\times(8/100)=-1.6$

在线性需求函数中，点弹性可用来预测对应任意价格百分比变化的预期的数量百分比变化。

示例：夏威负责一种牙膏品牌的营销活动。他知道该品牌遵循一个线性需求函数。当前价格为3美元时，他的公司目前销售60 000件，弹性为－2.5。有一项提议是将价格提升到3.18美元时，以使不同品牌间的利润标准化。在3.18美元时的价格水平上，能卖出多少件?

价格变动到3.18美元，比当前的3美元上升了6%，因为弹性是－2.5，这样的增长预期会引起单位销售量2.5×6即15%的下降。在当前60 000件销售量中减少15%，数量将为0.85×60 000即51 000件。

不变弹性：有不断变化的斜率的需求曲线

第二种常用于评估需求的函数形式是不变弹性。[3]这种形式是形成"需求曲线"这一术语的原因，因为它实际上是弯曲的。与线性需求函数不同，这一情境下的条件是相反的：弹性是不变的，尽管每一点的斜率都在改变。

不变弹性需求曲线暗含的假设是：一个小的价格百分比的变动会引起相同的数量百分比的变动，与初始价格无关。也就是说，通过百分比表示出的数量对价格的变化率在整个曲线中是一个常数，该常数就是弹性。

用数学术语讲，在不变弹性需求函数中，曲线上所有点的价格除以数量乘以斜率等于一个常数（弹性）（见图7—5）。不变弹性函数也可用一个在电子数据表中更容易计算的等式表示：

$$Q(P)=A\times P^{ELAS}$$

其中，$ELAS$为价格需求弹性，它通常是一个负数；A为缩放比例因子，它可以看做价格为1美元时可售出的数量（假设1美元是一个合理的价格)。

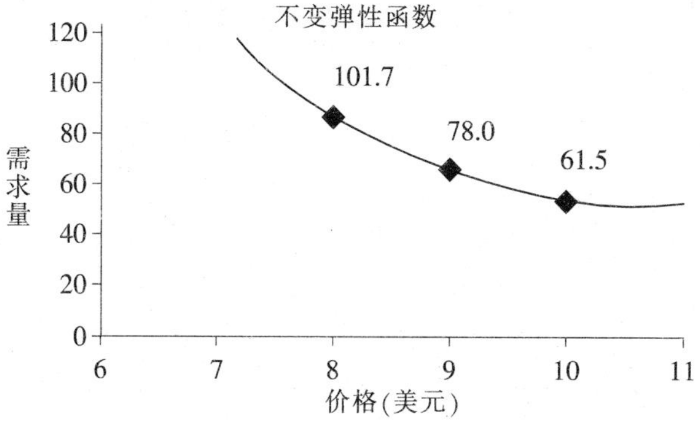

图 7—5 不变弹性

示例： 绘制一条需求曲线，不变弹性为－2.25，缩放比例因子是 10 943.1。对于曲线上每一点，价格上的一个小的百分比增长会产生数量上 2.25 倍的百分比减少。然而，这个 2.25 的比率只对于价格上非常微小的变化起作用。这是因为斜率在每一点都有变化。用这 2.25 的比率来预测价格上的有限的百分比增加往往是接近的。

本例中的曲线轨迹看上去像图 7—5 中的不变弹性曲线，更详细的数字是在 8 美元、9 美元、10 美元的价格水平上，需求量分别为 101.669，78.000 和 61.538 个单位。

不变弹性与持续利息的组合相类似。在不变弹性函数中，价格上的每一个小的百分比的增加产生了数量上的相同百分比的减少。这些百分比的减少在一个不变的比率上组合，导致总体上与持续比率并不严格相等的百分比减少。

由于这个原因，给定不变弹性需求曲线上的任意两点，当需求是线性的时，我们不再能够用有限的差别来计算弹性了。取而代之的是，我们必须使用基于自然对数的更加复杂的公式：

$$ELAS=\frac{\ln\ (Q_2/Q_1)}{\ln\ (P_2/P_1)}$$

示例： 从前面的不变弹性需求曲线中取两点，我们可以证明弹性是−2.25。

比如，在8美元的水平上，数量是101.669，称这些为 P_1 和 Q_1。

在9美元的水平上，数量是78.000，称这些为 P_2 和 Q_2。

将这些代入我们的公式，可以得到

$$ELAS=\frac{\ln(78.000/101.669)}{\ln(9/8)}=\frac{-0.265}{0.118}=-2.25$$

如果我们将 P_2 设为8美元，P_1 设为9美元，我们还是会得到相同的弹性结果。事实上，不管我们选择了不变弹性曲线上的哪两点，也不管我们如何考虑这两点的顺序，弹性始终是−2.25。

概括来说，弹性是市场对于价格变化反应的标准量化指标。总体上，它是需求函数（曲线）的“百分比斜率”，通过将曲线上给定价格的斜率乘以价格与数量的比率得到。

弹性（P）＝斜率×（P/Q）

弹性也可以看做相对于价格上的每个百分比变动，在数量上的百分比变动。

在一个线性需求函数中，斜率是不变的，但是弹性是随着价格改变的。在这种情境下，营销者可以运用弹性估计来计算一个预期的相反方向的价格改变的结果，但他们必须运用适合于他们初始价格点的弹性。原因是：在一个线性需求函数中，弹性在不同的价格点间是不同的，但是基于这些弹性的预计是准确的。

在一个不变弹性需求函数中，弹性在每个价格点上都是相同的，但是基于这些弹性的预计是近似值。如果它们是估计精确的，基于价格变化的基础、运用不变弹性需求函数本身来进行销售额的预测将更加准确。

数据源、难点和注意点

一般来说，价格弹性是基于可获得的数据来估计的。这些数据可以从市场上观察到的实际销售额和价格变化中得到，也可以从顾客意图的联合研究，或者关于保留价格或值得购买百分比的顾客调查，或者市场试验的结果中得出。在得出弹性时，价格—数量函数可以在纸上拟定，从线性或不变弹性方程式形式的回归中得出，或者通过包含其他营销组合变量，比如广告或产品质量的更复杂的表达式得出。

为了证明这些程序的有效性和有用性，营销者必须彻底地理解顾客行为的弹性估计值的含义。通过这一理解，营销者可以决定他们的估计是否有意义或需要进一步的验证。这一步完成之后，下一步就是运用它来作出定价决策。

7.4 最优价格与线性和不变需求函数

最优价格是任何产品的最大获利价格。在一个线性需求函数中，最优价格是最大保留价格与产品变动成本的中值。

$$\text{线性需求函数的最优价格（\$）} = \frac{\text{最大保留价格（\$）}+\text{变动成本（\$）}}{2}$$

通常，产品在其最优价格上的毛利是它的价格弹性的负倒数。

$$\text{最优价格的毛利（\%）} = \frac{-1}{\text{弹性（I）}}$$

尽管应用起来是有困难的，这个关系式提供了一个有力的洞察：在一个不变弹性需求函数中，最优的贡献直接跟随着弹性，这极大地简化了已知变动成本的产品的最优价格的确定过程。

目的：决定产生最大可能贡献的价格

尽管“最优价格”可以用一系列的方式来定义，一个好的起点是一个产品在扣除了变动成本后，可以产生最大化贡献的价格，也就是说，使产品的利润最大化的价格。

如果管理者将价格设定得太低，他们会失去那些愿意支付更多的顾客的一部分收入。另外，低价会导致顾客比其他情况低估产品的价值。

也就是说，它会导致顾客降低他们的保留价格。

相反，如果管理者将价格设定得过高，他们可能有失去那些原来可以使他们获利的顾客的贡献的风险。

结构定义

对于线性需求，最优价格是产品最大保留价格与变动成本的中值。

在线性需求函数中，最大化一个产品的总贡献的价格往往精确地仅次于最大保留价格（MRP）和生产那种产品的变动成本的中点。从数学上来看，如果 P^* 代表着产品的最优价格，MRP 是它的线性需求函数的 X 轴上的截距，VC 是每单位的变动成本，那么，

$$P^* = (\text{MRP}+VC)/2$$

示例：吉米的公司销售成本为 1 美元的商品，需求是线性的。如果定价为 5 美元，吉米相信他可能无法销售出去。他认为，价格上每一美元的下降会使他的产品多卖出一单位。

给定变动成本是 1 美元，最大保留价格是 5 美元，而且需求函数是线性的，吉米可以预期会在变动成本和最大保留价格的中点上达到最大化的贡献。也就是说，最优价格是（5+1）/2，即 3 美元（见图 7—6）。[4]

在一个线性需求函数中，管理者不需要知道产品的需求数量来决定它的最优价格。然而，对于那些想要查看吉米的贡献数字的读者，请看表 7—3 中的数据。

表 7—3　最优价格=1/2（最大保留价格+变动成本）

价格（美元）	需求量	单位变动成本（美元）	单位贡献（美元）	总贡献（美元）
0	5	1	(1)	(5)
1	4	1	0	0
2	3	1	1	3
3	**2**	**1**	**2**	**4**
4	1	1	3	3
5	0	1	4	0

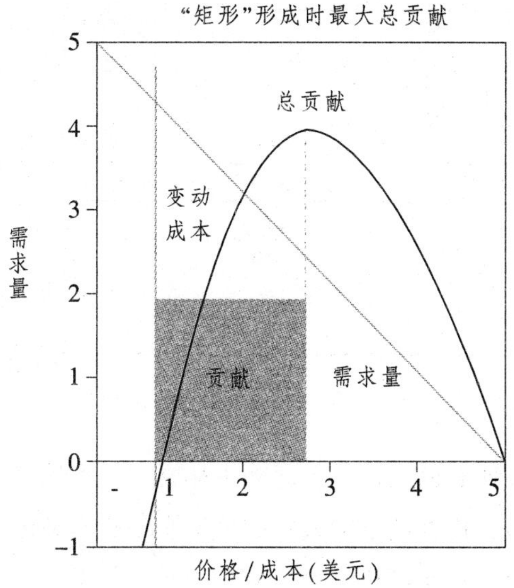

图 7—6　位于变动成本和最大保留价格的中点的最优价格

之前的最优价格公式并没有指出在给定价格出售的数量或者导致的贡献。为了测定最优贡献，管理者可以运用如下等式：

$$贡献^* = (MWB/MRP) \times (P^* - VC)^2$$

示例： 吉米开发出一个新的但是相似的产品，它的需求遵循线性函数，其中最大购买意愿（MWB）是 200，最大保留价格（MRP）是 10 美元，变动成本是 1 美元/单位。他知道他的最优价格会是在最大保留价格和变动成本的中点上，也就是说，将是（1+10）/2=5.5 美元/单位。运用最优贡献的公式，他计算出在最优价格水平上的总贡献：

线性需求函数最优价格水平上的贡献（$）

$$= \frac{\text{MWB}\ (\#)}{\text{MRP}\ (\$)} \times [价格\ (\$) - 变动成本\ (\$)]^2$$

$$= (200/10) \times (5.50-1)^2$$

$$= 20 \times 4.5^2$$

$$= 405\ (美元)$$

吉米建立了一个支持这个计算的电子数据表（见表 7—4）。

表 7—4　　最优价格水平的最大贡献

价格（美元）	变动成本（美元）	需求量	单位贡献（美元）	总贡献（美元）
6	1	80	5.00	400
5.50	**1**	**90**	**4.50**	**405**
5	1	100	4.00	400
4	1	120	3.00	360
3	1	140	2.00	280
2	1	160	1.00	160
1	1	180	0.00	0

这个关系在所有的线性需求函数中都成立，不论斜率是多少。因此对于这样的函数，仅在两个输入——单位变动成本和最大保留价格——的基础上计算最优价格是可能的。

示例：品牌 A、B 和 C 都具有 2 美元的单位变动成本，并且遵循线性需求函数，如表 7—5 所示。

表 7—5　　应用于所有的线性需求函数的最优价格公式

价格（美元）	品牌 A 需求量	品牌 B 需求量	品牌 C 需求量
2	12	20	16
3	10	18	15
4	8	16	14
5	6	14	13
6	4	12	12
7	2	10	11
8	0	8	10
9	0	6	9
10	0	4	8
11	0	2	7
12	0	0	6

在这些输入的基础上，我们可以测定最大保留价格——需求量为零的最低价格。比如，对于品牌 C 来说，我们已知需求遵循一个线性函数，价格上每 1 美元的增长会导致需求数量下降 1 个单位。如果在 12 美元的价格上有 6 单位的需求量，那么 18 美元就是没有人会购买的最

低价格，这就是最大保留价格。我们可以对品牌A和B做类似的测定（见表7—6）。

表7—6　　线性需求函数中，最优价格的确定只需要两个数据输入

	品牌A	品牌B	品牌C
最大保留价格（美元）	8	12	18
变动成本（美元）	2	2	2
最优价格（美元）	5	7	10

为了证明这样确定的最优价格会产生最大的可获得贡献，请看表7—7。

表7—7　　线性需求函数的最优价格可以被证明

价格（美元）	变动成本（美元）	每单位贡献（美元）	品牌A需求量	品牌A贡献（美元）	品牌B需求量	品牌B贡献（美元）	品牌C需求量	品牌C贡献（美元）
P	VC	C=P−VC	Q(给出)	Q×C	Q(给出)	Q×C	Q(给出)	Q×C
2	2	0	12	0	20	0	16	0
3	2	1	10	10	18	18	15	15
4	2	2	8	16	16	32	14	28
5	2	3	6	18	14	42	13	39
6	2	4	4	16	12	48	12	48
7	2	5	2	10	10	50	11	55
8	2	6	0	0	8	48	10	60
9	2	7	0	0	6	42	9	63
10	2	8	0	0	4	32	8	64
11	2	9	0	0	2	18	7	63
12	2	10	0	0	0	0	6	60

由于斜率并不影响最优价格，所有具有相同最大保留价格和变动成本的需求函数会得出相同的最优价格。

示例：一个椅垫生产商经营三个不同的市场——城市、郊区和农村市场，这些市场在大小上差别很大。城市市场的需求量远远高于郊区市场或农村市场。然而，所有市场的变动成本都是相同的，为每单位4美元。最大保留价格在所有的市场上也是相同的，是每单位20美元。忽略市场大小，因此最优价格在所有市场上都是每单位 12（美元）（见图 7—7 和表 7—8）。

表 7—8　　斜率并不影响最优价格

最大保留价格（美元）	20
变动成本（美元）	4
最优价格（美元）	12

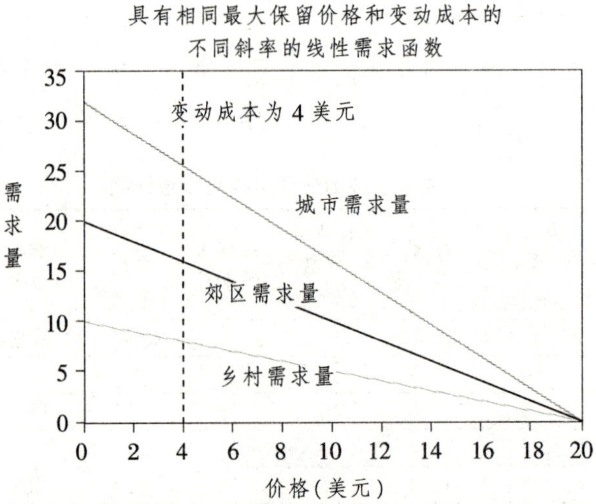

图 7—7　具有相同最大保留价格和变动成本的线性需求函数

12 美元的最优价格在表 7—9 的计算中得到了证明。

表 7—9　　具有不同斜率的线性需求函数

价格（美元）	贡献（美元）	郊区需求	乡村需求	城市需求	郊区贡献（美元）	乡村贡献（美元）	城市贡献（美元）
0	(4)	20	10	32	(80)	(40)	(128)
2	(2)	18	9	29	(36)	(18)	(58)
4	0	16	8	26	0	0	0
6	2	14	7	22	28	14	45
8	4	12	6	19	48	24	77
10	6	10	5	16	60	30	96
12	8	8	4	13	64	32	102
14	10	6	3	10	60	30	96
16	12	4	2	6	48	24	77
18	14	2	1	3	28	14	45
20	16	—	—	—	—	—	—

在这个例子中，将城市、郊区和乡村的市场视为拥有可识别的相同的保留价格可能会有帮助。在每个市场，保留价格在0美元和最大保留价格（MRP）间是一致的。细分市场间的唯一区别在于每个市场的人数不同。这个数字代表着最大愿意购买值（MWB）。正如预期的那样，每个细分市场的人数并不影响最优价格，相对于细分市场内最优价格的分配要小许多。这里所有3个细分市场表现出相同的保留价格的分配，它们具有相同的最优价格。

另一个有用的练习是考虑如果本例中的生产者有能力将每个人的保留价格提高1美元，将会发生什么样的情况。这会使得最优价格增加该数量的一半，即0.5美元。与此相类似，最优价格会提高任何变动成本增加量的一半。

通常的最优价格

当需求是线性时，我们有个容易运用的公式来计算最优价格。不考虑需求函数的形状，在最优价格水平的毛利与弹性之间存在着一个简单的关系。

最优价格，相对于毛利：最优价格是产品毛利率等于其需求弹性负倒数的价格水平。[5]

$$\text{最优价格水平的毛利率（\%）}=\frac{-1}{\text{最优价格水平的弹性}}$$

这样在最优价格水平上成立的一种关系被称做最优化条件。如果弹性是不变的，那么我们可以很容易地运用这项最优化条件来决定最优价格。我们很简单地得到不变弹性的负倒数，结果就是最优的毛利率。如果变动成本已知并且不变，那么我们只需要决定对应计算出的最优毛利的价格。

示例：销售体育商品的商场经理知道运动衫的需求量具有不变的价格弹性，为−4。为了达到最优定价，她将她的毛利率设定为与需求弹性的负倒数相等的水平。［一些经济学家将这个价格—成本毛利称为勒纳（Lerner）指数。]

$$最优价格水平的毛利=\frac{-1}{-4}=25\%$$

如果每件运动衫的变动成本是 5 美元，那么最优价格就是 5/（1−0.25），即 6.67 美元。

关于几个价格弹性的最优贡献在表 7—10 中列出。

表 7—10　　样本弹性的最优贡献率

价格弹性	毛利率
−1.5	67%
−2	50%
−3	33%
−4	25%

因此，如果公司的毛利率是 50%，它的价格只有在弹性为−2 的价格水平上才是最优的。相反，如果公司在目前价格上的弹性是−3，那么它的定价只有在其可以产生 33%的毛利率时才是最优的。

最优价格水平的毛利率与价格弹性之间的关系是营销者对价格需求弹性如此热衷的一个主要原因。价格弹性的测量是困难的，但通常来说贡献率的测量并不困难。营销者现在可能会问他们目前的利润是否与价格弹性的估计值相一致。下面，我们会更详细地来探讨这个问题。

作为过渡，如果弹性随着价格变化，营销者可以运用这个最优化条件来解决最优价格的问题。这个条件也适用于线性需求函数。然而，因为线性需求的最优价格公式相对简单，在这种情形下营销者很少运用总体最优化条件。

数据源、难点和注意点

决定线性和不变弹性需求函数的最优价格的捷径依赖于这样的假设：变动成本在考虑的范围内是保持不变的。如果这个假设不成立，营销者很可能会发现电子数据表模型将提供决定最优价格的最简单的方法。

我们已经详细探讨了这些关系，因为它们提供了关于利润与需求价格弹性之间关系的有用的观点。在日常的管理中，利润构成了许多分析的起点，包括那些关于价格的分析。这种动态的一个例子就是成本加成定价。

成本加成定价在营销领域承受了严重的压力。它不仅被描述为内部导向的，而且被称为天真的，因为它有可能牺牲利润。然而，换一种角度来看，成本加成定价可以被认为是保持利润的努力。如果管理者选择了正确的利润——与产品需求的价格弹性相关的利润水平，那么用来维持它的定价可能在实际上是最优的（如果需求具有不变的弹性）。因此，成本加成定价比普遍认为的更加具有以顾客为中心的特征。

相关的量化指标和概念

价格定制——a. k. a 价格歧视：营销者已经开发出多种价格歧视指标，包括优惠券、回扣和折扣等。所有这些都被设计用来利用顾客中不同的价格敏感性。无论何时，只要顾客具有不同的价格敏感度或者不同的服务成本，机敏的营销者就能找到机会来通过价格定制得到增量价值。

示例：某品牌太阳镜的需求是由两个细分市场组成的：关注风格的消费者［他们对价格敏感性较小（更加无弹性）］和关注价值的消费者［他们对价格更加敏感（更加有弹性）］（见图 7—8）。关注风格的群体的最大保留价格为 30 美元，最大愿意购买量为 10 单位。而关注价值的群体的最大保留价格为 10 美元，最大愿意购买量为 40 单位。

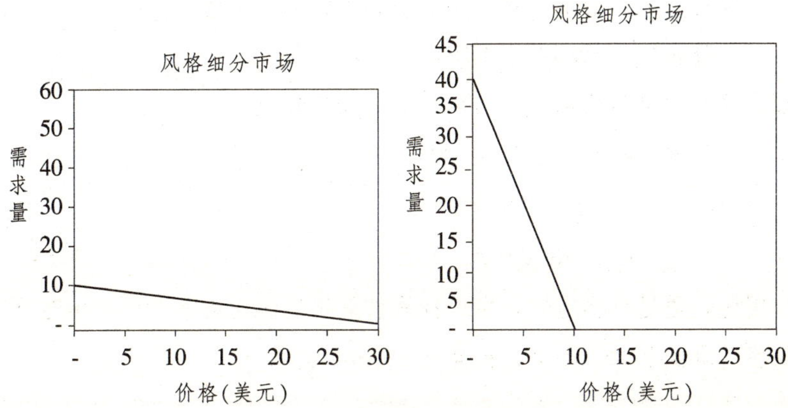

图 7—8　需求的两个细分市场

选择 A：两个细分市场相同价格

假定太阳镜制造商计划以相同的价格供给两个细分市场。表 7—11 列出了几个备选价格的贡献。最优单独价格（精确到分）是 6.77 美元，产生的总贡献为 98.56 美元。

表 7—11　　两个细分市场：两个市场同一价格

单一价格（美元）	价值群体需求数量	风格群体需求数量	总需求量	总贡献（美元）
5	20	8.33	28.33	85.00
6	16	8.00	24.00	96.00
6.77	12.92	7.74	20.66	98.56
7	12	7.67	19.67	98.33
8	8	7.33	15.33	92.00

选择 B：两个细分市场不同价格

生产商如果可以寻找到为每个细分市场索取其最优价格的方式，就能增加总的贡献。在表 7—12 中，我们列出了如果每个细分市场支付不同的最优价格，各细分市场相对应的最优价格、数量和可获得的贡献。

表 7—12　　两个细分市场：价格定制

	最大保留价格（美元）	变动成本（美元）	最优价格（美元）	数量	收入（美元）	贡献（美元）
风格	30	2	16	4.67	74.67	65.33
价值	10	2	6	16	96.00	64.00
总计				20.67	170.67	129.33

这些最优价格是用最大保留价格（MRP）和变动成本（*VC*）的中点值计算出来的。最优贡献是用如下公式计算出来的：

$$贡献^* = (MWB/MRP) \times (P^* - VC)^2$$

比如，在关注风格的细分市场中，会有如下结果：

$$贡献^* = (10/30) \times (16-2)^2$$
$$= (1/3) \times 14^2$$
$$= 65.33（美元）$$

因此，通过价格定制，在保持需求量不变的情况下，太阳镜生产商可以将总贡献从 98.56 美元提高到 129.33 美元。

当不同细分市场的变动成本不同时，比如航空公司的经济舱与商务舱的服务成本，基本的计算仍然是相同的。为了确定最优价格，营销者只需要根据每个细分市场的实际成本，改变每单位的变动成本。

注意：法规

在大多数产业经济中，政府已经通过了关于价格歧视的法规。在美国，这些法规中最重要的是《鲁宾逊-帕特曼法》（Robinson-Patman Act）。根据最高法院对这项法案的解释（2005 年中期），这个法案只禁止伤害竞争的价格歧视。该法案预期的两种主要的伤害类型是：

1. **第一级竞争伤害：** 价格歧视可能被用于掠夺性的策略，也就是说，公司可能将产品对一些顾客的价格设定在成本之下，以达到在供应水平上伤害竞争的目的。反托拉斯权力机关将这项关于掠夺性定价的标准应用于《谢尔曼法》（Sherman Act）和《联邦贸易委员会法》（Federal Trade Commission Act），以评价价格歧视的主张。

2. **第二级竞争伤害：** 销售商向相同商品的竞争性购买者索要不同的价格，或者在提供“补贴”，比如补偿广告或其他服务时，给予不同的待遇，可能会违反《鲁宾逊-帕特曼法》。这样的歧视会伤害竞争，因为给予一些受欢迎的顾客补贴，使其对竞争效率没有任何贡献。

在美国，价格歧视常常是法律许可的，尤其是当它反映了与不同购买者交易的不同成本，或者由销售商尝试迎合竞争者的价格和服务引起时。[6]然而很明显，这不是一个法律上的观点。法律上的建议应该依公司的环境而有所不同。

7.5 自身、交叉和剩余价格弹性

剩余价格弹性的概念将竞争动态引入了定价过程，它包括竞争者反应弹性和交叉弹性。这有助于解释为什么日常生活中的价格很少被设定在由弹性观点简单决定的最优价格水平上。营销者有意或无意地将竞争动态的因素纳入了他们的定价决策中。

剩余价格弹性（I）
＝自身价格弹性（I）＋［竞争者反应弹性（I）
×交叉弹性（I）］

预期的竞争性反应越大，剩余价格弹性与公司自身价格弹性的相差就越大。

目的：同时解释在计划价格改变时的顾客价格弹性和潜在竞争性反应

在日常生活中，弹性常常并不完全符合前面所讨论的关系。比如，管理者可能会发现他们对于这个关键量化指标的估计与他们利润的负倒数并不是相等的。这是否意味着他们所设定的价格不是最优的？可能是这样。

然而，更有可能的是，他们在定价决策中考虑到了竞争的因素。营销者不是运用从现有的市场条件下估计得到的弹性值，而是可能会估计——或凭直觉——竞争者对于计划的价格改变反应后，弹性会处于什么水平。这就引入了一个新的概念，剩余弹性——在考虑了可能由最初的价格改变引起的竞争者的价格升降后，顾客对于价格变化反应的需求弹性。

剩余价格弹性是以下三个因素的综合：

1. **"自身"价格弹性**——由于公司顾客对于价格变化的反应而导致的售出单位数的变化。

2. **"竞争者反应"弹性**——竞争者对于公司价格变动的反应。

3. **"交叉"价格弹性**——公司的顾客对于其竞争对手的价格变化的反应。

这些因素及其交互作用如图7—9所示。

自身价格弹性：市场上的顾客如何对我们的价格变化作出反应。

竞争者反应弹性：竞争者如何对我们的价格变化作出反应。

交叉弹性：我们的顾客如何对竞争者的价格变化作出反应。

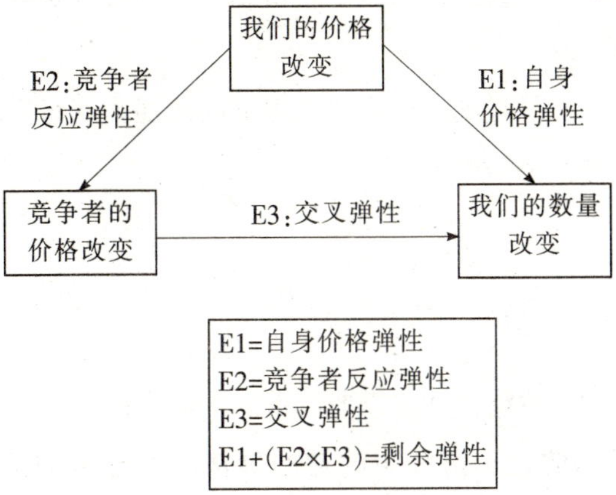

图 7—9　剩余价格弹性

自身价格弹性与剩余价格弹性之间的区别在已有的文献中描述得并不清晰。比如，一些关于价格弹性的量化指标，包括过去的竞争性反应，比剩余价格弹性具有更大的预示性。其他的主要反映了自身价格弹性并要求进一步的分析来决定销售额和收入最终应该落在哪里。下面的行动和反应的顺序是说明性的：

1. 公司改变价格并观察销售额上的相应改变。另一种做法是，可能追踪其他与销售额相关的量化指标，比如选择份额或优先选择。

2. 竞争者观察公司价格改变和销售额的增长，以及（或）他们自己在销售额上的减少。

3. 竞争者决定是否改变自己的价格和在多大程度上改变价格。这些价格改变的市场影响取决于：(1) 变动的方向和程度；(2) 交叉弹性的大小，也就是说，初始公司的销售数量对于竞争者价格改变的敏感度。因此，在追踪了对于自身价格改变的反应后，初始公司可能观察当竞争者价格的改变在市场上产生作用后，销售额的进一步转移。

由于这种动态作用，一个公司如果仅仅通过顾客对于它的初始行为的反应来测量价格弹性，就会忽略一个重要的潜在因素：竞争性反应及其对销售的影响。只有垄断者可以在不考虑竞争反应的情况下作出定价决策，其他公司可能忽视或拒绝考虑竞争性反应，放弃像推断这样的分析。但是这会产生短视的危险，会导致危险的结果。仍有一些公司可能运用博弈理论，寻求纳什均衡来预期价格最终会落在哪里。（在这种情形下，在纳什均衡所在的价格点上，市场上的所有竞争者都没有动力去寻求价格改变。）

尽管竞争动态的详细探讨超出了本书的范围，下面我们将提供一个关于剩余价格弹性的简单框架。

结构定义

为了计算剩余价格弹性，需要以下三个输入：

1. **自身价格弹性：**由公司的初始价格改变导致的销售量的变化，假定竞争者的价格没有改变。

2. **竞争者反应弹性：**竞争者为回应公司初始的价格改变可能作出的价格改变的程度和方向。比如，如果竞争者反应弹性是0.5，那么公司将价格降低一个小的百分比，预期竞争者的价格降低幅度为该百分比的一半。如果竞争者反应弹性是－0.5，那么公司将价格降低一个小的百分比，预期竞争者的价格上升幅度为该百分比的一半。这种情形并不常见，但是可能发生。

3. **关于竞争者反应的交叉弹性：**由竞争者价格的一个小的百分比改变而使初始公司销售额变动的百分比和方向。如果交叉弹性是0.25，那么竞争者价格的一个小的百分比上升会导致初始公司销售额以该百分比的四分之一的比例上升。注意到交叉弹性的符号往往与自身价格弹性的符号相反。当竞争者的价格上升时，公司的销售额一般会上升，反之亦然。

剩余价格弹性（I）

＝自身价格弹性（I）＋［竞争者反应弹性（I）×交叉弹性（I）］

公司销售变化的百分比可以通过自身价格变化与剩余价格弹性的乘积进行估计：

剩余弹性中销售变化（%）

＝自身价格变化（%）×剩余价格弹性

关于价格改变引起的任何销售额上的改变的预测，应该考虑可以预期的随后的竞争性价格反应，以及这些反应在作出初始改变的公司的销售额上的二次作用。调整了这样的反应的净效果可能是增强、减小或者甚至逆转了预期从初始价格改变中得到的销售额改变。

示例：一个公司决定将价格降低10％（价格变动＝－10％）。它估计自身的价格弹性为－2。忽略竞争性反应，这个公司预期10％的价格下降会产生销售额20％的增长［（－2）×（－10％）］。（注意：如同在前面关于弹性的讨论中看到的，基于点弹性的预计只有在线性需求函数中才是准确的。因为这个例子并没有说明需求曲线的形状，预计的20％的销售额增长只是一个近似数。）

公司估计竞争者反应弹性为1，也就是说，对于公司的行动，竞争者相应地会将价格沿着相同的方向以相同的百分比改变。

公司估计交叉弹性是0.7，也就是说，竞争者价格的小的百分比变动会导致公司销售额改变0.7个百分点。在这个基础上，

剩余弹性＝自身价格弹性＋竞争者反应弹性×交叉弹性

＝－2（1×0.7）

＝－2＋0.7

＝－1.3

销售额增长≈价格改变×剩余弹性

＝（－10％）×（－1.3）

＝13％

竞争者反应和交叉弹性将会使公司的初始预计销售额的增长从20％减少到13％。

数据源、难点和注意点

解释潜在的竞争性反应是重要的，但是可能会有在争夺的市场上管理价格战略的更加简单和可靠的办法。博弈论和价格领导者法则提供了一些指导。

重要的是对于管理者来说，要区分在本质上不能解释竞争反应的价

格弹性测量和那些可能已经纳入一些竞争动态的测量。比如，在价格敏感性的“实验室”调查，比如问卷调查、模拟市场测试和联合分析中，可能提供给消费者假定的定价场景。这些可以同时测量自身价格弹性和从具体价格组合中产生的交叉弹性。但是一个有效的测试是很难达到的。

对于历史数据的量化分析，评价公司在相当长时期内在市场上的销售额和价格（也就是，年度或季度资料），可能会更好地做到结合竞争性变化和交叉弹性。根据公司在过去多少有些随机地改变价格的程度和竞争者反应的程度，通过这样的分析得到的弹性估计值将量化剩余弹性。然而，包含在从历史数据中测量的价格弹性的挑战和复杂性仍然令人沮丧。

相反，短期市场测试实验不可能得出关于剩余价格弹性的良好估计。在短期，竞争者可能还没有得知价格的改变或者还没来得及作出反应。因此，基于测试市场的弹性估计更接近于自身价格弹性。

可能不太明显的是基于交易数据（比如扫描销售额和短期价格促销）的量化分析。在这些研究中，价格在短期内下降，然后在更长的时期内上升，简单下降，再上升，如此循环。即使竞争者在这个研究时期内进行他们自己的价格促销，通过这种方式得到的价格弹性的估计值很可能受到两种因素的影响。首先，竞争者的可能反应不会被纳入弹性估计中考虑，因为他们没有时间对初始公司的价格变动作出反应。也就是说，他们的反应大多数是由他们自己的计划驱动的。其次，依据消费者在价格折扣期间储存商品的程度，价格弹性的任何估计都要比在长期价格改变过程中观察到的高。

囚徒困境定价

囚徒困境定价描述了这样一种情形，即各方对自身利益的追求导致了对于所有人的次优结果。这个现象可以引申到价格在高于预期最优水平的稳定性上。在许多方面，这些高于最优的价格呈现出卡特尔定价的特征，但其可以不经过外在的共谋而达到，只要各方理解动态环境和他们的竞争者的动机以及经济学。

囚徒困境现象得名于阐述这一概念的故事。一个犯罪团伙的两名成员被逮捕入狱，每个囚犯都被关在一个独立的封闭空间，没有办法与另外一个人交谈。警察由于没有足够的证据来在主要罪行上证明这两个人有罪，因此计划以一个更小的罪名将两人判决入狱一年。然而，首先他们试图使其中至少一个人认罪。他们同时为每个囚犯提供了一个福斯蒂娜契约（Faustian bargain）。如果囚犯为他同伙的罪行作证，他会被释放，而他的同伙会在主要罪行上被判入狱 3 年。但是这里有一点……如果两个囚犯都为对方的罪行作证，那么他们两个都会被判入狱两年。在这个基础上，每个囚犯都认为他应该尽力证明他的同伙有罪，而不考虑对方如何做。

图 7—10 是对这个困境中的选择和结果的总结，这是从囚犯中第一人的角度来画的，第一人结果用黑体来表示。对方的结果用楷体表示。

我的同伙拒绝作证	3 年 我被释放	1年 1年
我的同伙作证	2 年 2 年	我的同伙被释放 3年
	我作证	我拒绝作证

图 7—10　囚徒困境清算格

继续第一人的观点，每个囚犯都做如下推理：如果我的同伙作证，如果我也作证，被判 2 年；如果我不作证，将被判 3 年。另一方面，如果我的同伙不作证，那么如果我作证，将会被释放；不作证会在狱中待上 1 年。在任何一种情况下，如果我作证，境况都会好一些。但这就产生了一个困境。如果我遵循这样的逻辑然后作证，而且我的同伙也是这样的，我们最终会结束在表格左下方的方格中，在狱中度过两年。

图 7—11 用箭头来表示这些优先选择——黑色的箭头是这个推理过程中的第一个描述者，灰色的箭头代表他的同伙。

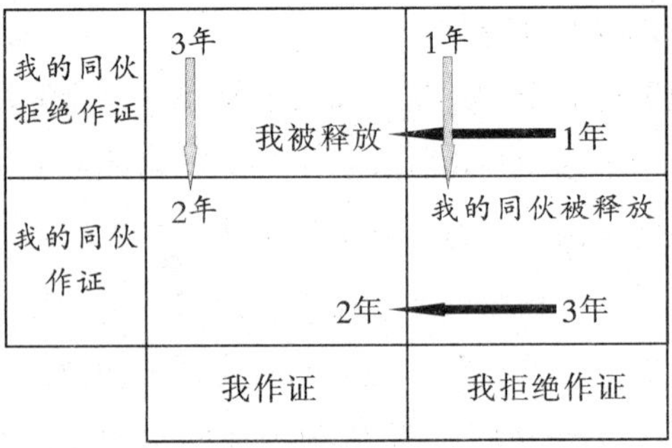

图 7—11　清算格：箭头代表囚犯的优先选择

当然，这个困境在于，遵循箭头并作证是完全合理的。但是当两个囚犯都这样做时，他们都会得到比他们都拒绝作证时更差的结果。也就是说，当两个人都作证时，他们都会在监狱度过 2 年。如果他们拒绝作证，他们都会将这一时间缩短为 1 年。

应该承认，确立囚徒困境的结构是需要相当多的时间的，而领会它的含义需要更长的时间。但是这个故事作为一个有力的比喻，浓缩了大范围的基于自身最佳利益行动而导致每个人的状况都更糟的情形。

在定价过程中，许多情形下公司及其竞争者面临着囚徒困境。通常，在不考虑竞争者的定价政策的情况下，公司认为它能够通过降低价格来增加利润。同时，它的竞争者也这样认为。也就是说，它们也可以从削减价格中赚得更多，如果不考虑初始公司的行动。然而，如果初始公司和它的竞争者都降低价格——也就是，如果所有各方都遵循它们自己的单方利益最优化——在许多情况下，它们就会得到更糟的结果。在这些情况下，行业挑战就是尽管每个公司都会从降低价格中获利，仍要将价格保持在高水平。

给定高价和低价之间的选择，公司在以下条件下面临囚徒困境的定价情形：

1. 在同时面临高价和低价的竞争者时，它如果在低价销售，则贡献值更大。

2. 竞争者在面临初始公司同时提供的高价和低价时，若在低价销售则贡献更大。

3. 然而，对于初始公司和它的竞争者来说，如果各方在高价之后都将价格制定得比合理价格更低，那么贡献就更小。

示例：如表 7—13 所示，我的公司面临着一个主要竞争者。现在我的公司的定价是 2.90 美元，竞争者的价格是 2.80 美元，我公司占有 40%的市场份额，市场总份额为 2 000 万个单位。如果我将价格降至 2.60 美元，我预计我公司的份额将会上升到 55%——当然，除非它也降低价格。如果它也将价格降低 0.30 美元——至 2.50 美元，那么我预计我们的市场份额会保持不变 40/60。另一方面，如果我的竞争者降低了价格，但我公司保持 2.90 美元不变，那么我预计它的市场份额会增加到 80%，那么我公司就只有 20%的市场份额。

表 7—13　　情境计划清算表

定价情境	我方价格（美元）	我方数量（百万）	我方销售额（百万美元）	我方变动成本（百万美元）	我方贡献（百万美元）
我公司高，竞争者高	2.90	8	23.2	9.6	13.6
我公司高，竞争者低	2.90	4	11.6	4.8	6.8
我公司低，竞争者低	2.60	8	20.8	9.6	11.2
我公司低，竞争者高	2.60	11	28.6	13.2	15.4
我公司高，竞争者高	2.80	12	33.6	14.4	19.2
我公司高，竞争者低	2.50	16	40.0	19.2	20.8
我公司低，竞争者低	2.50	12	30.0	14.4	15.6
我公司低，竞争者高	2.80	9	25.2	10.8	14.4

如果我们的变动成本均为 1.20 美元/单位，而且市场规模保持在 2 000万个单位不变，我们面临 4 种可能的情境，包含 8 个贡献数字——4 个是我公司的，4 个是竞争者的：

我们是否处于囚徒困境中？

图 7—12 显示了我方公司和对方公司的 4 组可能的贡献值。

让我们来看囚徒困境的条件是否得到满足：

1. 不论竞争者以高价或低价销售商品，如果我方处于低价水平，那么我方贡献就会较高（1 540 万美元＞1 360 万美元，1 120 万美元＞680 万美元）。不论我的竞争者如何做，我们在低价水平上都会获得更多的收入。

2. 不管我方价格如何，竞争者如果以低价销售，都会取得更大的

对方的价格为2.80美元 高	1 440万美元 1 540万美元	1 920万美元 1 360万美元
对方的价格为2.50美元 低	1 560万美元 1 120万美元	2 080万美元 680万美元
	我方价格为2.60美元 低	我方价格为2.90美元 高

图7—12　预期价值清算格

贡献（1 560万美元＞1 440万美元，2 080万美元＞1 920万美元）。如果不考虑我方价格，他们也会在低价水平上过得更好。

3. 然而，对于我和我的竞争者来说，如果我们都采用低价，获得的贡献值要比我们都采用高价时更低（1 560万美元＜1 920万美元，1 120万美元＜1 360万美元）。

囚徒困境的条件得到了满足（见图7—13）。

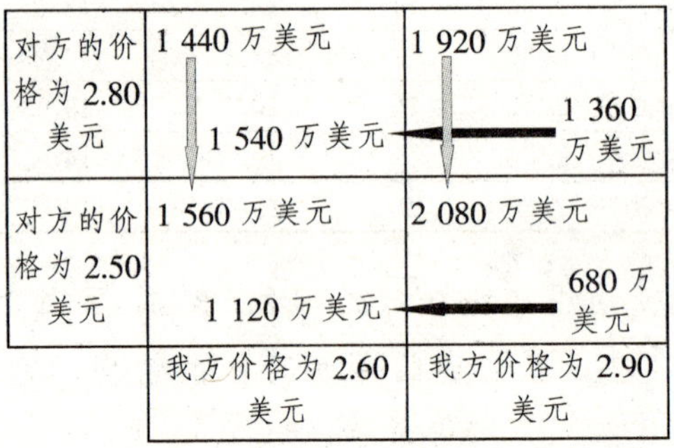
对方的价格为2.80美元
1 440万美元
1 920万美元
1 540万美元
1 360万美元
对方的价格为2.50美元
1 560万美元
2 080万美元
1 120万美元
680万美元
我方价格为2.60美元
我方价格为2.90美元

图7—13　带有期望价值和选择箭头的清算格

这对于我公司的启示很明显：虽然降低我方的价格很诱人，寻求增长的市场份额和1 540万美元的利润，但是我必须认识到我的竞争者也面临同样的诱惑。它也有降低价格、获取市场份额和增加利润的动机。但是如果它降低价格，我很可能也降低我的价格。如果我降低价格，它同样也很可能会降价。如果我们都降低了价格，我就只能得到1 120万美元的利润——远远低于我目前所获得的1 360万美元的利润。

管理注释：为了确定你是否面临囚徒困境，在四种综合了你和竞争对手高低价格组合的情况下预计双方的利润额，可能需要假设你的竞争对手的经济能力。相应地，这些也需要慎重。如果竞争者的经济能力与你的预计相差甚远，他们可能不会面临你的模型为他们所设定的决策或刺激动机。另外，即使假设是正确的，也有很多解释为什么囚徒困境的逻辑并不总是成立的理由。

1. **利润可能不是决策制定的唯一标准：**在我们的例子中，我们运用利润额作为双方公司的目标。然而，除了市场份额对于利润额的短期、直接的影响，它可能对于其中一个或更多的公司来说是很重要的。不管一个公司的目标可能是什么，如果它是可量化的，我们就可以把它放入表格来更好地理解竞争形势。

2. **法律事项：**一些设计用来限制竞争和保持高价的活动是合法的。我们在这里的目的是帮助管理者理解包含在竞争性定价中的经济上的权衡。管理者应该注意他们的法律环境并根据要求进行经营活动。

3. **多个竞争者：**当市场上存在多个竞争者时，定价就会变得更加复杂。多方囚徒困境的试验是前述试验的逻辑延伸。然而，主要的区别在于实际中，作为一个一般原则，独立的竞争者越多，保持高价就会越困难。

4. **单次博弈与重复博弈：**在我们之前的故事中，两个囚犯在一个单独的研究中决定是否作证。用博弈论的术语来说，他们所进行的是单次博弈。试验已经表明，在囚徒困境的单次博弈中，可能的结果是两个囚犯都会作证。然而，如果博弈是重复进行的，更有可能出现的情况是两个囚犯都会拒绝作证。因为定价决策是被重复制定的，这表明高价是一个更可能的结果。大多数公司最后都学会与它们的竞争者共存。

5. **不止两种可能价格：**我们已经研究了每个博弈者考虑两种价格的情形。在现实中，可能考虑的是很大范围的价格区间。在这种情况下，我们可能将我们的分析扩展到更多的方块中。然后，我们可能再加入箭头来追踪优先选择。运用这些更加复杂的观点，有时可能会在表格中发现一些区域，这些区域（通常在高价水平）适用囚徒困境，而另一些区域（通常在低价水平）则不适用；也可能会发现，箭头指向表格中间特定的称为均衡的方格。囚徒困境情形通常适用于高于均衡价格集的价格水平。

应用囚徒困境的教训，我们看到基于自身价格弹性的最优价格计算可能会使我们在自身单方最大利益的原则上行事。相反，当我们将剩余价格弹性纳入我们的计算时，竞争性反应成为我们定价战略的关键因素。正如囚徒困境所说明的，从长期来看，公司基于自己现在的单方最大利益经营时，并不总是能得到最佳的结果。

参考文献和建议进一步阅读的资料

Dolan，Robert J.，and Hermann Simon.（1996）. *Power Pricing：How Managing Price Transforms the Bottom Line*，New York：Free Press，4.

Roegner，E. V.，M. V. Marn，and C. C. Zawada（2005）. “Pricing，” *Marketing Management*，14（1），23－28.

注释

[1] Dolan，Robert J.，and Hermann Simon. *Power Pricing：How Managing Price Transforms the Bottom Line*，New York：The Free Press，4.

[2] Barwise，Patrick，and John U. Farley，“Which Marketing Metrics Are Used and Where?” Marketing Science Institute，（03－111）2003，working paper，Series issues two 03－002.

[3] 不变弹性函数也被称为 log 线性函数，因为它们可以表达为：$\log Q=\log A+$ 弹性 $\times \log(p)$。

[4] 在用图表描述这种关系时，经济学家常常用纵轴表示价格，用横轴表示需求数量。建议经理人分析图表时，经常查看坐标轴的定义。

[5] 如果价格弹性是用速记的正数来表示，那么我们就不需要下面公式中的负号。

[6] Poundstone，William.（1993）. *Prisoner's Dilemma*，New York：Doubleday，118.

第 8 章

促　销

引　言

本章涉及的量化指标

基线销售额、增量销售额和促销提升

优惠券或回扣的赎回率

折扣销售额百分比、折扣时间百分比和平均折扣深度

执行率和价格瀑布

价格促销可以分为两大类：

- 临时性降价。
- 价格体系的持久特征。[1]

基于以上两方面，公司寻求改变消费者和交易顾客的行为的方法，来达到随时间流逝增加销售和利润的目的，尽管促销对于利润的短期效果通常是消极的。有很多途径来达到销售额和利润的增长，也存在许多提供价格促销的潜在理由。这样的计划可能旨在影响最终使用者（消费者）、交易顾客（分销商或零售商）、竞争者，甚至公司自己的销售人员的行为。尽管促销的目标常常是增加销售额，这些计划也会影响成本。具体的短期促销目标包括以下方面：

- 为了获取新的顾客，可能通过引发试用而得到。
- 为了吸引新的或不同的比公司过去的顾客对价格更加敏感的细分

市场。

- 增加已有顾客的购买率，提升忠诚度。
- 获得新的交易账户，即分销。
- 为了给交易引进新的库存单位。
- 增加货架空间。
- 通过鼓励公司的顾客“装载”存货，达到巩固竞争努力的结果。
- 通过诱惑顾客比通常更早（或更晚）订购，以实现季节性类目产品的产量平稳。

测量这些临时目标的许多量化指标（包括试用率和新产品销售额的百分比）会在其他地方涉及。在本章中，我们主要集中讨论用于监控价格促销及其对于销售额和利润的影响的可接受度的量化指标。

用于评估临时性价格促销的最有力的框架是将销售额分为两类：基线销售额和增量销售额。基线销售额是那些公司在不进行促销时预期达到的销售额。增量销售额代表着价格促销所导致的销售额的“提升”。通过将基线销售额从销售额增加中分离，管理者可以评价临时性价格下降所导致的销售额的增加能否补偿伴随的价格和边际利润的减少。相似的技术被应用于表示决定优惠券和回扣的获利性。

尽管价格促销的短期效果几乎总是通过销售额的增加来测量的，在更长的时期内管理层更加关注折扣销售百分比和产品折扣期间的时间百分比。在一些行业中，定价已经仅仅被当做讨论折扣的基准。

平均折扣深度和价格瀑布有助于认识价格下降的深度和在说明所有折扣后解释如何得到产品的净价（口袋价格）。提供给交易商的折扣与这些折扣在何种程度上被接受，通常是有很大区别的。在交易商享受的折扣与交易商给它的顾客的折扣之间也会存在差别。执行百分比和价格瀑布用于分析这些动态变化的结构，因此也用来测量公司促销的影响。

	量化指标	结构定义	考虑因素	目的
8.1	基线销售额（baseline sales）	销售额关于营销变量回归函数中的截距。基线销售额等于总销售额减去由于营销活动引起的增量销售额。	营销活动也对基线做出了贡献。	用来测定目前的销售额中有多少是不依赖于具体的营销努力的。

续前表

	量化指标	结构定义	考虑因素	目的
8.1	增量销售额/促销提升 (incremental sales，or promotional lift)	总销售额减去基线销售额。对于上面提到的营销变量的回归系数。	需要考虑竞争性行为。	用来测定营销努力的短期效果。
8.2	赎回率 (redemption rates)	兑换的优惠券除以分发的优惠券。	会因优惠券分发的形式而有很大的差别。	在调整了可能没有使用优惠券的销售额后，对于优惠券“提升”的大概测量。
8.2	优惠券和回扣成本 (costs for coupons and rebates)	优惠券面值加上赎回费用，乘以兑换的优惠券数。	并不考虑可能由那些购买产品但未使用优惠券的贡献。	允许进行优惠券费用预算。
8.2	优惠券销售额百分比 (percentage sales with coupon)	通过优惠券的销售额，除以总的销售额。	并不考虑具体优惠券提供的折扣的重要性。	是品牌对于促销效果依赖性的测量。
8.3	折扣销售额百分比 (percent sales on deal)	包含临时折扣的销售额占总销售额的百分比。	并不区分提供折扣的深度。	是品牌对于促销效果依赖性的测量。
8.3	执行率 (pass-through)	销售商提供给消费者的促销折扣，除以生产商提供给销售商的折扣。	可以反映渠道力量，或者评定管理或细分市场。	用来测量生产商的促销沿着分销渠道产生的促销活动的强度。
8.4	价格瀑布 (price waterfall)	每单位实际平均价格除以每单位标价，也可以通过由标价向后，考虑潜在的折扣，并用每个折扣可能出现的几率加权计算得出。	一些折扣可能会在一个单独的水平上提供，而不是基于每个项目。	表明实际支付的产品价格和影响价格的渠道因素的次序。

8.1 基线销售额、增量销售额和促销提升

对于基线销售额的估计为评估由具体营销活动引起的增量销售额建立了一个基准。这个基线也有助于将增量销售额从其他影响的效果中分离出来，比如季节性因素或竞争性促销。下面的公式可以用于定义的期间和用于产生增量销售额的营销组合的具体因素。

总销售额($,#)
=基线销售额($,#)+营销活动引起的增量销售额($,#)

营销活动引起的增量销售额($,#)
=广告活动引起的增量销售额($,#)
+交易促销引起的增量销售额($,#)
+消费者促销引起的增量销售额($,#)
+其他活动引起的增量销售额($,#)

$$\text{提升（促销结果）(\%)}=\frac{\text{增量销售额(\$,\#)}}{\text{基线销售额(\$,\#)}}$$

$$\text{增量销售额的成本（\$）}=\frac{\text{营销费用（\$）}}{\text{增量销售额(\$,\#)}}$$

营销费用的正当性几乎总是包含估计活动的增量效果。然而，由于一些营销成本常常被假设为固定的（比如，营销者和销售队伍的工资），很少看到归因于这个组合因素的增量销售额。

目的：选取一个基线销售额，以评估由营销活动引起的增量销售额和利润

营销中一个常见的问题是估计因具体的某项或一系列营销活动而产生的销售“提升”。评估提升必须与基线销售额进行比较，即与不进行所评估的营销活动时也能够达到的销售额水平进行比较。理想的情况是，运用实验或“控制”组来建立基线销售额。如果进行这样的实验迅

速、容易且并不昂贵，这种方法就会占据优势。在这样的控制组的场合下，营销者常常在考虑季节性影响后，运用经预期成长率修正的历史销售额。试图控制这些改变的回归模型常常用于改进对基线销售额的估计。理想情况下，所有可控和不可控的因素（比如竞争性费用）都应该包含在基线销售额回归模型中。使用回归模型时，通常认为截距就是基线。

结构定义

在理论上，测定增量销售额就是从总销售额中减去基线销售额这么简单。然而，在测定基线销售额时出现了挑战。

基线销售额：将评估的营销活动排除在外的预期的销售结果。

在回顾历史数据时，总销售额是已知的，那么分析的任务就是将这些分为基线销售额和增量销售额。这通常是用回归分析来进行的，这个过程也可以包括测试市场结果和其他的市场研究数据。

总销售额（$，#）

=基线销售额（$，#）+营销活动引起的增量销售额（$，#）

通常，分析者也根据多种引起其产生的营销活动，将增量销售额分为不同的部分。

增量销售额（$，#）

=广告活动引起的增量销售额（$，#）

+交易促销引起的增量销售额（$，#）

+消费者促销引起的增量销售额（$，#）

+其他活动引起的增量销售额（$，#）

基线销售额通常是通过对历史数据的分析进行估计的，为了达到这一目的，公司常常开发出复杂的模型，包括用来修正市场成长率、竞争性活动和季节性等因素的变量。这些完成之后，公司可以运用模型来进行基线销售额的长远预测并估算增量销售额。

任一时期（如一年、一季度或者促销期间）增量销售额都可以通过总销售额减去基线销售额来计算。一项营销计划所达到的提升测量增量销售额与基线销售额的比率。增量销售额的成本可以用每增量美元成本或者每增量销售额单位成本（比如，每增量情况成本）来表示。

增量销售额（\$，#）
=总销售额（\$，#）－基线销售额（\$，#）

$$提升（\%）=\frac{增量销售额（\$，\#）}{基线销售额（\$，\#）}$$

$$增量销售额的成本（\$）=\frac{营销费用（\$）}{增量销售额（\$，\#）}$$

示例：一个零售商预期在不做广告的一个月将销售价值24 000美元的电灯泡。在5月，进行报纸广告活动花费了1 500美元，商店销售了价值30 000美元的电灯泡。在这个月，商店没有进行其他形式的促销或者非连续的活动。它的所有者计算由广告活动引起的增量销售额：

增量销售额（\$）=总销售额（\$）－基线销售额（\$）
=30 000－24 000
=6 000（美元）

商店所有者估算出的增量销售额为6 000美元，这代表着25%的提升，计算如下：

$$提升（\%）=\frac{增量销售额（\$）}{基线销售额（\$）}=\frac{6000}{24\ 000}=25\%$$

每增量销售额的成本为0.25美元，计算如下：

$$增量销售额的成本（\$）=\frac{营销费用（\$）}{增量销售额（\$）}=\frac{1\ 500}{6\ 000}=0.25$$

总销售额可以作为基线销售额和提升的函数来分析或预计。当估算综合的营销组合效果时，必须有把握确定提升是通过乘法还是加法的等式来计算。加法计算的营销组合的综合效果如下：

总销售额（\$，#）
=基线销售额（\$，#）
+基线销售额（\$，#）×广告活动引起的提升（%）

＋基线销售额（$，#）×交易促销引起的提升（%）

＋基线销售额（$，#）×消费者促销引起的提升（%）

＋基线销售额（$，#）×其他活动引起的提升（%）

这种加法计算的方法是与总增量销售额是由营销组合的多种成分引起的增量销售额的总和的观念一致的，它相当于这样表述：

总销售额（$，#）＝基线销售额

＋广告活动引起的增量销售额

＋交易促销引起的增量销售额

＋消费者促销引起的增量销售额

＋其他活动引起的增量销售额

相反，乘法等式运用乘法的程序来综合计算营销组合的效果，如下：

总销售额（$，#）＝基线销售额（$，#）

×［1＋广告活动引起的提升（%）］

×［1＋交易促销引起的提升（%）］

×［1＋消费者促销引起的提升（%）］

×［1＋其他活动引起的提升（%）］

在运用乘法等式时，从任何一个单独的组合因素的角度来谈论增量销售额都是没有意义的，然而，在实际中，人们可能遇到试图这样做的陈述。

示例：公司 A 从过去的促销中收集数据，估计通过营销组合的不同成分所达到的销售提升。一个研究者认为，加法模型能更好地把握这些效果。另一个研究者认为，乘法模型可以更好地发现组合的多种成分对增长的销售贡献的方式。项目的产品经理得到了这两种估计的结果，如表 8—1 所示。

表 8—1　　营销费用的期望回报

	加法			乘法		
费用（千美元）	广告提升	交易促销提升	消费者促销提升	广告提升	交易促销提升	消费者促销提升
0	0%	0%	0%	1	1	1
100	5.5%	10%	16.5%	1.05	1.1	1.15
200	12%	24%	36%	1.1	1.2	1.3

幸运的是，两个模型估计的基线销售额都是900 000美元。产品经理想要评价下面的支出计划：广告100 000美元，交易促销0美元，消费者促销200 000美元，他用两种方法预计销售额如下：

加法：

预计的销售额（$）

=900 000+900 000×5.5%+900 000×0+900 000×36%

=900 000+49 500+0+324 000

=1 273 500（美元）

乘法：

预计的销售额（$）

=基线销售额×广告提升×交易促销提升×消费者促销提升

=900 000×1.05×1×1.3

=1 228 500（美元）

注意：因为这些模型的构造不同，所以在大多数情况下，它们不可避免地会得出不同的结果。乘法方法解释营销变量间的每一具体的交互作用形式。加法方法在它现在的形式中，并不解释任何的交互作用。

当历史的销售额被区分为基线和增量成分，那么测定一个给定的促销在研究时期内是否可获利就相对简单。进一步，一个提议的营销活动的获利性可以通过比较活动内和活动外获利性的预计水平来估计：

促销的获利性（$）

=有促销时的利润（$）－估计的无促销的利润（即基线利润）（$）[2]

示例：弗雷德是主管营销的副总经理，珍妮是主管财务的副总经理，他们在消除了特别展示外，得到了销售额为30 000个单位的估计值。由于促销包括一项相当大的投资（100 000美元），首席执行官要求得到与展示相关的增量利润的估计。由于这个活动在价格上没有变化，促销期间的每单位贡献预期与其他时间相同，为每单位12美元。因此，在促销期间的总体贡献预期为30 000×12，即360 000美元。减去特别

展示引起的增量固定成本，这一时期的利润预计为360 000－100 000，即260 000美元。

弗雷德估算出的基线销售额为15 000个单位，在这个基础上，他计算出没有促销时的贡献为12×15 000＝180 000（美元）。因此，他预计特别展示的预期增量利润为360 000－1 8000－100 000，即80 000美元。

珍妮预期没有促销的销售额为25 000个单位，由此产生的基线贡献为12×25 000，即300 000美元。因此，如果实施了促销，她认为在利润上会出现从300 000美元到260 000美元的增量减少。以她的观点，促销的提升不足以覆盖它的增量固定成本。珍妮认为在这项促销下，公司会付出100 000美元费用来产生仅仅60 000美元的增量贡献（即5 000×12的贡献）。

在这里，基线销售额的估计是一个关键的因素。

示例：一个皮箱制造商面临着一个关于是否进行新的促销的困难决策。公司的数据表明11月和12月产品的销售额有很大增加，但是它的管理者不能确定这是一个更高销售额的持久的趋势还是仅仅是一个亮点——一个成功的但不可持续的时期（见图8—1）。

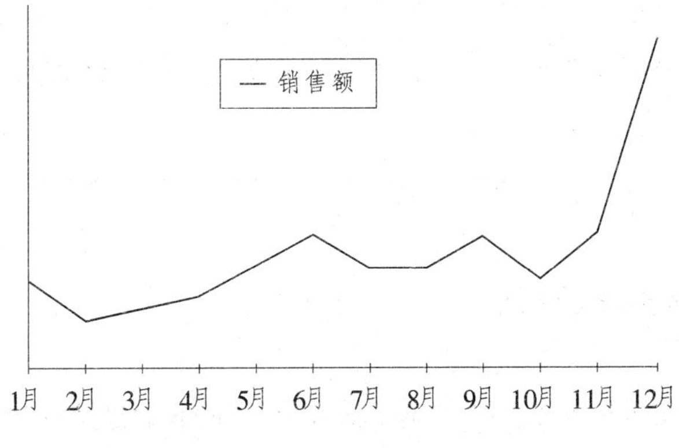

图8—1　月销售额图

公司的营销副总经理强烈支持促销的提议。他认为预期增加的数量不可能持续，而且公司历史的基线（26 028个单位）应该作为不进行促销时可预期达到的销售水平。另外，他认为仅仅应该考虑每个销售的变动成本。他说："毕竟，不论我们做什么，固定成本都是存在的。"在这个基础上，根据分析，每个单位的相关成本应该是25.76美元。

首席执行官雇用的顾问对此持很不相同的看法。在她的观点中，11月和12月的销售额增加不仅仅是一个亮点。她说，市场已经成长起来，公司品牌的优势也随之成长。因此，对于基线销售额更合适的估计应该是48 960个单位，这个顾问也指出，从长期来看，没有哪项成本是固定的。因此，为了分析，固定成本应该被分配到产品的成本中，因为在工厂支付了这些费用之后，产品最终必须产生回报。在这个基础上，每个单位的完全成本——34.70美元应该作为增量销售额的成本（见表8—2）。

表8—2　当考虑获利性时的基线影响

	顾问		营销副总经理	
	促销	基线	促销	基线
价格（美元）	41.60	48.00	41.60	48.00
成本（美元）	34.70	34.70	25.76	25.76
单位利润(美元)	6.90	13.30	15.84	22.24
销售量	75 174	48 960	75 174	26 028
利润（美元）	518 701	651 168	1 190 756	578 863
促销获利性（美元）	—132 467		611 893	

营销副总经理和顾问对于促销的获利性做了完全不同的预计。基线的选择再次起到了作用。我们还看到了建立关于成本和单位利润的共识也是很关键的。

数据源、难点和注意点

找到公司可以预期销售的基线估计值，"所有的事情都相同"，是一个复杂和不精确的过程。本质上，基线是没有重要的营销活动时预期的销售额水平。如果特定的营销活动（比如价格促销）已经进行了一段时间，这时要区分"增量"和"基线"销售额尤其困难。

在许多公司里，相对于历史数据来测量销售绩效是很常见的。实际上，这将历史销售额作为分析营销费用影响的基线水平。比如，零售商可以在相同的商店销售额（不考虑因终端的增加或减少引起的区别）的基础上评价它们的表现。更进一步地，他们可以将现在的每个时期与前一年的相同时期相比，以避免季节性偏差，保证他们基于相似的活动时间来测量特别活动（比如销售事件）的时期。

对获利性和促销进行长期效果的修正也是实践中常见的做法，这些效果可以包括促销结束时销售额的迅速下降，也可能包括与促销产品有关的类目更高或更低的销售额。修正可以是正向的，也可以是负向的。额外的长期效果，比如得到新消费者的试用、得到交易客户的分销和增加消费量的情况在本章引言中有简要讨论。

促销的长期效果

随着时间推移，促销的效果可能会是销售额呈“锯齿状”上升或下降（见图 8—2 和图 8—3）。在一种情形下，为了回应公司的促销，竞争者可能也会增加他们的促销活动，这一领域的消费者和交易顾客可能学会了等待打折，使得大家的销售额都不增加（参见 7.5 节所讨论的囚徒困境）。

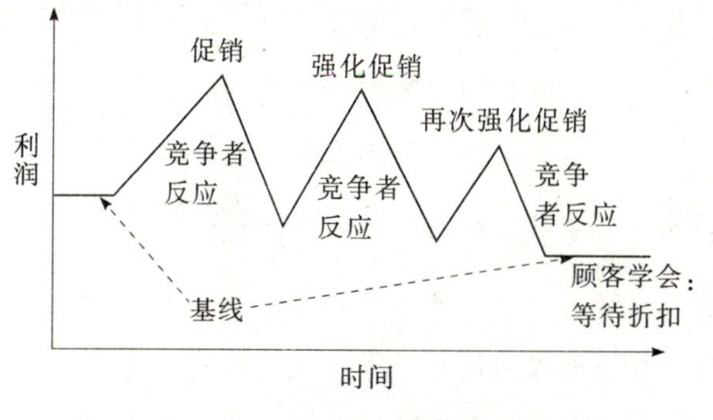

图 8—2 下降螺旋——促销的效果

在一个不同的、更加令人振奋的情形下，促销可以产生对新产品的试用，建立交易分销渠道，鼓励忠诚度，因此提升长期的基线销售额水平。

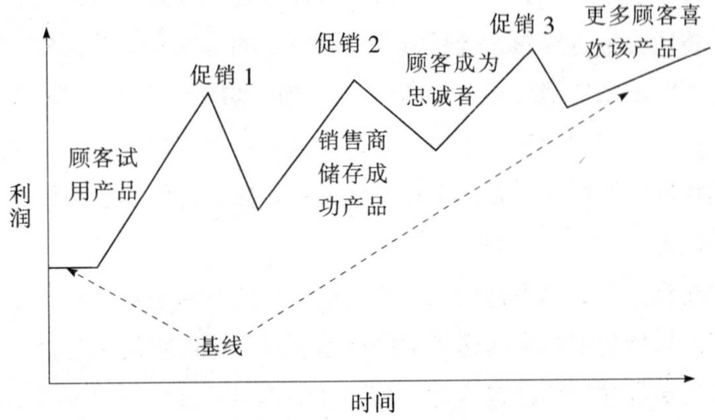

图 8—3　带来长期利益的成功促销

8.2　赎回率、优惠券和回扣成本、优惠券销售额百分比

赎回率是分发的优惠券或回扣中被消费者使用（兑换）的百分比。

$$\text{优惠券赎回率（\%）}=\frac{\text{兑换的优惠券（\#）}}{\text{分发的优惠券（\#）}}$$

每赎回成本（\$）＝优惠券面值（\$）＋赎回收费（\$）

总优惠券成本（\$）＝每赎回成本（\$）×兑换的优惠券（#）＋优惠券印刷和分发成本（\$）

$$\text{优惠券销售额百分比（\%）}=\frac{\text{优惠券销售额}}{\text{销售额}}$$

赎回率是营销者用来评价优惠券分发策略效果的重要量化指标，它有助于评估优惠券是否到达了那些经鼓励可以使用的顾客。相似的量化指标也应用于邮寄回扣的促销。

每赎回成本量化了每单位兑换的优惠券的变动成本，优惠券分发成本通常被认为是固定成本。

目的：追踪和评价优惠券的使用

一些人讨厌优惠券，一些人喜欢优惠券，还有一些人嘴上说他们讨厌优惠券，但实际上他们是喜欢优惠券的。商人常常说他们讨厌优惠券，但仍然继续使用它们。优惠券和回扣被用于引进新产品、引起新顾客对现有产品的尝试、“塞满”食品储藏室，以鼓励长期的消费。

几乎所有这些在本章引言中讨论的短期的目标都可以运用到优惠券和回扣中。优惠券可以用来给那些价格更敏感的人群提供更低的价格。优惠券也可以作为广告的一种形式，使其成为双重目的的营销指标。优惠券接受者会看到品牌的名称，对它有了更近的关注——考虑他们是否想要这个产品——这种关注相对于没有提供吸引人的价格而只接触到广告的普通消费者来说更近。最后，回扣和优惠券都可以作为零售商促销的关注点。为了产生销量，零售商可以将优惠券的数量翻番甚至变为 3 倍——通常在一个公告的上限之下。零售商也常常对“回扣后”价格进行广告，来促进销售额和提升价值观念。

结构定义

$$\text{优惠券赎回率（\%）}=\frac{\text{兑换的优惠券（\#）}}{\text{分发的优惠券（\#）}}$$

$$\text{每赎回成本（\$）}=\text{优惠券面值（\$）}+\text{赎回收费（\$）}$$

总优惠券成本：反映分发、印刷[3]和赎回成本来估计优惠券促销的总成本。

$$\begin{aligned}\text{总优惠券成本（\$）}=&\text{兑换的优惠券（\#）}\times\text{每赎回成本（\$）}\\&+\text{优惠券印刷和分发成本（\$）}\end{aligned}$$

$$\text{每赎回成本（\$）}=\frac{\text{总优惠券成本（\$）}}{\text{兑换的优惠券（\#）}}$$

$$\text{优惠券销售额百分比（\%）}=\frac{\text{优惠券销售额（\$，\#）}}{\text{销售额（\$，\#）}}$$

为了评估优惠券和回扣的获利性，管理者需要与本章前面讨论的估计基线和增量销售额类似的方法。就它们自身来说，赎回率并不是对成功的一个很好的测量。在某种情况下，即使很低的赎回率也会获利，而在另一些情况下，恰恰相反，较高的赎回率可能是很有害的。

示例： 伊薇特是一家小型地区性消费类包装零售公司的分析经理，她的产品的市场份额在一个狭窄的地理区域内零售分销中占据支配地位。她的公司决定发起一次优惠券活动，伊薇特需要报告这项活动的成功性。她的助手看了数据，意识到在本地报纸上分销的 100 000 张优惠券中，有 5 000 张用于购买产品。这个助手在计算出这个代表着 5%的赎回率时很兴奋——这是公司以前从未达到过的较高的数字。

然而，伊薇特在判断促销的成功性时却更加小心，她查看了相关产品的销售额，认识到在促销期间只增长了 100 个单位。伊薇特得出结论，优惠券使用者大多数是那些无论如何都会购买产品的顾客。对于大多数顾客来说，优惠券的唯一影响是将产品的价格降至他们愿意支付的价格之下。在她进行全面获利分析，评价由这 100 个增量销售产生的利润并将其与优惠券成本和大多数优惠券销售带来的价值损失比较之前，伊薇特不能确定这项活动带来了总体的损失。但是，她很确定她应该停止庆祝。

数据源、难点和注意点

为计算优惠券的赎回率，经理们必须知道放置到市场循环中（分发出去）的优惠券的数量和兑换的数量。公司通常雇用分销服务或媒体公司在流通中发放优惠券。赎回数量通常可以从优惠券交换点的发票中得出。

相关的量化指标和概念

邮寄回扣

这项回扣是优惠券的一种有效形式，在高价的商品上比较受欢迎。

它的使用情况如下：顾客为产品支付全价，使零售商达到一个确切的价格点，然后顾客使用回扣，收回一定数额的资金。

通过运用回扣，营销者可以得到关于顾客的信息，这在再次营销和产品控制上非常有用。邮寄回扣也降低了对于顾客产生效应的价格，这些有价格意识的顾客也会利用它们。其他的人支付全价。回扣的“无赎回率”有时也称作“破损量”。

破损量： 未被顾客兑换的回扣的数量。破损率是未兑换的回扣的百分比。

示例： 一家手机公司一个月销售了40 000部手机，每次购买中提供给顾客30美元的回扣，30 000个回扣被顾客获得。

在数量衡量中，回扣赎回率可以通过将成功使用的回扣的数量（30 000）除以提供的总数量（40 000）计算得到：

赎回率（数量衡量）＝30 000/40 000＝75%

管理者常常回避分销优惠券的成本，然而，因为促销依赖于充分的分销，武断地忽略分销成本是失策的。增量销售额产生的总成本应该代表着一个更好的评价优惠券效率的量化指标——因此用来测定在哪一点上逐渐缩小的回报会使得更多的优惠券分销不再有吸引力。

在评价优惠券或回扣活动时，公司应该同时考虑到提供给消费者的总的利益水平。零售商通常增加优惠券的价值，提供给顾客优惠券面值的2倍甚至3倍的折扣，这使零售商能够分辨出价格敏感的顾客，提供给他们额外的金钱节约。当然，通过将提供给消费者的节约加倍，将优惠券价值变为2倍或3倍的做法无疑会提高一些赎回率。

8.3　促销和执行率

在生产商提供给它的零售商和分销商的促销价值中，执行百分比代表着最终到达消费者的部分。

$$折扣销售额百分比(\%)=\frac{包含临时折扣的销售额(\$,\#)}{总销售额(\$,\#)}$$

$$执行率(\%)=\frac{销售商提供给消费者的临时促销促销折扣的价值(\$)}{生产商提供给销售商的临时促销折扣的价值\ (\$)}$$

生产商提供给他们的分销商和零售商许多折扣(通常称为“交易折扣”)，来鼓励这些销售商为他们的顾客提供促销。如果交易顾客或消费者并没有发现有吸引力的促销，这会在促销百分比销售额的下降中反映出来。与此相类似，低的执行百分比可以显示出提供了太多的折扣——或者说错误的折扣。

目的：测量交易促销是否产生了消费者促销

执行率：生产商提供给分销商和零售商的促销价值中，反映在销售商提供给他们的顾客的折扣中的百分比。

“中间商”是许多行业渠道结构中的一部分。公司在产品到达最终的消费者之前可能会面对一级、两级、三级甚至四级水平的“转售商”。比如，一个啤酒生产商可能销售给一个出口商，这个出口商再卖给一个进口商，进口商再卖给本地的分销商，本地的分销商再出售给零售商店。如果所有的渠道都加入了自己的利润，而没有考虑到其他人是如何定价的，最后的价格可能就会超出营销者乐意看到的价格。这种个人利润的连续的应用被称为“双重边缘化”。[4]

结构定义

折扣销售额百分比：测量公司销售额中，包含某种形式的临时交易折扣的销售额所占的百分比。注意：这通常不会包括标准的折扣，比如那些提前付款或合作广告的补贴（获利）。

$$折扣销售额百分比(\%)=\frac{包含临时折扣的销售额(\#,\$)}{总销售额(\#,\$)}$$

促销折扣代表着提供给整个销售渠道的促销折扣的总价值。

促销折扣（\$）=含有任何形式的临时折扣的销售额（\$）

$$\times \text{作为标价百分比的平均折扣深度}(\%)$$

$$\text{作为标价百分比的平均折扣深度}=\frac{\text{单位折扣}(\$)}{\text{单位标价}(\$)}$$

执行率是用销售商提供给消费者的临时促销折扣的价值除以生产商提供给销售商的临时促销折扣的价值计算得出的。

$$\text{执行率}(\%)=\frac{\text{销售商提供给消费者的临时促销折扣的价值}(\$)}{\text{生产商提供给销售商的临时促销折扣的价值}(\$)}$$

数据源、难点和注意点

生产商常常为了争夺零售商、分销商和其他转售商的注意力而互相竞争。为了达到这一目的，他们为自己的产品进行特别展示，改变分类来包含新的产品，并寻求增加转售商销售人员对其的注意。值得注意的是，在他们努力增加渠道"推动"时，生产商也给销售商提供折扣和补贴。理解提供给销售商的折扣的比率和数量很重要，理解这些折扣中有多少继续传递到转售商的顾客也很重要。有时，当转售商的利润很低时，生产商的折扣就用来提高利润。市场领导者常常担心交易利润会少得不足以支持推动的努力。其他生产商可能会担心零售利润太高，他们的折扣中只有很少一部分能够持续传递下去。本章所讨论的量化指标应该可以解释人们的这些想法。

转售商可能认为，使一个整体产品线最优化比使任何给定产品的利润最大化都更重要。如果转售商储存了多种竞争性产品线，那么找到一个适合转售商及其供应商的全面的解决方案是很困难的。生产商努力激励转售商来大胆营销他们的产品，并通过一系列激励活动来增长他们共享的销售额，比如"排他性"的激励，或基于类目销售的增长份额或销售的逐年增长的回扣活动。

转售商学习调整他们的购买和销售实践来利用生产商的价格激励。在这个领域，营销者必须格外注意不可预见的结果的规则。比如，已经知道转售商存在如下行为：

- 购买多于他们可以销售或想要销售的产品数量来获得数量折扣的资格，然后将多余的货物销售或转移给其他的零售商，或者储存起来用于未来销售，甚至损坏或将其返还给生产商作为一种“信用”。

- 在会计期间的末期进行购买来获得回扣和补贴，这导致生产商的“块状”销售模式，使预测变得困难，增加了关于过时产品和返还的问题，提高了生产成本。

在一些情况下，一个非常强大的渠道“统帅”可以在整个渠道中实施定价规则。然而，在大多数情况下，在分销链中的每个“链接”都只能调整它自己的定价。比如，一个生产商可能会为他的批发商开发出合适的定价激励；相应地，批发商也可能为他们的零售商开发出自己的定价激励。

在许多国家和行业中，供应商规定转售商的销售价格是不合法的。生产商不能规定批发商的销售价格，批发商也不能规定零售价格。因此，渠道成员寻求影响转售商价格的间接方法。

8.4 价格瀑布

价格瀑布是描述价格从公布的标价到顾客支付的最终价格的演进的一种方式。价格中的每一次下降代表着“水位”的一个下降。比如：

100 美元

标价

经销商折扣

90 美元

现金折扣

85 美元

年度回扣

82 美元

合作广告

净价 80 美元

$$价格瀑布(\%)=\frac{每单位净价(\$)}{每单位标价(\$)}$$

在这一结构中，顾客支付的平均价格取决于产品的标价、折扣的大小和顾客利用这些折扣的比例。

通过分析价格瀑布，营销者可以确定产品在哪里失去了价值，这在那些为挽留顾客而允许销售渠道削减价格的公司中尤其重要。这个价格瀑布有助于将注意力集中在决定这些折扣对公司是否有意义上。

目的：与标价相比，评价实际支付的产品的价格

在定价中，坏消息是营销者发现决定产品的标价很困难，好消息是很少有顾客实际支付了这样的价格。实际上，产品的净价——顾客实际支付的价格——常常比产品基准价格低53%～94%。[5]

净价：在考虑了所有折扣和补贴后，顾客对某个产品实际支付的价格。也称为口袋价格。

标价：在考虑折扣和补贴之前的产品或服务的价格。

发票价格：在产品发票中列出的产品价格，这个价格常常反映了一些折扣和补贴，比如经销商、竞争性和订单大小折扣，但并不反映其他折扣和补贴，比如特殊条件和合作广告的折扣和补贴。因此，典型的发票价格比标价低，但比净价高。

价格瀑布：随着销售过程的不同阶段所给予的折扣和补贴的发生，顾客实际为产品支付的价格在减小。

因为几乎没有顾客可利用所有的回扣，在分析产品的价格瀑布时，营销者必须不仅考虑每次折扣的数量，还要考虑它所适用的销售比例。

由于顾客在运用折扣方面并不相同，相对于标价，净价可能会落在一个很大的区间内。

结构定义

为了评定产品的价格瀑布，必须划分顾客会在瀑布的每个阶段支付

的价格，按通常发生或应用的次序明确潜在的折扣和补贴。比如，经纪人佣金一般在商业折扣之后采用。

净价：在分销渠道的某个阶段为产品支付的实际平均价格可以通过它的标价减去提供的折扣来计算，计算时用每个折扣乘以运用的可能性水平。当所有的折扣都被考虑时，计算结果就是产品的净价。

净价（\$）

＝标价（\$）－折扣A×运用折扣A的购买比例（%）

－折扣B×运用折扣B的购买比例（%）－…

$$价格瀑布效应（\%）=\frac{每单位净价（\$）}{每单位标价（\$）}$$

示例：哈根管理自己的公司，在销售产品时，他允许两种折扣或补贴。第一种是对超过100单位的订单给予12%的折扣，在公司50%的业务中都有这种折扣并且反映在它的发票系统中。他也给予合作广告者5%的补贴，这在开具发票的系统中并没有反映，它是在独立的程序中完成的，在这个程序中，顾客提交待批准的广告。基于调查，哈根发现80%的顾客利用这项广告补贴。

公司产品的发票价格可以通过用标价（每单位50第纳尔）减去12%的订单大小折扣乘以折扣给予的可能性（50%）的积得出。

发票价格＝标价－折扣×运用折扣的购买比例

＝50－50×12%×50%

＝50－3＝47（第纳尔）

净价是从发票价格中进一步减去合作广告补贴的平均量，计算如下：

净价＝标价－折扣×运用折扣的购买比例

－广告补贴×运用广告补贴的购买比例

＝50－50×12%×50%－50×5%×80%

＝50－3－2

＝45（第纳尔）

为了发现价格瀑布的效果，用净价除以标价：

价格瀑布（%）=45/50=90%

数据源、难点和注意点

为了分析折扣、补贴的影响和价格瀑布的总体效果，营销者需要在个体的产品水平上与销售额相关的全面信息，这种信息同时包括收入和单位数量方面的，不仅包括那些正式记载在清单上的折扣和补贴，还包括那些已经得到但没有出现在发票中的折扣和补贴。

在建立价格瀑布中的主要挑战是保证得到在销售过程中的所有不同水平的具体产品的数据。在几乎最小的交易中，这样可能是很困难的，尤其是因为许多折扣并不是在发票的基础上给予的，因此它们可能不会在公司财务系统的产品水平中记录。更加复杂的是，并不是所有的折扣都是基于标价的。比如，现金折扣通常是基于净发票价格的。

在理论上折扣是已知的，但财务系统并不完全记载它们的详情，问题是决定如何计算价格瀑布。为了达到这一目的，营销者不仅需要知道每个折扣的数量，而且需要知道顾客利用这项折扣在单位销售额中所占的百分比。

典型的交易为标价提供许多折扣，其中大多数是为了鼓励顾客的特定行为。比如，交易折扣鼓励分销商和转售商购买装满货车的货物，迅速支付发票，在促销期间下订单或者以平滑生产的方式下单。随着时间推移，生产商发现提高标价并增加其他的折扣比消除一些折扣更容易，因此这些折扣倾向于不断增加。

有关折扣的问题包括以下几个：

- 因为基于每个项目记录折扣是很困难的，公司常常合计折扣。在此基础上，营销者可能看到提供的总折扣数，但在将其分配到具体的产品时会有困难。一些折扣是基于采购的总大小提供的，因此更加剧了这一问题，增加了评估产品获利能力的挑战性。
- 折扣一旦提供，则倾向于具有“黏性”，即很难将其从顾客那里拿走，因此，黏性常常使特殊折扣在竞争压力促使它们被移除之后的相当长的时间内仍然存在。

- 就折扣没有记录在发票中来说，管理者在决策中常常失去对它们的追踪。

正如专业定价协会（Professional Pricing Society）所建议的，在考虑产品的价格时，要“越过发票价格来看”。[6]

相关的量化指标和概念

减除额：一些“折扣”实际上是顾客应用于发票的减除额，用于修正运输过程中的货物损坏、不正确的发货、晚点的发货，或者在一些情况下，用于修正没有达到预期销售效果的产品。减除额可能不会被以便于分析的形式加以记录，而且它们常常是争论的主题。

天天低价（EDLP）：天天低价指的是每个时期都提供相同的价格水平的战略。对于零售商，在以天天低价购买与以天天低价销售之间有差别。比如，一些供应商为零售商提供固定销售价格，但是与零售商商议在哪个时期内产品会给予展示折扣和其他的零售促销。供应商并不给予零售商暂时的价格折扣，而是经常通过“市场发展基金”来为这些活动负担经费。

高—低定价（HI-LO）：这种定价策略与天天低价相对。在高低定价中，零售商和生产商提供一系列的“折让”或“特惠”——价格临时降低的时间段。高低定价和其他临时折扣的一个目的是实现经济上的（不是法律上的）价格歧视。

价格歧视和定制

当公司面临对产品的不同的购买意愿（价格弹性）的有差别的和独立的细分市场时，索要一个统一的价格意味着公司会“把钱丢在桌面上”——没有获得最大的顾客价值。

满足下面三个条件的价格区分是可以获利的：

- **细分市场必须具有不同的弹性**（支付意愿），或者营销者必须具有服务于这些细分市场的不同成本（称为发货费用），而且增量的大小必须足以补偿边际贡献的减少额。

- **细分市场必须是可分离的**——也就是，索要不同的价格不会导致不同细分市场之间的转换（比如，你父亲不可能为你的用餐付费并应用高级市民折扣）。
- **从价格定制中得到的增量利润超过**为相同的产品或服务实施多种价格的**成本**。

价格定制显然是价格歧视的委婉说法。然而，后者具有法律意义，营销者在使用时需要注意。

在面对由具有不同的需求斜率的可辨认的细分市场组成的总的需求曲线时，营销者可以为每个可识别的细分市场实行最优化定价，这与对总需求制定相同价格的做法相反。通常根据下面这些因素来确定：

- **时间**：比如，地铁或者电影院在时间或产品的拥挤或高峰期索要比初始价格更高的价格，从早期的采用者中“撇脂”。
- **地理**：比如，国际市场分区——例如为不同地区的DVD制定不同的价格。
- **可承受的歧视**：识别出细分市场可以接受的形式，比如在学生或高级市民和公众间的歧视。

价格差别导致灰色市场，产品从低价格国家进口到高价格国家。灰色市场在一些时尚商品和药品市场上很常见。

注意：法规

大多数国家都有应用于价格歧视的法规。作为一个营销者，你必须理解这些法规。在美国，最重要的法规是《鲁宾逊-帕特曼法》，它主要用于控制那些可能伤害竞争的价格差别。[7]我们鼓励您访问联邦贸易委员会的网站（www.ftc.gov）来获得更多的信息。

参考文献和建议进一步阅读的资料

Abraham, M. M., and L. M. Lodish (1990). “Getting the Most Out of Advertising and Promotion”, *Harvard Business Review*, 68 (3), 50.

Ailawadi, K., P. Farris, and E. Shames (1999). “Trade Promotion: Essential to Selling Through Resellers,” *Sloan Management Review*, 41 (1), 83-92.

Christen, M., S. Gupta, J. C. Porter, R. Staelin, and D. R. Wittink (1997). "Using Market -level Data to Understand Promotion Effects in a Nonlinear Model," *Journal of Marketing Research* (*JMR*), 34 (3), 322.

Roegner, E., M. Marn, and C. Zawada (2005). "Pricing", *Marketing Management*, Jan/Feb, Vol. 14 (1).

注释

[1] 在这种情境下，我们灵活地运用"不变的"这一术语，因为认识到即使是长期的配置，也必须随着市场和行业的动态而进行调整。

[2] 通常，贡献可以用来作为利润的替代表示。

[3] 优惠券分销是在邮寄和插入费用，而不是零售和存货物流的意义上运用的。

[4] 更详细的讨论请参见 Ailawadi, Farris, and Shames, *Sloan Management Review*, Fall 1999。

[5] Roegner, E., M. Marn, and C. Zawada. (2005). "Pricing," *Marketing Management*, Jan/Feb, Vol. 14 (1).

[6] "How to Fix Your Pricing if it is Broken," by Ron Farmer, CEO, Revenue Technologies for the Professional Pricing Society: http://www.pricingsociety.com/htmljournal/4thquarter2003/articlel.htm. Accessed 03/03/05.

[7] 下面是该法案认定的两种主要的伤害：一是价格歧视被用作掠夺性的定价策略，对一些顾客的价格设定低于成本，以在供应商的水平上损害竞争。反托拉斯权力当局将同样的标准运用于《谢尔曼法》和《联邦贸易委员会法》中的掠夺性定价要求，来评价这一目的下的价格歧视的主张。二是二级竞争伤害：销售商对同一商品的竞争的购买者索要不同的价格，或者提供补贴（如广告补助和其他补助）来实行歧视，这可能违反《鲁宾逊-帕特曼法》。这种类型的价格歧视会损害竞争，给予欢迎的顾客市场优势，而这些优势与高效率无关。然而，在美国，价格歧视通常是合法的，尤其是当它反映出对待广大购买者的不同成本，或者出自销售商满足竞争者价格或服务的努力。显然，这里并不是要从一个法律建议的角度出发，法律建议应该基于公司的个体环境来获得。

第 9 章

广告媒体和网络量化

引　言

本章涉及的量化指标

广告：印象数、总视听点、接触频次

每千人印象成本（CPM）率

到达率/净到达率和频次

频次反应函数

有效到达率和有效频次

广告占有率

印象数、网页浏览量、点击数

多媒体播放时间

多媒体互动率

点击率

每印象成本、每点击成本、每获得成本

访问、访问者和放弃

蹦失率

关注者/追随者/支持者

下载量

广告是许多营销战略的基石。广告所传达的定位和沟通常常为许多其他的销售和促销努力奠定基调并确定时机。广告不仅是营销组合中的定义要素，而且价格昂贵，并且众所周知，难以对其效果进行评价，这是因为追踪与广告决策相联系的销售增加并不容易。对于许多营销者来说，媒体量化指标尤其让人感到困惑。掌握这一领域的术语需要与媒体计划者、购买者和代理商一起工作。对媒体量化指标的很强的理解可以帮助营销者确保广告预算被有效运用并且正确地朝着某一具体的目标而前进。

在本章的第一部分，我们讨论与下述问题相关的量化指标：可能有多少人接触到广告活动，这些人看到这些广告的频率是多少，每一潜在的印象的成本。为了达到这一目的，我们引入广告量化的术语，包括：印象数、曝光数、接触频次、视听点、总视听点、净到达率、有效频次和每千人印象成本。

在本章的第二部分，我们集中讨论在网络营销努力中所有的量化指标。互联网不断提供为传统的“广播”式广告加入互动媒体的有价值的机会。事实上，许多相同的广告媒体术语，比如印象数，被应用于描述和评价基于网络的广告。其他的术语，比如点击率，是网络营销所特有的。一定的网络专用的量化指标是必需的，因为互联网如同直接邮寄一样，不仅是一个沟通媒介的作用，而且是一个直接销售的渠道，可以提供关于广告在引起顾客兴趣和销售方面的有效性的实时反馈。

	量化指标	结构定义	考虑因素	目的
9.1	印象数 (impressions)	一个广告每次被观看的时候就产生一个印象数。印象数是由广告到达率（看到广告的人数）乘以频次（人们观看广告的次数）得出的。	作为一个量化指标，印象数并不说明观看的质量。在这一点上，仅仅一瞥相对于详细的研究来说，具有更少的效果。印象数也被称做曝光数和接触频次 (OTS)。	了解广告被观看的次数。

续前表

	量化指标	结构定义	考虑因素	目的
9.1	总视听点(gross rating points，GRPs)	用印象数除以观看广告的人数。	是与人数相关的印象数的表达。总视听点是经由媒体指标累积的，所以达到 100% 以上的总视听率也是可能的。目标视听点(TRPs)是通过测量定义的目标群体而得到的。	用来测量广告活动中，与受众人数相关的印象数。
9.2	每千人印象成本(cost per thousand impressions，CPM)	广告成本除以产生的印象数(以千为单位)。	千人印象成本是对每个广告印象成本的测量，以千为单位计算印象数。这使得结果的货币数字比基于每个单独印象的成本更易于使用。	用来测量产生印象数的成本—效力。
9.3	净到达率(net reach)	接收到广告的人数。	与到达率相同。测量广告的不重复的观看者。通常用文氏图表来表示。	用来测量广告在人群中传播的广度。
9.3	平均频次(average frequency)	接触到某一特定广告的个体观看该广告的平均次数。	频次只在那些实际看到广告的人群中测量。	用来测量广告在给定人群中的集中强度。
9.4	频次反应函数(frequency response functions)	线性：所有的广告印象都同等有效。 极限：在广告信息被吸收前，一定数量的印象是必需的。 学习曲线：一个广告在最初几乎没有作用，但随着重复的增加不断获得效力，在饱和点达到之后效果开始减小。	线性模型通常是不现实的，尤其是对于复杂的产品来说。通常运用极限模型，因为它比较简单，并与直觉相符。	学习曲线模型可能在不准确的过程中得到虚假的准确性。应该接受准确性检验。 将人们对于一个广告曝光的反应予以模型化。

续前表

	量化指标	结构定义	考虑因素	目的
9.5	有效到达率（effective reach）	接触广告信息大于或等于有效频次的人们当中的个体的到达率。	有效频次率构成这个量化指标计算中的关键假设。	用来测量受众中接触广告次数足够多以受广告影响的人们的比例。
9.5	有效频次（effective frequency）	个体要识别广告信息所必须观看的广告的次数。	作为计划中单凭经验的方法，营销者经常运用“3”作为有效频次。基于它对活动结果可能的影响程度，这个假设应当被检验。	确定广告或活动的最佳曝光次数水平，将花费过多的风险与未达到期望效果的风险相权衡得出。
9.6	广告占有率（share of voice）	将某一品牌、广告宣传或在一个市场中与总体广告有联系的公司所享有的广告“存在”予以量化。	市场定义对于有意义的结果来说是很重要的。印象数和视听点在理论上是广告占有率计算的有力基础，但是这种资料通常很难获取。因此，营销者运用广告费用这种投入，作为产出的代理。	用来评估广告活动在市场中的相对强度。
9.7	网页浏览量（pageviews）	一个网页被访问的次数。	代表着网页所服务的数量。而点击率代表着网页浏览量乘以网页上的文件数，更多地是一个网页设计流量的量化指标。	用来提供关于网址受欢迎程度的测量。
9.8	多媒体播放时间（rich media display time）	每个观众观看多媒体播放的平均时间。	通常会受到播放时间长短的影响，在这一过程中数据收集方式是非常重要的一个环节。	用于衡量关注的平均观看时间。
9.9	多媒体互动率（rich media interaction rate）	提供观众参与多媒体互动的信息。	互动不包括与多媒体无关的行为（点击屏幕上多媒体以外的内容）。	衡量多媒体的相对吸引力及其促使观众参与互动的能力。

续前表

	量化指标	结构定义	考虑因素	目的
9.10	点击率 (clickthrough rate)	点击的次数作为印象数的分子。	一个网页广告的互动测量。有很大的优点，但点击只是代表朝向转化的步骤，因此是一个中间的广告目标。	通过计算那些已经被吸引点进的顾客的人数，来测量网页广告的效力。
9.11	每点击成本 (cost per click)	广告成本除以产生的点击数。	经常作为列表使用。	用来测量或建立广告的成本—效力。
9.11	每订单成本 (cost per order)	广告成本除以产生的订单数。	比每点击成本与利润的联系更直接，但是在测量纯营销方面的效果较弱。广告可能产生很多点击，但由于产品令人失望，所以只有较弱的转化度。	用来测量或建立广告的成本—效力。
9.11	每获得顾客的成本 (cost per customer acquired)	广告成本除以获得的顾客的数量。	在顾客生命周期价值的比较方面很有用，有助于营销者决定顾客是否值得他们为其付出获得成本。	用来测量广告的成本—效力。
9.12	访问 (visits)	一个网址的独特的浏览的数量。	通过测量与网页浏览相关的访问数，营销者可以决定观看者是否在一个网址上浏览多种页面。	用来测量一个网址上的受众流量。
9.12	访问者 (visitors)	一定时期内独特的网址观看者的数量。	在明确网址产生的流量类型方面很有用——少数拥护者，或者许多非经常的访问者。	这一量化指标所测量的时间段也是重要的考虑因素。用来测量网址的到达率。
9.12	放弃率 (abandonment rate)	那些开始但没有完成的购买的比例。	通过测量对交易过程失去耐心或对接近结束时发现的“隐藏”成本感到吃惊而退出交易的潜在顾客的数量，可以对电子商务网址中的薄弱的设计进行警告。	用来测量互联网交易的完成率的一个因素。

续前表

	量化指标	结构定义	考虑因素	目的
9.13	蹦失率（bounce rate）	反映了某网站的访问者访问单个页面的情况。	要求明确的定义访问结束的时间。蹦失率通常与访问量相关，而与访问者无关。	常被作为网站的相关衔接以及吸引访问者注意力的一种信号。
9.14	关注者/追随者/支持者（friends/followers/supporters）	登录一个社交网站的总人数。	其成功与否取决于目标群体和产品的社会属性，该指标不同于能够反映最终目的的各种营销活动。	可以用于衡量社交网站的规模，但能够互动的衡量方法。
9.15	下载量（download）	应用程序或文件被下载的次数。	记录某一文件被下载的次数，而非下载这一文件的用户数量。其通常用于监控开始时而非结束时的下载量。	确定用户使用某种应用程序的效果。

9.1 广告：印象数、曝光数、接触频次、总视听点和目标视听点

广告印象数、曝光数和接触频次（OTS）指的都是同一个量化指标：对于受众对媒体（一个广告）或广告活动的“插入度”的估计。

印象数＝接触频次＝曝光数。在本章中，我们会运用所有这些术语。分清到达率和频次很重要，到达率指的是接触某个广告的不同个体的数量，频次指的是这些个体每次接触到的广告的平均数量。

视听点＝媒体指标在定义群体中的到达率。比如，收视率为 2 的电视节目到达了群体中 2%的受众。

总视听点（GRPs）＝多种媒体指标所达到的用视听点表达的总的视听点。比如，5 个电视节目的平均视听率是 30%，那么总视听率就达到了 150 个视听点。

总视听点是用定义群体中的百分比表达的印象数，经常是超过100%的。这个量化指标指的是到达的定义群体，而不是完全的人数。尽管总视听点被应用于更广泛的受众，目标视听点（TRPs）这一术语代表着关于目标受众的更窄的定义。比如，目标视听点考虑具体的细分市场如15～19岁的青年，而总视听点可能是基于总的电视收视群体而言的。

目的：测量广告的受众

广告印象数、曝光数和接触频次是媒体计划的“原子”。每个播放的广告都有一定数量的计划曝光数，这取决于它的受众中个体的数量。比如，一个出现在巴黎中央区的爱丽舍宫中的广告牌上的广告会有一个估计的印象数，该印象数基于参观者和当地人数的人流量计算得来。我们说一个广告在许多场合“到达”了一定数量的人，或者提供了一定数量的“印象”或“接触频次”，因此这些印象数或者接触频次是到达的人数和每个人所能看到广告次数的函数。

评价接触频次的方法因媒体类型而异。比如在杂志媒体中，接触频次并不等同于发行量，因为每份杂志可能被不止一个人阅读。在广播媒体中，假定受众群体是由那些可以听到或看见广告的人群组成的。在印刷和户外媒体中，接触频次可能会是简单的一瞥或仔细的思考。为了阐述这个差别，想象一下你正在沿着一条繁忙的街道行走，有多少广告牌广告吸引了你的视线？你可能还没有意识到，但你正在为几个广告的印象数做贡献，而不管你是忽略了它们，还是怀着极大的兴趣对它们进行研究。

当一个广告包含了几种媒体类型，营销者可能需要调整他们关于接触频次的测量，以更好地保持一致性，并使不同媒体之间具有可比性。

总视听点与印象数和接触频次相联系。它将印象数量化为到达的群体的百分比，而不是单纯的到达的人数。目标视听点表达了同样的概念，但是涉及一个定义更加狭窄的目标受众群。

结构定义

印象数、接触频次和曝光数：一个具体的广告传递给一个潜在顾客的次数。这是一个对于受众对媒体（一个广告）或广告活动的“插入度”的估计。

印象数＝接触频次＝曝光数

印象数：估计到达率和频次的过程首先从归总所有不同广告的印象数并得出一个“总的”印象数的数据开始。

印象数（#）＝到达率（#）×平均频次（#）

同样的公式可以按如下方式重新组织，来传达关于受众有机会接触广告的平均次数的信息。平均频次被定义为一个广告到达每个个体的平均印象数。

$$平均频次（\#）=\frac{印象数（\#）}{到达率（\#）}$$

与此相类似，广告的到达率——也就是可能接触到广告的人数——可以按如下公式计算：

$$到达率（\#）=\frac{印象数（\#）}{平均频次（\#）}$$

尽管到达率因此可以被量化为接触到广告或活动的个体的数量，它还可以作为群体的百分比计算。在这种情境下，我们将这个量化指标的两种概念区分为到达数（#）和到达率（%）。

某一可能传送广告的具体媒体指标的到达率通常是用视听点来表达的。视听点的计算用该指标到达的个体数除以一个定义群体中的个体的总数，用代表结果百分比的“点数”来表达。因此，视听点为 2 的电视节目到达了群体中 2%的个体。

所有传送广告或活动的媒体指标的视听点可以被归总，得出关于活动总到达率的测量，也就是总视听点。

总视听点：所有传播广告或运动的媒体指标的视听点的总和。

示例：一项传送 150 总视听点的活动可能会使人群中 30%的人接触

到一个广告，这个广告的人均频次是每人5印象数（150=30×5）。如果使用这个广告的15个单独“插入”，只有少数的个体可能接触到15次之多，到达的这30%的群体中，很多会有1至2次的接触频次（OTS）。

$$总视听率（\%）=到达率（\%）\times平均频次（\#）$$

$$总视听率（\%）=\frac{印象数（\#）}{定义的群体（\#）}$$

目标视听点（TRPs）：由媒体指标传送给具体目标受众的总视听点。

示例： 一个公司在一个5个人的市场上进行了10次的广告插入活动，产生的印象数如下表所示，其中，“1”代表一次接触频次，“0”代表个体并没有接触到特定的插入活动。

插入	个体					印象数	视听点（印象数/群体）
	A	B	C	D	E		
1	1	1	0	0	1	3	60
2	1	1	0	0	1	3	60
3	1	1	0	1	0	3	60
4	1	1	0	1	0	3	60
5	1	1	0	1	0	3	60
6	1	0	0	1	0	2	40
7	1	0	0	1	0	2	40
8	1	0	0	0	0	1	20
9	1	0	0	0	0	1	20
10	1	0	0	0	0	1	20
总计	**10**	**5**	**0**	**5**	**2**	**22**	**440**

在这次活动中，这一群体中总的印象数是22次。

在群体的5个成员中，插入1引发了3个个体产生印象数，到达了群体中60%的人口，即60个视听点。插入6引发了2个个体产生印象数，到达了群体中40%的人口，即40个视听点。这次活动的总视听点可以通过将每个插入的视听点加总而计算得出。

$$总视听点=插入1的视听点+插入2的视听点+\cdots=440$$

作为选择，总视听点可以通过总的印象数除以人口数量计算出，用百分比的形式来表示。

$$总视听点=\frac{印象数}{群体个数\times 100\%}\times 100\%=\frac{22}{5}\times 100\%=440$$

相反，目标视听点对广告在群体中的目标个体中的总视听点进行量化。就这个例子来说，让我们假设 A、B、C 个体构成了目标群体。A 个体对活动的接触频次为 10 次，B 个体为 5 次，C 个体为 0 次。因此，该活动到达了 2/3，即 66.7%的目标个体。在这些到达的个体中，它的平均频次为 15/2，即 7.5。在此基础上，我们可以通过下面两种方法中的一种来计算目标视听点。

$$目标视听点=到达率（\%）\times 平均频次$$
$$=66.67\%\times（15/2）=5$$

$$目标视听点=\frac{印象数（\#）}{目标个数（\#）}=15/3=5$$

数据源、难点和注意点

关于媒体指标估计的受众大小（到达率）的资料通常是经由媒体出售获得的。也有标准的方法来综合不同的媒体的数据来估算“净到达”和频次。这些程序的解释超出了本书的范围，感兴趣的读者为了获取更深入的信息，可以向专门追踪视听点的公司进行咨询，比如尼尔森公司(www. nielsen. com)。

两个不同的媒体计划可以得出在成本和总曝光数方面可比的结果，但在到达率和频次的测量上会有不同。换句话说，一个计划会使更多的受众更不经常地接触到广告的信息，而另一个为小群体受众中的每个人传送了更多的接触次数。举例如表 9—1 所示。

表 9—1　　到达率和频次的解释

	到达率	平均频次*	总曝光数（印象数，接触频次）
计划 A	250 000	4	1 000 000
计划 B	333 333	3	1 000 000

* 平均频次是指每个至少接触一次给定广告或活动的个体，其曝光数的平均值。为了比较媒体间的印象数，或者甚至是媒体内部的印象数，必须作出更加广泛的假设，即每个媒体分类所引发的不同的印象的类型之间有某种等价性。虽然如此，营销者还必须比较不同媒体所传送的印象的“质量”。

考虑如下的例子：一条繁忙的高速公路旁的广告牌和地铁广告都可以产生出相同数量的印象数。然而，地铁广告拥有的是受制而走不开的受众，而广告牌受众的成员通常只是驾车经过，其注意力在公路上。正如这个例子所阐述的，印象的质量方面会存在差异。为了说明这些差别，媒体最优化者在不同的媒体指标上应用不同的权重。当直接回应数据可获得时，它们被用来评价不同媒体中印象购买的相对效力和效率。另外，这个赋权可能是主观判断的问题。比如，一个管理者可能会相信由电视商业所引发的印象的效力会是杂志印刷广告的两倍。

与此相类似，营销者经常发现，定义受众的子群体和产生这些群体不同的到达率和频次的统计资料是很有用的。营销者可能用他们为不同媒体印象赋权的方法对子群体赋予了不同的权重[1]，这有助于评价一个广告是否到达了它所定义的顾客群体。

在计算印象数时，营销者经常遇到那些在不止一个媒体上看到过相同广告的人。在本章的后面部分，我们会讨论如何说明每个重叠并估计多次接触广告的人所占的百分比。

9.2 每千人印象成本

每千人印象成本（CPM）是每 1 000 个广告印象的成本。这个量化指标的计算是用广告投放的成本除以它所产生的印象数（以千为单位来表示）。

$$\text{每千人印象成本(CPM)} = \frac{\text{广告成本（\$）}}{\text{产生的印象数(\#，以千为单位)}}$$

CPM 在比较不同广告机会或媒体的相对效率上是比较有用的，在评价所有活动的成本上也是有用的。

目的：在媒体内或媒体间比较广告活动的成本

典型的广告活动可能试图在不同的地方，通过多种媒体到达潜在的顾客。CPM 这个量化指标使营销者能够在这些媒体之间进行成本比较，在计划阶段和对过去活动的回顾时都可以运用。

营销者计算 CPM 是用广告活动的成本除以活动每个部分所传送的印象数（或者接触频次）。由于印象数一般是大小相当的，营销者通常使用 CPM 印象数。除以 1 000 是一个行业标准。

每千人印象成本（CPM）：一个媒体活动相对于其成功地产生的印象数或接触频次的成本。

结构定义

为计算每千人印象成本，营销者首先以千为单位表述媒体活动的结果（总印象数），然后用这一结果去除相关的媒体成本：

$$每千人印象成本(CPM)(\$)=\frac{广告成本(\$)}{产生的印象数(\#，以千为单位)}$$

示例：一个广告活动的成本为 4 000 美元，产生了 120 000 个印象数。在此基础上，每千人印象成本可以按如下计算：

$$\begin{aligned}每千人印象成本&=\frac{广告成本}{产生的印象数（千）}\\&=\frac{4\ 000}{120\ 000/1\ 000}\\&=4\ 000/120\\&=33.33（美元）\end{aligned}$$

数据源、难点和注意点

在广告活动中，购买媒体的总成本可能包括代理费和创作材料的生产，还包括媒体空间或时间的成本。营销者还必须估计在活动中以适当的细节水平所期望的或传送的印象数。互联网的营销者经常可以更容易地得到这些数据（参见 9.7 节）。

每千人印象成本仅仅是一个分析的起点。并不是所有的印象数都具有相同的价值，因此，要弄清可以对哪些来源的印象数支付更多。

在计算每千人印象成本时，营销者还必须考虑他们获得广告活动所有成本数据的能力。成本项目通常包括支付给创意代理来生成广告材料的数额、支付给销售媒体的组织的数额、内部的工资成本以及与接触广告相关的费用。

相关的量化指标和概念

每点成本（CPP）：相对于传送的视听点的广告活动的成本。与每千人印象成本类似，每点成本通过用广告成本除以传送的视听点，测量每个广告每个视听点的成本。

9.3 到达率、净到达率和频次

到达率与净到达率相同，这两个量化指标都是量化一个定义群体中至少接触一次广告的个体的数量或百分比。频次测量每个这样的个体所看到的广告的平均次数。

印象数（#）＝到达率（#）×频次（#）

净到达率和频次是描述广告活动的重要概念。一个高的净到达率和低频次的活动在一个在嘈杂的广告环境中有迷失的危险。一个低的净到达率但高频次的活动会过多地接触一些受众而完全失去了其他受众。到达率和频次量化有助于管理者调整他们的广告媒体计划，以便与他们的营销战略相符合。

目的：将总印象数分为到达的人数和那些人接触广告的平均频次

为阐明到达率与频次之间的区别，我们来回顾在 9.1 节的内容。当综合多种插入所产生的印象数时，结果被称为“总印象数”或“总曝光数”。当总印象数用人口的百分比来表示时，这个指标就被称为总视听点。比如，假定一个媒体指标到达了12%的人口，这个指标将会在一个单独的插入中达到12个视听点。如果一个公司在10个这样的指标上进行广告活动，那么它会达到120个视听点。

现在，让我们来看看这120个视听点的组成。假定我们知道这10个广告具有综合的40%的净到达率，平均频次为3，那么它们的总视听点可能被计算为40×3=120。

示例：一个商业广告在三个时段里都各出现一次，尼尔森公司对哪些家庭接触到这些广告进行了追踪。这个广告市场上只有5个家庭：A、B、C、D和E。时段1和2都有60%的视听率，因为60%的家庭观看了它们，时段3有20个视听点。

时段	有接触频次的家庭	无接触频次的家庭	时段的视听点
1	A、B、E	C、D	60
2	A、B、C	D、E	60
3	A	B、C、D、E	20
		GRP	140

$$\text{GRP}=\frac{\text{印象数}}{\text{人口数}}=\frac{7}{5}=140\ (\%)$$

家庭A、B、C、E观看了这个商业广告，而D没有。因此，它在4/5的家庭里产生了印象数，到达率为80%。在这4个到达的家庭中，这个广告总共被观看了7次。因此，它的平均频次可以计算为7/4，或者1.75。在此基础上，我们可以计算这项活动的总视听点如下：

$$\begin{aligned}\text{GRP}&=\text{到达率}\ (\%) \times \text{平均频次}=\frac{4}{5}\times\frac{7}{4}\\&=80\%\times 1.75\\&=140\ (\%)\end{aligned}$$

除非具体说明，总的受众数的简单测量（比如总视听点或印象数）在那些较多受众、较少接触次数和较少受众、较多接触次数的活动中没有区别。换句话说，这些量化指标在到达率与频次之间并未进行区分。

到达率，不论表达为“净到达率”还是简单的“到达率”，指的都是不重复计算的至少接触到特定广告一次的个体。到达率可以用个体的数量或者已经看到广告的群体的百分比来表示。

到达率：接触到一个广告的人数或群体的百分比。

频次的计算是用总印象数除以到达率，频次与至少接触到特定广告一次的个体所接触的平均次数相等。频次仅仅在那些接触到广告的个体间进行计算。在此基础上：

总印象数＝到达率×平均频次

平均频次：每个到达的个体的平均印象数。

媒体计划可以在到达率和频次上有差别，但仍然产生相同的总印象数。

净到达率：这个术语用来强调这样一个事实，即多种广告投放的到达率并不是由每个投放所到达的所有个体的加总而计算得来。有时候，“净”这个词被省略了，这个量化指标就被简单地称为到达率。

示例：回到我们前面的例子，在一个人口总数为 5 的市场上进行 10 个插入活动，我们可以通过分析下面的数据，计算出该计划的到达率和频次。如前面所提到的，在下面的表中，“1”代表一次接触频次，“0”代表个体并没有看到具体的插入活动。

插入	个体					印象数	视听点（印象数/群体）
	A	B	C	D	E		
1	1	1	0	0	1	3	60
2	1	1	0	0	1	3	60
3	1	1	0	1	0	3	60
4	1	1	0	1	0	3	60
5	1	1	0	1	0	3	60
6	1	0	0	1	0	2	40
7	1	0	0	1	0	2	40
8	1	0	0	0	0	1	20
9	1	0	0	0	0	1	20
10	1	0	0	0	0	1	20
总计	10	5	0	5	2	22	440

到达率与至少看到广告一次的人数相等。在这个群体的5个人中，有4个人（A、B、D和E）至少看到了一次广告。因此，到达率（#）=4。

$$平均频次=\frac{印象数}{到达率}=\frac{22}{4}=5.5$$

当多种指标被运用到广告活动中时，营销者需要关于这些指标间重叠区域的信息和复杂的数学程序，以便估计到达率和频次。为了阐述这一概念，下面的两个指标的例子可能是有用的。重叠可以用著名的文氏图（Venn diagram）来表示（见图9—1）。

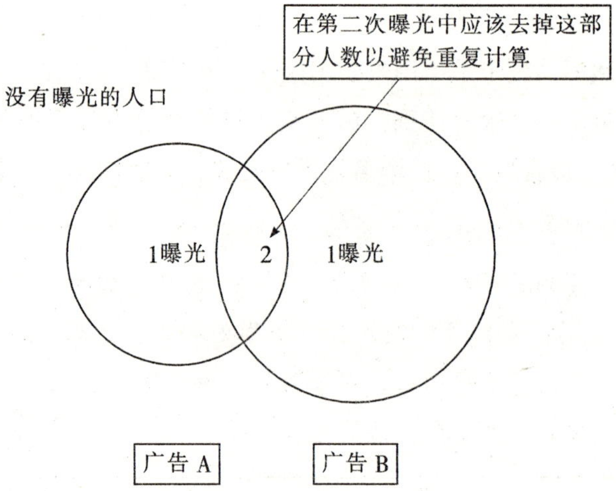

图9—1　阐述净到达率的文氏图

示例：作为重叠效应的解释，我们来看两个例子。《国际航空》杂志为广告提供85万个印象数。第二份杂志——《商业飞行月刊》为广告提供100万个印象数。

例1：在两个杂志上都投放广告的营销者不可能期望到达185万个读者。假定10%的《国际航空》杂志的读者也阅读《商业飞行月刊》。在此基础上，净到达率=（850 000×0.9）+1 000 000=1 765 000个个体。其中，85 000个读者（10%的《国际航空》杂志的读者）接触到了这两个广告，剩下的90%的《国际航空》杂志的读者只接触到了一个广告。这两种不同的媒体类型之间的重叠被称为外部重叠。

例 2：营销者经常在相同媒体指标中运用多种不同的插入（比如相同杂志的 7 月刊和 8 月刊）来达到频次。即使是估计的受众的大小在这两个月也是相同的，并不是所有相同的人会每个月都阅读杂志。就这个例子来说，我们假设营销者在《国际航空》杂志的不同的两期进行插入，只有 70%的 7 月刊的读者也阅读 8 月刊。在此基础上，净到达率就不是 850 000（《国际航空》杂志每期的发行量），因为看到这两个插入的群体并不是精确相同的。与此相类似，净到达率也不是 2×850 000，或者 170 万，因为看到这两个插入的群体也并不是完全不同的。净到达率而是 850 000＋850 000×30%＝1 105 000。

理由：8 月刊的读者中有 30%没有阅读 7 月刊，所以并没有机会接触到 7 月刊中的广告插入，这些读者，并且只是这些读者，代表着 8 月刊的广告中增加的观看者，所以他们必须被加入净到达率中。剩下的 70%的 8 月刊读者观看了两次广告，他们的总数代表着内部的重叠或重复。

数据源、难点和注意点

尽管我们已经强调了到达率和频次的重要性，印象数量化指标一般来说是其中最容易建立起来的。印象数可以从参与某一活动的媒体指标中得出的基础数据综合得到。为了确定净到达率和频次，营销者必须知道或估计出不同媒体间的重叠，或者同一媒体在不同时间段的重叠。对于大多数营销者来说，如果没有获得所有权数据库和运算法则，是不可能计算出到达率和频次的准确估计值的。专业的广告代理和媒体购买公司一般来说会提供这种服务。

评估重叠是一个主要的挑战。虽然重叠可以通过顾客调查估计出来，但这样做很难得到精确的数据。有时候管理者的主观估计就已足够。

9.4 频次反应函数

频次反应函数有助于营销者建立关于广告多种曝光的效果的模型。我们讨论三个关于人们如何对广告做出反应的典型假设：线性反应、学习曲线反应和极限反应。

线性响应模型假定人们对一个广告的每次曝光都有相同的反应。学习曲线响应模型假定人们最初对广告反应很慢，但一段时间之后反应加快，直到最后达到一点，在这一点上，他们对信息的反应开始缩小。极限反应函数假定人们几乎没有反应，直到达到一个关键的频次水平，在这一点上，他们的反应立即达到最大值。

频次反应函数并不是技术上所考虑的量化指标。然而，理解人们如何对他们接触的广告次数做出反应，是媒体计划中的关键部分。反应模型直接决定有效的频次和有效到达率的计算，量化指标的讨论见9.5节。

目的：建立关于广告频次效应的假设

让我们假设一个公司已经产生一个广告活动的信息，它的管理者确信他们已经为这次活动选择了合适的媒体。现在他们必须决定：广告应该被投放多少次？公司想要购买足够的广告空间以保证它的信息被有效地传递，但它也想保证它没有在不必要的印象数上浪费金钱。

为了作出这个决策，营销者必须作出关于频次价值的假设。这里有一个主要的考虑因素：广告中的重复，其假定的价值是多少？频次反应函数有助于我们思考频次的价值。

频次反应函数： 广告结果（通常用产品销售额或货币收入来表示）与广告频次之间的期望关系。

有许多种可能的模型将频次反应函数应用于媒体计划。对于某一具体的活动，选择何种模型取决于广告的产品、运用的媒体和营销者的判断。其中最常用的三种模型如下。

线性反应：线性反应函数背后的假设是，每个广告接触在价值上是相等的，不管相同的广告以前出现了多少次。

学习曲线反应：学习或者 S 曲线反应模型依赖于这样的假设，即消费者对于广告的反应遵循如下的过程：最初几次观看的广告并没有到达它的目标受众，随着不断地重复，信息渗透到它的目标受众中，并且随着人们对它的吸收，变得更加有效。然而，这种有效性不断下降，最后重新减少到开始的状态。在这个阶段，营销者认为那些想要得到信息的个体已经获得了他们所需要的信息，广告对他们不再有影响，其他人则是不感兴趣。

极限反应：这个模型背后的假设是广告在它的接触频次没有达到一定水平之前，是没有任何效应的。在那个水平，它的信息达到了最大化的有效性。超过了那个水平，广告是不必要的，而且可能是浪费的。

通常有三种方法来对广告频次估值，任何一个准确描述了活动效果的函数都可以被运用。然而，典型的是只有一种函数会被应用于给定的情形。

结构定义

频次反应函数在运用于量化增量频次的效果时是最有用的。为了解释本部分三种函数的意义，我们用表格列出了几个例子。

表 9—2 和表 9—3 列出了对于一个特定的广告活动，我们假设的每个曝光的增加效果。假定广告会在 8 次曝光后达到最大效果（100%）。通过在不同的反应函数情境下分析这个效果，我们可以决定它在何时，以多快的速度达到最大效果。

表 9—2　　广告效果示例

曝光频次	线性	学习或 S 曲线	极限价值
1	0.125	0.05	0
2	0.125	0.1	0
3	0.125	0.2	0
4	0.125	0.25	1
5	0.125	0.2	0
6	0.125	0.1	0

续前表

曝光频次	线性	学习或S曲线	极限价值
7	0.125	0.05	0
8	0.125	0.05	0

表 9—3　　假设：累积的广告效果

曝光频次	线性	学习或S曲线	极限价值
1	12.5%	5%	0%
2	25.0%	15%	0%
3	37.5%	35%	0%
4	50.0%	60%	100%
5	62.5%	80%	100%
6	75.0%	90%	100%
7	7.5%	95%	100%
8	100.0%	100%	100%

在线性反应模型中，饱和点下的每个曝光都产生总体效应的1/8，即12.5%。

学习曲线模型更加复杂。在这个函数里，每个曝光所增加的效果都是不断增长的，直到第四次曝光，之后下降。

在极限反应模型中，直到第四次曝光才产生效应。在这一点上，广告的100%的作用都立即实现。在这一点之外，增加的广告并不会带来更多的价值。随后的曝光都被浪费了。

这些广告曝光的累积效果在表9—3中列出。在这项显示中，当对广告的反应达到100%时，达到最大的可获得效果。

我们可以在每个模型下根据频次划分累积的效果并绘制图形（见图9—2）。直线函数由一个简单的直线代表。极限假设在第四次曝光时急剧上升，达到了100%。学习曲线模型的累积效应呈S形曲线。

频次反应函数，线性：在这个函数下，广告的累积效果（直到饱和点）可以看做曝光频次和每次曝光效果的产物。

频次反应函数，线性(I)＝频次(#)×每次曝光的效果(I)

频次反应函数，学习曲线：学习曲线函数可以被绘制成非线性的曲线。它的形式取决于一项具体活动的情境，包括广告媒体的选择、目标受众和曝光的频次。

频次反应函数，极限：极限函数可以表示为布尔数学体系的“如

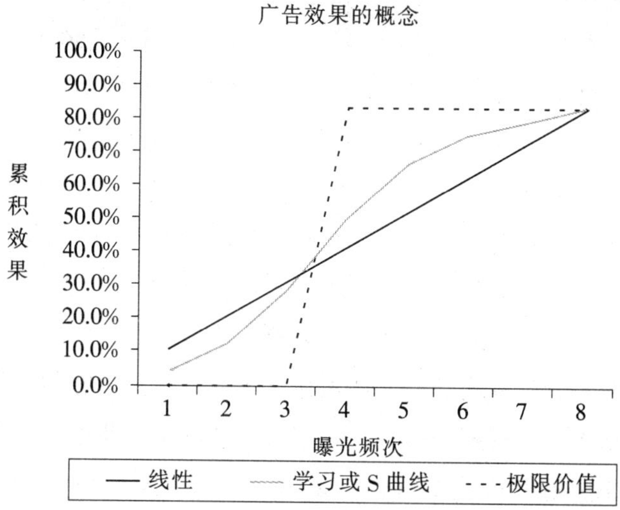

图 9—2　累积广告效果的说明

果”陈述，如下：

频次反应函数，极限价值（I）

＝如果［频次（#）≥极限（#），1，0］

还可用另一种方式表述：在一个极限反应函数中，如果频次高于或等于效果的极限水平，那么广告活动就是 100%有效的。如果频次低于极限水平，广告活动就是无效的。

数据源、难点和注意点

频次反应函数可以被看做营销者在计划一个广告活动效果时所作出的假设的结构。在作出这些假设时，对营销者最有用的信息可以从对以前的广告活动效果的分析中得出。然而，如果相关的环境（比如媒体、创造性、价格和产品）没有显著的改变，那么经过以往的数据证实的函数是最有可能得出准确结果的。

在比较本节所讨论的三种模型时，线性反应函数有基于简单的假设的优点。然而，它可能是不现实的，因为很难想象活动中的每一次广告曝光都会具有相同的效果。

学习曲线在直觉上具有吸引力，看上去它似乎比线性模型更好地抓住了生活的复杂性。然而，在这个模型下，定义和预测广告的效力方面存在着挑战，出现了三个问题：在哪一点上曲线会开始急剧上升？这个函数的陡峭度如何？什么时候它会变小？在进行了相当多的研究后，营销者可以作出这些估计。然而，如果没有这些研究，一般会认为学习曲线函数提供了虚假的准确性。

任何极限反应函数的实施都会依公司关于极限值在何处的估计而不同。这就会产生重要的分支。如果公司作出了一个保守的估计，将倾斜点确定在较高数量的曝光上，它可能会为无效的和不必要的广告付费。然而，如果它将倾斜点确定得太低，它可能没有购买足够的广告媒体，它的活动也就不会达到期望的效果。在实施过程中，营销者可能发现，运用极限模型与运用更加复杂的学习曲线模型没有实际上的差别。

相关的量化指标和概念

生效点：一个给定的广告或活动达到最低水平的效力所需的频次。

用尽点：一个给定的广告或活动开始失去效力甚至产生负效果的频次。

9.5 有效到达率和有效频次

有效频次的概念基于这样的假设，即一个广告或活动要达到可感知的效果，就必须在一个具体的时期内获得一定数量的对个体的曝光次数。

有效到达率被定义为那些接触广告信息大于或等于有效频次的人们的数量或者在受众中的百分比。也就是说，有效到达率是接收到广告或活动“最小”有效曝光数的人口。

目的：评价广告受众在何种程度上与广告有充分的接触频次

许多营销者认为，他们的信息需要重复以使受众“吸收”。广告者，如同父母和政治家，因此重复自己。但是为了确保效力，必须监控这种重复。为了这一目的，营销者应用有效频次和有效到达率的概念。这些概念背后的假设是：人们开始接触到广告的几次曝光可能几乎没有效果。只有当更多的曝光出现，信息才开始影响它的受众。

基于这一思想，在计划和执行活动时，广告者必须决定为使信息有用而必须重复的次数。这个数字就是有效的频次。在概念上，这与 9.4 节中讨论的极限反应函数中的极限频次是相同的。一个活动的有效频次取决于许多因素，包括市场环境、运用的媒体、广告类型和活动。然而，凭经验，每个购买循环 3 次曝光的估计值常常被使用。

有效频次：为产生期望的反应，某个广告在给定时期内对特定个体所必须达到的曝光次数。

有效到达率：接触广告信息等于或大于有效频次的人们的数量或者受众的百分比。

结构定义

有效到达率可以表达为接触广告信息大于或等于有效频次的人们的数量或者受众的百分比。

有效到达率(#,%)＝接触频次等于或大于有效频次的个体

示例：一个互联网上的广告需要被观看 3 次，它所包含的信息才能被吸收。人口数据显示出的分布如表 9—4 所示。

表 9—4　　广告的观看次数

观看次数	人口数
0	140 000
1	102 000
2	64 000
3	23 000
4 或更多	11 000
总计	340 000

由于有效频次是 3，只有那些看过 3 次或更多次广告的人才是被有效到达的。有效到达率因此是 23 000＋11 000＝34 000。

在百分比条件下，这则广告的有效到达率是 34 000/340 000＝10％。

数据源、难点和注意点

互联网在这一领域极大地推动了数据收集。尽管即使是互联网活动也不能够完全准确地估计每个顾客所接触的广告数，有关数据在网络活动中远比大多数的其他媒体更容易获得。

在不可以对数据进行电子追踪的情况下，很难得知顾客观看某种广告的次数。在这些情况下，营销者基于已知的受众的习惯和可以公开获得的来源如电视收视点来进行估计。

尽管测试市场和分组实验可以显示出广告频次的效果，营销者经常缺乏关于这一问题的全面可信的数据。在这些情况下，他们必须作出关于一个有效的活动所需的频次的假设。即使可以获得很好的历史数据，媒体计划也不应该完全依赖于过去的结果，因为每一个活动都是不同的。

营销者还必须牢记有效频次试图量化顾客对于广告的平均反应。在实践中，一些顾客会比其他顾客需要更多的信息和曝光数。

9.6 广告占有率

广告占有率将某一具体产品或品牌所享有的广告“存在”予以量化。它是通过将品牌的广告除以市场总的广告来计算的，并且是以百分比来表示的。

$$\text{广告占有率（\%）}=\frac{\text{品牌广告（\$，\#）}}{\text{市场总的广告（\$，\#）}}$$

为计算广告占有率，至少有两种方法来测量“广告”：用支付的货币额，或用印象数或总视听点。在任何一种方法下，占有率都代表着公司广告相对于它的竞争者的估计。

目的：评价投入某种产品或品牌的广告的相对水平

广告者想要知道他们的信息是否正打破商业环境中的“噪声”。为了这一目的，占有率提供了相对于整个市场来说，某一品牌广告强度的信号。

至少有两种方法来计算广告占有率。经典的方法是用为一个品牌的广告投入的货币额除以在该市场上广告投入的总额。

作为选择，广告占有率可以基于一个品牌的总视听点、印象数、有效到达率或相似测量的份额来计算（参见本章前面关于基本广告量化指标的更详细的探讨）。

结构定义

广告占有率： 在一个给定市场上，某一具体产品或品牌所享有的广告的百分比。

$$广告占有率（\%）=\frac{品牌广告（\$，\#）}{市场总的广告（\$，\#）}$$

数据源、难点和注意点

在计算广告占有率时，营销者的核心决策围绕着定义市场边界进行。必须确保这些对于目标顾客是有意义的。比如，如果公司的目标是影响机智的网络使用者，那么仅仅用印刷媒体来定义广告存在是不适当的。广告占有率可以在公司层面计算，但品牌和产品水平的计算也是很常见的。

在进行计算时，公司应该能够很容易地测量其总的广告费用。然而，决定该市场上的总体广告费用可能充满困难，达不到完全的准确。然而，重要的是营销者考虑到他们市场上的主要博弈者。外部来源（比如年度报告和新闻报道）会显示出竞争者的广告费用。服务公司［如领先全国广告者（LNA）］也会提供有用的数据。这些服务提供商销售关于媒体空间和时间的竞争性购买的评估，但它们一般不报告为媒体所进行的实际支付。相反，成本在购买的时间和空间，以及印刷的“视听卡片”上所列广告价格的基础上进行估计。在运用这些估计时，营销者必须记住视听卡片很少列出可以在购买媒体时获得的折扣。没有说明这些折扣，对出版媒体费用的估计可能会被夸大。建议营销者运用他们在购买广告时可得到的折扣率缩小这些估计值。

最后注意事项：一些营销者可能假设广告的价格是与广告的价值相等的，但并不必然如此。记住这一点，除用货币价值计算广告占有率之外，基于印象数计算广告占有率将是很有用的。

9.7 印象数、网页浏览量和点击数

如9.1节所述，印象数代表着提供给人们看到广告的机会的数量。关于这一指标的最好的可获得的测量是运用技术判断给定的广告是否被实际观看。许多记录的印象数实际上并未被目标观看者感知到，因此，一些营销者将这个量化指标称为接触频次。

将这一概念应用到互联网广告和刊物上，网页浏览量代表着对于给定网页的接触频次的数量。每个网页由一系列独立的物体和文件组成，包括文字、图像、音频和视频文件。这些在一定时期内被请求的文件的总数就是网页或网络服务器的点击数。因为网页由许多小文件组成在每一网页浏览量上会产生许多次点击，必须注意不要过多地被高点击量吸引。

目的：评价网页的流量和活动

为对网页产生的流量进行量化，营销者对浏览量进行监控，它是指某一网页被获取的次数。

在电子商务的早期，管理者将注意力放在网页所接收的点击数上。点击测量了文件请求数。由于网页由大量的文件、图片和多媒体文件组

成，它们所接收的点击数不仅是页面浏览量的函数，而且与网页设计者组织那些网页的方法有关。

随着互联网营销的不断成熟，关于网络活动和流量的更好的量化方法发展起来。目前，人们更普遍地应用网页浏览量作为一个网络地址流量的量化指标。网页浏览量是为了测量一个网页展示给使用者的次数，因此它应该尽可能地接近最终使用者来测量。最好的技术计算返回给服务器的像素，证实网页是被正确显示的。这种像素[2]计算技术相对于服务器的请求数或者服务器回应请求所发出的网页数，产生出更接近于最终用户的数据。好的量化指标可以减少由于服务器不正确处理请求、文件在用户机器上打开失败或用户终止广告服务而产生的夸大计数的问题。

点击数：网络上服务于访问者的文件数量。由于网页经常包含多种文件，点击数是访问的网页和每个网页上的文件数量的函数。

网页浏览量：某一具体网页展示给用户的次数。这应该在网页发送的过程中被记录，以得到关于用户的接触频次的最接近的信息。网页可以由多种文件组成。

为了达到营销目的，需要区别不同的访问者分别访问了多少次广告。比如，两个从不同国家的网页登录的人可能会以他们熟悉的语言查看网页，也可能没有接触到相同的广告。广告随着不同的访问者而改变的一个例子是广告横幅的内在联系。认识到这个潜在的多样性，广告者想要知道他们将某一广告展示给访问者的次数，而不是某个网页浏览的数量。

基于这一点，互联网广告者经常以印象数——有时称做广告印象数或广告观看数——来进行分析。这些代表着广告服务于访问者的次数，让他们有机会看到广告。（本节中的很多概念都与广告部分即 9.1 节涉及的术语相同）。

对于一个地址上服务于所有访问者的一个单独的广告，印象数与网页浏览量的数值相等。如果网页上包含多种广告，所有广告印象数的总和就会超过网页浏览量。

结构定义

点击数：一个网址的点击数是网页浏览量乘以组成每页的文件的数量而得到的一个函数。点击数可能对负责计划服务器能力的技术人员更相关，而不是对测量访问者活动感兴趣的营销者。

$$\text{点击数}(\#)=\text{网页浏览量}(\#)\times\text{网页上的文件数}(\#)$$

网页浏览量：网页浏览量可以通过用点击数除以网页上的文件数而简单计算得出。

$$\text{网页浏览量}(\#)=\frac{\text{点击数}(\#)}{\text{网页上的文件数}(\#)}$$

示例：在一个网址上有250 000次点击，每次打开一个网页有5个文件。网页浏览量＝250 000/5＝50 000。

如果网址上每个网页包含3个文件，产生了300 000个网页浏览数，那么点击数就是3×300 000＝900 000。

数据源、难点和注意点

网页浏览量、网页印象数和广告印象数是网络服务器对网页和用户的浏览中发出的请求的反应的测量，并在报告前消除了机器活动和错误编码。这些测量的记录尽可能接近于用户看到页面或广告的机会数。[3]

如果已知页面浏览中包含广告的百分比，那么就可以从页面浏览量中得出广告印象数。比如，如果10%的页面浏览中包含着为一款豪华型汽车所做的广告，那么这个汽车广告的印象数就会与10%的页面浏览量相同。那些为相同的广告服务并面向所有网络用户的网址更容易管理，因为只要求一种计数。

这些指标量化了看到广告的机会，并没有考虑实际看到的广告数量或者展示的质量。尤其是这些量化指标没有说明以下几点：

- 信息是否展示给特定的、相关的、已定义的受众。
- 呈现给那些人的页面是否被实际看到了。
- 那些观看页面的人们在事件发生后，能否记得他们所看过的内容或者页面上所包含的广告。

尽管运用了印象数这一术语，这些指标仍然没有告诉商业经理人广告对潜在的顾客是否有效果。营销者不能确定页面浏览带给访问者的效果。通常，页面浏览结果会包括对相同访问者的重复展示。基于这一原因，总印象数这一术语可能会被用来表示一个关键的假设——看见广告的机会可以在许多场合下传送给同样的观看者。

9.8 多媒体播放时间

营销人员经常用多媒体播放时间指标来监控公司的广告能够维持其潜在客户注意力的时间。

$$平均多媒体播放时间（\#）=\frac{多媒体播放的总时间（\#）}{多媒体影响客户的总时间（\#）}$$

多媒体播放时间是确定网络广告是否成功的一种重要方法。

目的：确定广告受关注的时间

多媒体是交互媒体中的一个常用术语。与户外广告、电视广告或其他的传统网络广告不同，交互媒体使得消费者能够积极地参与其中。多媒体指标或观众互动指标同其他的广告指标在原理上非常相似。如果营销人员想知道广告在引起并维持潜在客户注意力方面是否有效，那么他就可以把消费者对广告内容的感兴趣程度作为媒介来跟踪他们对广告的“关注”时间。多媒体播放时间是指人们参与多媒体活动的平均时间。

结构定义

多媒体播放时间是观众在多媒体广告上花费的平均时间。营销人员首先要知道多媒体播放的总时间以及观众花费在多媒体播放的总时间才能计算出多媒体播放时间。以秒数来衡量观众投入在多媒体上的平均时间是件非常简单的事情，它是播放总时间中有多长时间能为观众留下深刻的印象。

$$平均多媒体播放时间（\#）=\frac{多媒体播放的总时间（\#）}{多媒体影响客户的总时间（\#）}$$

数据源、难点和注意点

随着各种网络指标的发展，那些处于网络世界之外的营销人员也会遇到大量的数据信息。要想把这些海量数据转变成为有用的信息，他们就必须对以下信息给予特别的关注。例如，假设一则多媒体广告已经播放了 5 分钟并且观众会在播放的过程中去冲咖啡或者暂时离开，那么营销人员把播放时间缩短至某个时间的上限是一种非常明智的选择。观众真正去关注某则广告的时间问题与网络世界外的营销人员考虑非网络广告是否受关注的问题相类似。前者比后者有轻微的优势，因为多媒体广告需要观众积极地参与其中，因此绝大多数都是以网络为传播媒介，而那些非网络广告则不需要与观众进行互动。

由于多媒体播放时间被用于衡量短期问题，所以它通常会受到偶然事件的影响。举一个简单的例子：假设在观看某则广告时，有 5 个人每人的观看时间为 1 秒，而第 6 个人的观看时间则为 55 秒，于是可以得出平均多媒体播放时间为 10 秒。另外一种情况是有 6 个人对该广告业感兴趣并且每人平均都观看了 10 秒。然而我们却没有办法把这两种平均 10 秒播放时间相区别。上述案例是一个任意平均播放时间的案例。

营销人员必须清楚地知道搜集数据的方式并对数据搜集过程中所发生的各种变化给予特别的关注。出于对技术原因的考虑，营销人员不仅需要时刻关注搜集数据并建立量化指标过程中发生的各种变化，而且还必须注意到这些变化可能会限制该指标的使用范围。而导致使用范围受限的原因可能是因为纵向比较变得不再适用。至少，在解释多媒体播放时间这一量化指标时，营销人员必须知道并且能够对这些变化做出相应的说明。

9.9 多媒体互动率

营销人员使用多媒体互动率这一指标来评估观众参与某则多媒体广告互动的效果。

$$多媒体互动率（\%）=\frac{参与多媒体广告互动的总人数（\#）}{关注多媒体广告的总人数（\#）}$$

多媒体互动率是跟踪网络广告成功的一种重要方法，原因是该比率可以监控所有观众中参与多媒体互动的总人数。

目的：测量并监控广告的互动情况

多媒体互动率可以对相关潜在客户参与某广告互动的程度进行跟踪记录。观众能够积极地参与互动是多媒体广告的最大优势。鉴于参与互动人数很容易计算，所以营销人员通常用多媒体广告的方式来对潜在客户的反映情况进行深入了解。他们可以监控潜在客户是消极被动地去“观看”多媒体广告还是积极主动地参与其互动。那些参与互动的用户为更加积极地参与互动活动提供了证据，并且很有可能实施购买行为。

结构定义

多媒体互动率指标是指参与某则多媒体广告互动的人数占关注该广告总人数的比重。它告诉营销人员应该采取什么样的广告互动形式（如鼠标滚动、单击等）才能获得最终的成功。例如，一则多媒体广告已经播放了 100 次而且其互动率为 15％，这就意味着所有关注该广告的人群中有 15％的人通过各种方式参与了互动，而剩余的 85％没有对这则广告做出反应。

$$多媒体互动率（\%）=\frac{参与多媒体广告互动的总人数（\#）}{关注多媒体广告的总人数（\#）}$$

数据源、难点和注意点

多媒体互动率指标所需要的数据非常容易得到。事实上，该指标本身就是标准财务报告的一部分。计算这一指标的关键在于确定参与互动的人数，这主要取决于观众的潜在行为。反过来，广告的播放形式又会影响到观众的潜在行为。营销人员通常会对参与互动的人数设置一个底限。例如，在所有关注该广告的受众中，只有那些用鼠标点击广告的人才能够被算作是参与互动的人数。（上述设计理念排除了那些与该广告无关的鼠标滚动情况，例如鼠标在网页中的其他点击情况。）

营销人员必须牢记广告目的是什么，而增加参与互动的人数并不是广告的最终目的。然而，虽然那些用来吸引从未买过该产品的顾客的宣传手段可能会提高广告互动率，但是在互动无法增加购买人数或者增加订单数量的情况下，高互动率并不见得比低互动率要好。

相关量化指标

多媒体互动时间：多媒体互动时间指标用于衡量观众参与广告互动的总时间，它是每位浏览者在观看网页时参与互动的时间总和。因此那些浏览网页的用户参与多媒体互动的频率可能是 2 秒/次，共参与了两次互动，于是我们就可以得出该用户总的互动时间为 4 秒。

视频互动：视频指标与多媒体指标非常相似。事实上，视频只是多媒体形式中的一种，并且二者的工作原理相同。营销人员应当追踪记录观众参与视频互动的时间（视频的播放时间），处理方式（如停止，静音）、互动的概况以及具体的形式（这为确定一个视频是否具有吸引力提供了有力的证据）。通过整合观众的上述行为就可以得出视频指标，例如通过计算平均浏览量就可以知道视频的播放时间为 12 秒。

9.10 点击率

点击率是导致用户点击某一广告的印象数所占的百分比。它描述了印象数中激励用户点击某项链接、置身另一个网络地址的印象数的部分。

$$点击率（\%）=\frac{点进数（\#）}{印象数（\#）}$$

大多数基于互联网的公司使用点击率这一量化指标。虽然这些量化指标是有用的，但它们不应该在所有的营销分析中占据优势。除非用户点击“现在购买”键，否则，点击率只是测量通往最后销售路上的一步。

目的：描述顾客对于网址的最初反应

大多数的商业网址被设计用来引发特定的行为，不论是购买一本书、阅读一则新闻评论、收听一个音乐视频，还是搜寻航班信息。人们通常并不是带着观看广告的意图来访问某个网址，就像人们很少为了消费商品而观看电视一样。作为营销者，我们想要知道网络访问者的反应。在目前的技术下，要全面量化访问者对于地址的情感反应和地址对于公司品牌的效应几乎是不可能的。然而，一个很容易获取的信息就是点击率。点击率测量在访问者中，有多大的比例对某则广告作出反应从而打开了另一个网页，这样他们就可能会购买某项产品或对于产品或服务了解得更多。这里我们使用在广告（或链接）上“点击他们的鼠标”，因为这是通常使用的情况，尽管其他的交互作用也是可能的。

结构定义

点击率：点击率是用某项广告上点击的次数除以总印象数（广告所服务的次数）。

$$点击率（\%）=\frac{点击数（\#）}{印象数（\#）}$$

点击数：如果你有点击率和印象数，你可以通过将点击率与印象数相乘，计算出点击的绝对数字。

$$点击数（\#）=点击率（\%）\times 印象数（\#）$$

示例：在一个网址上，有 100 000 个印象数、1 000 个点击数，点击率是 1%。

$$点击率=\frac{1\ 000}{100\ 000}=1\%$$

如果相同的网址，点击率为 0.5%，那么就会有 500 个点击数：

$$点击数=100\ 000\times 0.5\%=500$$

如果另一个网址有 200 000 个印象数、1%的点击率，那么就会有 2 000个点击数：

$$点击数=1\%\times 200\ 000=2\ 000$$

数据源、难点和注意点

印象数是计算所必需的一个输入。在简单的网址上，这有可能与页面浏览量相同，每次进入页面时，它都显示相同的细节。在复杂的地址上，不同的广告可能会展示给不同的观看者。在这些情况下，印象数很有可能是总的页面浏览量的一部分。服务器可以很容易地记录链接被点击的次数（见图 9—3）。

首先，记住点击率是用百分比表示的。尽管高的点击率自身可能是人们想要的，并且有助于验证广告的吸引力，公司还是对点击的人们的总数感兴趣。想象一个拥有 80%点击率的网址，这看上去很像一个高度成功的网址，直到管理者发现总共只有 20 个人访问了这个网址，带来了 16 个点击，而预期的目标却是 500 个访问者。

同样要记住，点击只是兴趣的非常微弱的表现。那些点击广告的个体可能在新的页面加载完之前就转向了其他事物。这可能是因为这个人

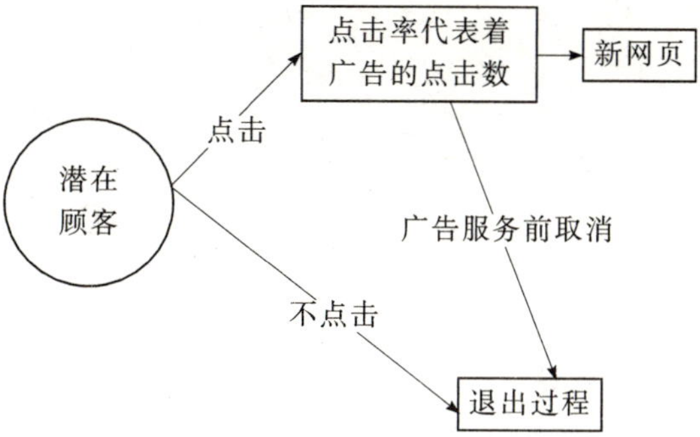

图 9—3　点击过程

偶然点击了广告，或者因为页面需要太长的时间加载。随着更富有的媒体广告的增加，这个问题越来越重要。营销者应该了解他们的顾客。使用大的视频文件有可能会增加在广告服务前放弃过程的人数，尤其是在这些顾客的连接速度相对较慢的情况下。

对于印象数，试图确保你理解了这些测量。如果测量的是点击数（客户机器向服务器发出的发送文件的请求），那么在点击率与由广告引起的像素计数返回的印象数之间可能会有许多破损点。应该弄清楚较大的不一致——是技术的原因（广告的大小或者设计），还是点击者的兴趣不大？

点击数是广告发生交互作用的次数，而不是点击广告的顾客的数量。一个个体访问者可以点击一个广告几次——在一个部分或者在许多交叉部分。只有最成熟的网址才能控制特定广告展示给相同顾客的次数。这意味着大多数的网址只能计算广告被点击的次数，而不是点击广告的访问者的数量。最后，点击率必须相对一个合适的基线来解释。横幅广告的点击率很低并且继续下降。相反，那些可以轻易使访问者进入下一页面的点击率会变得更高。关于点击率如何随访问者通过不同的页面而改变的分析有助于发现那些访问者几乎不再继续的“死胡同”页面。

9.11　每印象成本、每点击成本和每订单成本

这三个量化指标测量印象数、点击和顾客的平均成本。这三个指

标都用同样的方式计算——作为成本与结果的印象数、点击数或顾客数的比率。

$$每印象成本（\$）=\frac{广告成本（\$）}{印象数（\#）}$$

$$每点击成本（\$）=\frac{广告成本（\$）}{点击数（\#）}$$

$$每订单成本（\$）=\frac{广告成本（\$）}{订单数（\#）}$$

这些量化指标是评价公司互联网广告效力的起点，可以用于广告媒体和指标之间的比较，也可以作为公司互联网营销获利性的指示器。

目的：评价互联网营销的成本效力

在这一部分，我们提出三种测量互联网广告效力的常用方法，每一个都有其优点。

每印象成本：提供给潜在顾客一次看到广告的机会所花费的成本。

每点击成本：为得到一个广告点击所花费的成本。

相对于每印象成本，每点击成本有很大的优势，它会告诉我们广告的有效性如何。点击是测量注意力和兴趣的一种方式。只有少数人点击的便宜的广告会有较低的每印象成本和较高的每点击成本。如果广告的主要目的是引发点击，那么每点击成本就是优先选择的量化指标。

每订单成本：获得一份订单的成本。

如果广告的主要目的是带来销售，那么每订单成本就是优先选择的量化指标。

一旦达到了一定数量的网络印象数，广告的质量和投放会影响点击率和由此引起的每点击成本（见图 9—4）。

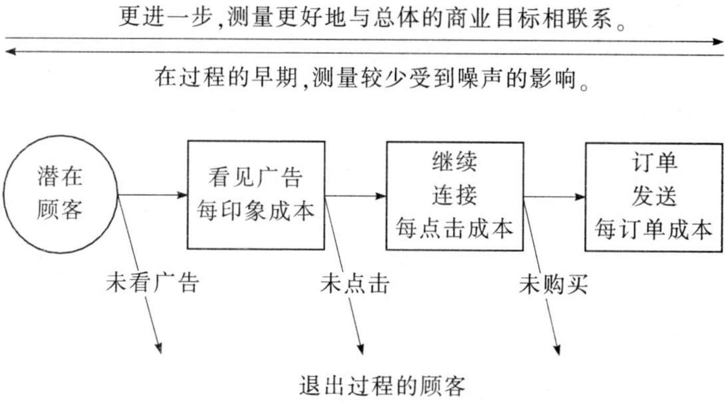

图 9—4 订单获取过程

结构定义

这些公式在本质上都是相同的，就是用成本除以适当的数字，比如，印象数、点击数或订单数。

每印象成本： 这是从广告成本和印象数中得到的。

$$每印象成本（\$）=\frac{广告成本（\$）}{印象数（\#）}$$

记住每印象成本通常是用每千次印象成本（CPM）来表达的，这是为了易于管理数字（更多的关于 CPM 的知识，请参考 9.2 节）。

每点击成本： 这是通过广告成本除以广告引起的点击数而计算得来的。

$$每点击成本（\$）=\frac{广告成本（\$）}{点击数（\#）}$$

每订单成本： 这是产生一份订单的成本，这个成本的精确形式取决于行业，并且因产品回报和多种销售渠道而变得更加复杂。基本的公式是：

$$每订单成本（\$）=\frac{广告成本（\$）}{订单数（\#）}$$

示例： 一个互联网零售商在线广告的费用为 24 000 美元，产生了

120万个印象数，引发了2万个点击，每10个点击中有一个产生了购买行为。

$$每印象成本=\frac{24\ 000}{1\ 200\ 000}=0.02（美元）$$

$$每点击成本=\frac{24\ 000}{20\ 000}=1.20（美元）$$

如果10个点击中有1个导致了购买行为，

$$每订单成本=\frac{24\ 000}{2\ 000}=12.00（美元）$$

最后的计算也称作“每购买成本”。

数据源、难点和注意点

互联网为广告数据的获得提供了更大的可能性。因此，互联网广告量化指标很可能依赖于比传统渠道更容易获得的数据。互联网可以提供更多关于顾客如何通过系统在购买过程的每个阶段做出行动的信息。

对于综合运用在线和离线媒体的广告者来说，分清在线和“离线”来源的广告和销售之间的因果关系可能会很困难。横幅广告可能为订单的取得获得了过多的归因，如果顾客也受到了公司的广告牌的影响。相反，横幅广告可能为离线销售获得了太少的归因。

这部分讨论的计算和数据通常运用于与广告者订立报酬合同。公司可能倾向于在新获得的顾客基础上，而不是在订单的基础上，对媒体和广告代理商支付报酬。

搜索引擎

搜索引擎报酬有助于决定在搜索引擎上链接的位置。最重要的搜索引擎量化指标是每点击成本，通常它是建立搜索引擎投放付费的基础。搜索引擎提供了足够的数据来分析活动的效力。为了获得网址的好处，公司需要得到访问者。在前面的部分，我们讨论了公司如何测量流量，搜索引擎有助于公司创造流量。

尽管强有力的品牌有助于公司的网址增加流量，在所有离线广告中包括公司的网址可能不会增加流量。为了产生额外的流量，公司通常转向搜索引擎。据估计，2003 年，在付费的搜索营销上的费用超过了 25 亿美元，约占在线费用总额 73 亿美元的 36%。[4]其他的在线费用包括以下类目：50%为印象数，12%为横幅广告，2%为电子邮件广告。

付费的搜索引擎营销本质上是为互联网上的搜索引擎和目录网址上的广告位置付费。这些广告通常是小的文字片断（很像报纸上的需求广告），做成未付费的或机器搜索结果的样子。通常只有当有人点击广告时，才进行支付。有时可能会为了在搜索结果网页上更好的位置而支付更多的每点击成本。付费搜索的一个重要的子集是关键词搜索，在这里，广告者可以通过支付使其不论在人们输入何种关键词时都被展示。在这种情况下，公司在每点击成本的基础上支付。竞标一个更高的每点击费用可以使你被放置到更好的位置，然而，这也有附加的复杂性，即如果广告并没有产生点击，它的位置就会比与它竞争的广告差。

检验搜索引擎效果的测量与那些用于评价其他互联网广告的测量大体相同。

每点击成本：在搜索引擎营销中最重要的概念就是每点击成本。在搜索引擎公司索要服务费时，每点击成本被广泛地引用和使用。营销者运用每点击成本来建立他们对于搜索引擎支付的预算。

搜索引擎索要“每点击最大成本”，这是一个上限，即营销者愿意为一个点击支付的最大数额。搜索引擎通常会对链接的放置进行拍卖，只以稍高于次高投标价的价格进行收费。这意味着公司愿意支付的每点击最大成本可能会比他们最终所支付的每点击平均成本高得多。

营销者通常谈论搜索引擎的每日费用的概念——正如听上去的那样，这是一天内总共支付给搜索引擎广告的费用。为了控制费用，搜索引擎允许营销者明确每天的最大费用。达到最大值时，广告就不再享受优先对待。

公式就是每点击平均成本乘以点击数：

每日费用（$）=每点击平均成本（$）×点击数（#）

示例： 安德瑞是在线音乐零售商的互联网营销主管，他决定将每点击最大价格定为 0.10 美元。在这周末他发现搜索引擎提供商向他索要 350 美元。每天的点击数是 1 000。

他的每点击平均成本因此就是广告成本除以产生的点击数：

$$每点击成本=\frac{每星期成本}{每星期点击数}=350/7\ 000=0.05（美元/点击）$$

每日费用的计算为每点击平均成本乘以点击数：

$$每日费用=0.05\times1\ 000=50.00（美元）$$

给搜索引擎营销者的建议

典型的搜索引擎运用拍卖来建立他们所销售的搜索项目的价格。搜索引擎有着相对有效的市场优势，所有的用户都有权获得信息，并且会在同一个虚拟的地址上。他们倾向于在第二个拍卖价格上采取差异，购买者只支付他们所要求的位置的必需的费用。

每获得顾客的成本： 当订单从一个新顾客产生时，与每订单成本类似，参见第 5 章中关于定义顾客和获得成本的讨论。

9.12 访问、访问者和放弃率

访问测量网址上的会话数量。访问者测量访问网络的人数。当一个人星期二上网，星期三又上网时，就会被记录为从一个访问者处产生的两次访问。访问者有时被称为“独特的访问者”。访问者和独特的访问者是相同的量化指标。

放弃通常是指购物车。在某一具体时间内购物车的总数是放弃的数量和导致完整购买的数量的总和。放弃率是放弃的购物车与总数的比率。

目的：了解网络用户的行为

网址可以很容易地追踪被请求的网页的数量。正如我们之前在 9.7 节中所见的，网页浏览量这一量化指标很有用，但并不完整。除了计算网址所发送的网页浏览量，公司还想得到某个人访问网址的次数和请求这些网页的人数。

访问：个体第一次要求公司服务器上的网页的次数，也被称为会话数。

最初的要求被计为一次访问，随后从相同个体发出的请求并不作为访问计算，除非它们发生在一个具体的休息时间（通常被设定为 30 分钟）之后。

访问者：在一个给定时期内，向公司服务器发出页面请求的个体的数量，也被称为独特的访问者。

为了对一个网址上的流量有更好的理解，公司试图追踪访问的数量。一次访问可能包括一个单独的页面浏览或多种页面浏览，一个人可以对一个网址进行多种访问。对于构成一次访问的具体说明要求对于休息时间有一个接受的标准，即在进入页面之后到请求新的页面的非活动时间。

除了访问数，公司还试图追踪访问其网站的访问者的数量。因为一个访问者可以在一定时期内进行多种访问，访问的数量会比访问者的数量多。一个访问者有时被称为一个独特的访问者或独特的用户，以便更清楚地说明每个访问者只被计算一次这个思路。

用户或访问者的测量要求一个标准的时间段，并且会被对网络内容进行分类的自动活动扭曲（比如“僵尸计算机”，包含执行重复任务的程序）。对于访问者、访问数和其他交通统计量的估计通常通过删除已知的僵尸计算机 IP 地址，或者要求注册或浏览器发送的信息，或者使用面板数据，来消除这些活动，进行过滤。

网页浏览量和访问数是相关的。从定义来看，一次访问是集合在一次会话中的系列网页浏览量，所以网页浏览数会超过访问数。

考虑这个量化指标作为一系列同轴的椭圆，如图 9—5 所示。在这一观点下，访问者的数量可能会少于或等于访问的数量，访问的数量少于或等于网页浏览量，网页浏览量少于或等于页面元素请求数（关于更多的页面元素请求数与网页浏览量的关系，参见 9.7 节）。

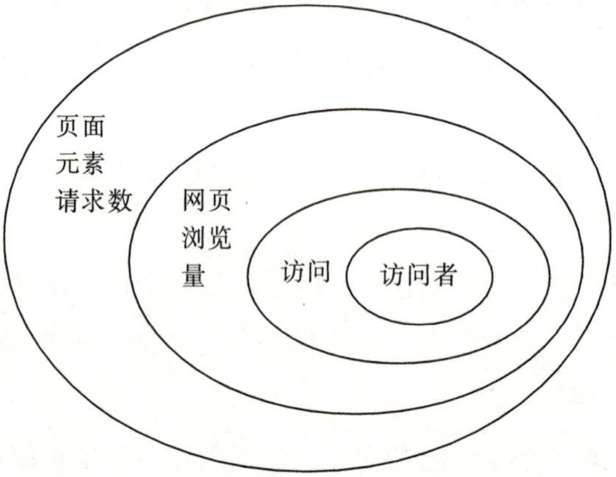

图 9—5　页面元素请求数、网页浏览量、访问、访问者之间的关系

用另一种方式来考虑访问者、访问、网页浏览量和页面元素请求数之间的关系。考虑如下的例子，一个访问者进入一个在线报纸的网站（见图 9—6），假定这个访问者在周一、周二和周五都进入了这个网址。在访问的过程中，她总共浏览了 20 个网页，这些网页是由许多不同的图片文件、文本文件和横幅广告组成的。

图 9—6　在线报纸访问者的例子

网页浏览量与访问者的比率有时被称为每次访问的平均页面数。营销者通过追踪这一平均数来监控平均访问长度如何随时间改变。

通过更深入的挖掘来追踪访问者在一次访问中的路径是有可能的，这个路径被称为点击流。

点击流：一个用户通过互联网的路径。

点击流指的是访问多种网址时点击的链接的次序，在这个水平上进行追踪有助于公司发现最有吸引力和最缺乏吸引力的页面（见图 9—7）。

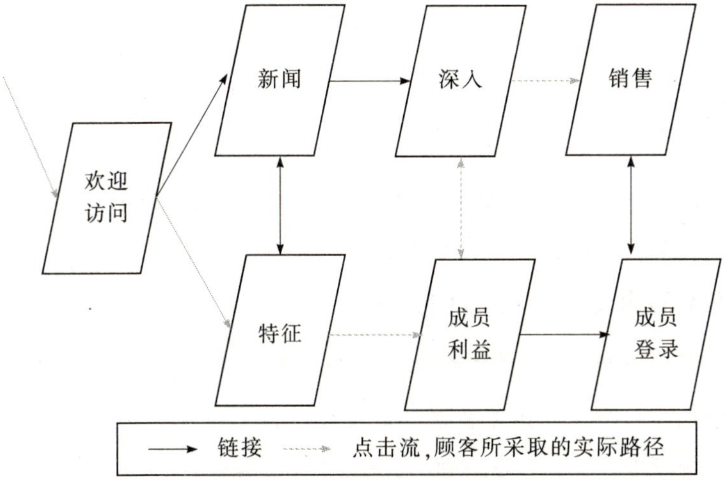

图 9—7 点击流记录

对点击流数据的分析通常会得出重要的对顾客的洞察。顾客在进行购买前，最有可能采取的路径是什么？有没有方法使最受欢迎的路径更加容易通过？不受欢迎的路径是否应该被改变或者消除？购买是发生于长期还是短期会话的结束？会话会在什么页面上结束？

在点击流中值得深思的部分是与购物车的使用相关的点击子集。购物车是服务器上的软件，允许访问者为最终的购买选择项目。虽然购物者在现实的商店中很少放弃他们的购物车，但是虚拟购物车的放弃却很常见。机智的营销者计算在一定时期内有多少购物车带来完整的销售，有多少被放弃。被放弃的购物车的数量与总数的比率就是放弃率。

放弃率：购物车被放弃的百分比。

为确定一个访问者是再次访问者还是新的用户，公司通常使用 Cookies，即一个人在网上冲浪时下载到他的计算机上的文件，其中包含识别信息。当这个人再次回来时，该网络服务器通过读取 Cookie，识别出这个访问者是之前曾来过网站的某个人。更先进的网站使用 Cookie 来提供个性化的内容，并且对某个购物车进行识别。比如，亚马逊、

eBay 和 EasyJet 都使用大量的 Cookie 来个性化其网站对于每位顾客的浏览界面。

Cookie：一个网址放到访问者的硬盘中的小文件，用于未来的识别。

结构定义

访问者：Cookies 可以帮助服务器追踪独特的访问者，但这些数据并不是百分百正确（见下一个部分）。

放弃的购买：没有完成的购买数。

示例：一个在线连环画零售商发现，在 25 000 个将商品放入电子购物篮的顾客中，只有 20 000 人进行了实际购买：

$$\begin{aligned}\text{未完成的购买} &= \text{开始的购买}-\text{完成的购买}\\ &= 25\ 000-20\ 000\\ &= 5\ 000\end{aligned}$$

$$\begin{aligned}\text{放弃率} &= \frac{\text{未完成的购买}}{\text{顾客开始的购买}}\\ &= \frac{5\ 000}{25\ 000}\\ &= 20\%\end{aligned}$$

数据源、难点和注意点

访问可以从文件数据日志中估计。访问者的测量更加困难。如果访问者注册或接受 Cookie，那么至少用来访问的计算机可以被识别。

对于更小的或关注更狭窄的网址来说，有意义的结果更难获得。

引入竞争研究和用户行为方面的专家也是可能的。尼尔森公司在其服务中，在美国采用了座谈小组和许多主要的机制。[5]

9.13 蹦失率

蹦失率（Bounce Rate）是一个用于衡量某网站是否能有效持续地引起访问者兴趣的指标。它是通过只浏览了网站中单个页面的访问量占该网站总访问量的百分比来体现的。

$$蹦失率（\%）=\frac{只浏览了网站中单个页面的访问量（\#）}{该网站的总访问量（\#）}$$

显然，蹦失率越高表明该网站在持续引起访问者兴趣方面做得较差。

目的：确定网站在抓住访问者兴趣上的效果

蹦失率是一个常用指标，反映了网站能否不断地吸引访问者注意力。该指标的使用基于以下假设，即网站所有者希望访问者除了浏览登录页面外，还会去点击观看网站上的其他链接。而对于大多数网站而言，这也是一个合理的假设。例如，那些购物网站非常希望访问者可以去其他页面浏览商品，并会购买页面中的商品。不仅如此，蹦失率还能够检验公司网站中相关流量的有效性。网站点击中的相关流量越多，蹦失率就越低。当流量是由付费搜索而产生的，这就显得更为重要了。企业因为获得了与业务不相关的流量而支付了费用，这显然是一种浪费，此时这种不相关就可以通过高蹦失率体现出来。对于衡量网站的进入页面，蹦失率是一个非常有用的指标。蹦失率非常低的进入页面能够将流量引向网站的其他页面。正如谷歌的分析“网站的登录界面越为引人注目，也就会有越多的访问者登录你的网站”[6]。

拥有较低的蹦失率通常是一种成功电子商务的先决条件。

结构定义

蹦失率（Bounce Rate）是只浏览了网站中单个页面的访问量占该

网站总访问量的百分比。

$$\text{蹦失率（\%）}=\frac{\text{只浏览了网站中单个页面的访问量（\#）}}{\text{该网站的总访问量（\#）}}$$

数据源、难点和注意点

蹦失率中所包含的数据，甚至该指标本身通常来源于网站的主机，这也是常规报告程序的一个部分。假设蹦失率按既定的程序提交，那么该指标就难以被忽略。构建蹦失率指标要求精确定义访问的结束时间。离开网站的方式可能是关闭窗口、打开一个新的 URL、登录其他网站、按返回键或超时。当一个网页显示超时后，如果用户仍然返回该网站，通常会登录一个新的网页。在其他条件不变的情况下，较低的超时时间通常会增加该网站的蹦失率。

报告可能会使用访问者数量取代访问量。你应当清楚报告选取的数据是什么。当同一访问者再次登录网站时，特别是通过不同的登录页面，该访问者的访问量很容易被记录，而我们却很难通过访问量找到最初的访问者。这样的访问量而不是访问者通常被用来计算蹦失率。

蹦失率也可以用单个页面而非整个网站来定义。事实上，每个页面的蹦失率都需要考虑改善整个网站中存在问题的区域。尽管如此，人们必须以页面的目的来解释该页面的蹦失率。对于某些页面就希望有一个较高的蹦失率，例如：某个指南页面，该指标的价值取决于组织的目标。信息网站可能通过短期频繁的互动与顾客建立紧密的联系，例如：查看体育赛事比分。如果用户不访问网站上的其他链接，组织就会感到非常欣慰，也并不会对高蹦失率给予过多的关注。尽管如此，绝大多数的公司可能还是希望拥有较低的蹦失率，并且对这一重要指标进行积极地监控。

9.14 关注者/追随者/支持者

关注者/追随者/支持者是一个非常简单的用于衡量参与组织社交网站人数的指标。

关注者（#）=某个社交网站实际注册的人数（#）

关注者的数量越多表明人们对该网站越感兴趣。如果某个品牌所拥有的关注者越多就表明它是一个以忠诚客户为基础的强势品牌。

目的：确定一个社交网站存在的效果

这里所指的 关注者包括追随者、支持者和其他类似的概念。关注者是指一个社交网站上的会员，他们在自己知道、喜欢和（或）支持的社交网站上进行注册。例如一个强势品牌可能拥有许多客户，并且这些客户希望能够公开表达他们对该品牌的喜爱之情。社交网站不仅在公司同客户建立关系方面发挥着巨大的作用，而且还可以确定谁是公司的忠诚客户并与之进行深层次的沟通交流。

结构定义

关注者（#）=某个社交网站实际注册的人数（#）

数据源、难点和注意点

要想成功地吸引到关注者主要取决于那些认同该实体（如个人、品牌、公司或其他组织）的人群。以品牌为例，有些客户可能会在表达自己的品牌偏好上犹豫不决，因此对于两个实力相当的品牌可能会有两个完全不同的社交网站。类似地，消费者是否认同产品也可能会构成影响他们注册成为该产品社交网站会员的因素。我们很容易就能想到，对比与大众消费联系紧密的品牌，一些非常关键但比较个人化的产品更多地依靠使用者自己的亲身体验而不是大众消费者的使用经验。

客观地评价社交网络活动的有效性是件非常困难的事情。一般而言，较多的跟随者表明公司在客户参与方面的表现较好。一个品牌拥有越多的原意公开支持该品牌且与其保持持续关系的客户，则表明该品牌拥有较高的客户认知度和忠诚度。值得注意的是虽然许多量化指标中都用到了关注者这一术语，但它只是一个中介指标而非组织的目标。大多数企业存在的意义也并不是为了增加关注者。如果只把“朋友”的数量（且没有附加信息）作为营销战略成功的标志，这是不充分的披露。通常适当的做法是根据进一步的结果和战略成本的有效性来构建其他量化指标。营销人员应该特别关注其社交网站的成本和最终利益以及网站与顾客交互的可能性。

每位关注者的成本：即组织每吸引一位关注者所花费的成本。

$$每位关注者的成本=\frac{建立一个社交网站的总成本（\$）}{关注者的总数（\#）}$$

虽然建立一个社交网站的成本非常低，营销人员也不能就此认为实际成本为零。首先需要设计网站、员工必须经常对网站进行更新，并且营销人员还必须制定相关的方案。请记住 在对一个社交网站的建立成本进行预算时，必须要包含整个网站创建过程中的所包含的所有成本。

每位关注者所带来的好处：我们或许应该试图对 关注者所产生明确的收益进行分类。“我们销售了更多的番茄酱吗?”，我们很难对特定社交行为的结果进行跟踪记录。然而这并不意味着一个活跃的社交网站不能构成网络营销战略的重要部分，但是当设计网站的时候，企业需要明确网站的最终目的。例如：网站经常吸引关注者进行“投票”调查，关注者的参与比例是“每位关注者所带来好处”指标的简单事例，但或许这并不是企业的真正目的。

9.15 下载量

监控下载量可以对客户参与组织活动的情况进行跟踪记录。

下载量（#）＝下载某个应用程序或文件的总次数（#）

下载量反映了组织在传播应用程序方面取得的成功。

目的：确定传递应用程序给用户的效果

营销人员通常用下载量来感知用户的参与情况，包括手机、MP3

和电脑等应用程序的下载。

像 iPhone 的应用程序、软件测试程序、电子表格、铃声、文章、图片和小工具等都是可以从网上下载。这些下载的内容能为消费者带来很多好处，而对于企业来说，他们开发的程序能够出现在用户的设备上。例如，一个天气预报的应用程序可能会与某个天气频道的网站绑定在了一起，并对天气情况进行实时更新。一家大众消费品企业可能会提供一个可供参参考的食谱程序，而食谱中包含了公司产品的全新食用方法。

结构定义

下载量（#）＝下载某个应用程序或文件的总次数（#）

数据源、难点和注意点

下载量只是简单地计算某个应用程序或文件被下载的总次数，而不考虑下载的用户。对于 10 次下载量，该指标并不能区分这 10 次是由同一用户下载的还是由 10 个不同的用户分别下载的，虽然这两种情况可能会对企业产生完全不同的结果。从这个角度而言，下载量类似于印象数，而印象数可以通过到达率和频次之间的运算而得到（参见 9.3 节）。

计算下载量的一个关键问题是如何处理只点击下载按钮而没有完成下载的情形，要同时记录开始和完成就需要考虑构建类似于蹦失率的下载量指标，而折中的替代方法是只记录下载开始或下载完成。类似于前述的指标，我们也有必要让使用者知道构建下载量指标时使用了哪些惯例方法。

参考文献和建议进一步阅读的资料

Farris, Paul W., David Reibstein, and Ervin Shames. (1998). "Advertising Budgeting: A Report from the Field," monograph, New York: American Association of Advertising Agencies.

Forrester, J. W. (1959). "ADVERTISING: A Problem in Industrial Dynamics," *Harvard Business Review*, 37 (2), 100.

Interactive Advertising Bureau. (2004). Interactive Audience Measurement and Advertising Campaign Reporting and Audit Guidelines. United States Version 6. 0b.

Lodish, L. M. (1997). "Point of View: J. P. Jones and M. H. Blair on Measuring Ad Effects: Another P. O. V," *Journal of Advertising Research*, 37 (5), 75.

Net Genesis Corp. (2000). E-metrics Business Metrics for the New Economy. Net Genesis and Target Marketing of Santa Barbara.

Tellis, G. J., and D. L. Weiss (1995). "Does TV Advertising Really Affect Sales? The Role of Measures, Models, and Data Aggregation," *Journal of Advertising*, 24 (3), 1.

注释

[1] Farris, Paul W. (2003). "Getting the Biggest Bang for Your Marketing Buck," *Measuring and Allocating Marcom Budgets: Seven Expert Points of View*, Marketing Science Institute Monograph.

[2] 称为客户方标记、灯塔和 1×1 清晰像素技术。

[3] 互动广告办公署给出了广告印象的定义："对从广告传递系统到用户浏览界面的广告要求的反应的测量，这些测量经由机器活动过滤，在信息传递到用户界面的过程中尽可能晚的时点上进行记录——因此最接近于用户实际可能看到的。" Interactive Audience Measurement and Advertising Campaign Reporting and Audit Guidelines. September 2004, United States Version 6. 0b.

[4] The spending data is taken from "Internet Weekly," Credit Suisse First Boston, 14 September 2004, 7-8.

[5] http://www.nielsen-netratings.com/. Accessed 06/11/2005.

[6] http://www.google.com/support/googleanalytics/bin/answer.py?answer=81986&cbid=gbo1sdrurcrz&cb&lev=answer

第10章 营销与财务

引 言

本章涉及的量化指标：

净利润和销售回报率

投资回报率

经济利润

项目量化：回收期、净现值、内部回报率

营销投资回报率

随着营销者在职业生涯中不断前进，协调好他们的计划与其他功能领域之间的关系就越来越有必要。销售预测、预算和估计提议的营销创新的回报率通常是营销和财务讨论的焦点。对几乎没有接触过基本财务量化的营销者来说，一个很好的起点就是获得关于“回报率”的更深刻的理解。“回报”通常是与利润相联系的，或至少是与正向的现金流相联系的。“回报”也意味着有一些东西离开——现金流出。几乎所有的商业活动都要求一些现金流出。即使销售花费的金钱，也是在账单被付清时才得到回报。在本章中，我们提供一些更常用的关于获利能力和利润的量化指标的简明的总览。理解这些量化指标如何构建并在财务中用来为不同的项目排序，将使开发的营销计划更加容易满足适当的标准。

第一部分涵盖了净利润和销售回报率（ROS）。然后，我们来看投资回报率（ROI）——净利润与投资额的比率。另一个用来说明赚取利润所要求的资本投资量的量化指标是经济利润［也被称为经济增加值（EVA）］，或者剩余利润。由于经济利润和投资回报率提供了关于公司每期获利能力的反映，它们在评价跨越多个时期的项目时并不合适。对于跨越多时期的项目，最常用的三个量化指标是回收期、净现值（NPV）和内部回报率（IRR）。

最后一部分讨论了常提到但很少有明确定义的量化指标——营销投资回报率（ROMI）。虽然这是一个量化营销产出的很好的出发点，但是对于营销投资回报率的一致的定义和量化程序还没有形成。

量化指标	结构定义	考虑因素	目的
10.1 净利润（net profit）	销售收入减去总成本。	收入和成本可以用许多方法来定义，这会导致利润计算中的困惑。	最基本的利润等式。
10.1 销售回报率（return on sales，ROS）	净利润在销售收入中的百分比。	回报的可接受水平随不同的行业和商业模型而变化。许多模型可以被描述为大数量/低回报或者相反。	给出收入中作为利润的百分比。
10.1 息税折旧及摊销前利润（earnings before interest，taxes，depreciation，and amortization，EBITDA）	利息、税金、折旧、摊销前的利润。	会计或财务政策的效果。忽视重要因素，诸如资产折旧。	营业现金流的粗糙度量。
10.2 投资回报率（return on investment，ROI）	净利润与产生这些利润所需的投资的比值。	通常在短期是没有意义的。一些变形如资产回报率和投入资本回报率从不同的投入的角度来分析利润。	描述资产利用状况的量化指标。
10.3 经济利润（亦称经济增加值，economic profit，aka EVA）	税后净经营利润（NOPAT）减去资本成本。	要求提供或计算资本的成本。	用货币价值来表现获得的利润。给出回报大小与百分比计算的更清晰的区别。

续前表

量化指标		结构定义	考虑因素	目的
10.4	回收期（payback）	返还初始投资所需的时间。	该指标对快速回报的项目比长期成功的项目更有利。	简单的回报计算。
10.4	净现值（net present value，NPV）	在考虑了资金的时间价值后，未来现金流的价值。	使用的折现率是关键的考虑因素，还应该考虑到投资的风险。	用来归结跨越多个时期的现金流的价值。
10.4	内部回报率（internal rate of return，IRR）	使投资的净现值等于 0 的折现率。	内部回报率并不描述回报的大小；投资 10 美元得到 1 美元与投资 1 000 万美元得到 100 万美元相同。	内部回报率典型的是与公司的门槛回报率相比较。如果内部回报率高于门槛回报率，就投资；如果低于门槛回报率，就不投资。
10.5	营销投资回报率（return on marketing investment，ROMI）；收入（revenue）	由于营销活动而增加的收入与营销投入的比值。	营销者需要建立一个准确的基准来有意义地解释哪些收入是由营销活动引起的。	用来比较以收入衡量的销售额和帮助产生销售额所进行的营销投入。百分比形式便于不同大小的计划之间的比较。

10.1 净利润和销售回报率

净利润测量在考虑了所有成本后，风险投资的获利能力。销售回报率（ROS）是净利润在销售收入中所占的百分比。

$$净利润（\$）=销售收入（\$）-总成本（\$）$$

$$销售回报率——ROS（\%）=\frac{净利润（\$）}{销售收入（\$）}$$

$$\begin{array}{c}息税折旧及\\摊销前利润（\$）\end{array}=净利润（\$）+利息（\$）+所得税（\$）+折旧和摊销（\$）$$

销售回报率是获利能力的指示器，通常用来比较大小不同的公司和行业的获利能力。重要的是，销售回报率并不考虑用来产生利润的资本（投资）。

息税折旧及摊销前利润（EBITDA）是一种用于衡量营业利润的指标，它降低了会计、财务以及税收政策对报告利润的影响作用。

目的：测量获利能力的水平和比率

公司如何决定它是成功还是失败？大概最常用的方法是看公司的净利润。由于公司是项目和市场的集合，判断个体领域可以看它们在增加公司净利润方面有多成功。然而，并不是所有的项目都具有相同的规模，修正规模大小的一种方式是用利润除以销售收入，这样得出的结果比率就是销售回报率，即销售收入中扣除了活动的相关成本而作为净利润“回报”给公司的百分比。

结构定义

净利润测量公司的基本获利能力，它是活动的收入减去活动成本。当经费需要在公司的部门间分摊时，主要的复杂性存在于更复杂的经营中（见图 10—1）。根据定义，经费是那些不能直接与具体产品或部门相联系的成本。典型的例子是总部人员的成本。

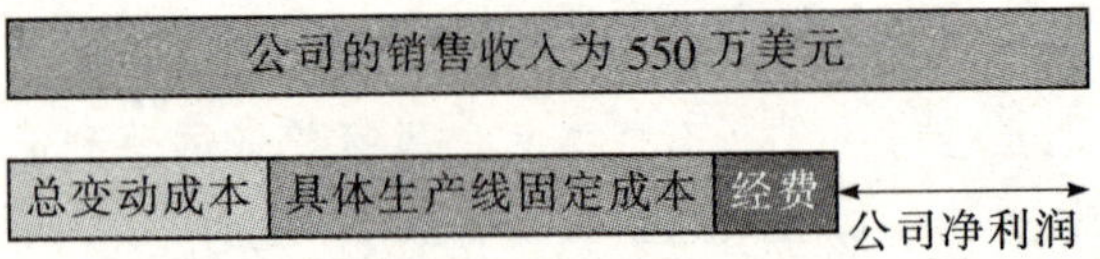

简单的经营情况——收入和成本

图 10—1 利润＝收入－成本

净利润：为计算单位（比如公司或部门）的净利润，从总收入中减去所有的成本，包括分摊的公司经费的部分。

净利润（$）＝收入（$）－总成本（$）

销售回报率：净利润在销售收入中的百分比。

$$销售回报率（\%）=\frac{净利润（\$）}{销售收入（\$）}$$

息税折旧及摊销前利润（EBITDA）是一种衡量公司财务绩效的常用指标，被用于评估经营性业务所带来的利润。因为 EBITDA 可以粗略地计算出公司业务活动所产的的现金流，因此，又称其为“营业现金流”。息税折旧及摊销前利润排除了会计和财务政策对公司财务绩效的影响，所以其常被用于衡量公司利润，并且那些支持者认为其降低了管理者通过会计、财务政策的选择来操纵利润的可能性。不仅如此，这个指标排出了某些决策成本，这类决策包括如何确定公司的资本结构（即债权比例）以及固定资产折旧的提取时间。与税后经营利润（NOPAT）相比，息税折旧及摊销前利润同现金流间的关系更密切（NOPAT 将在下章中提及）。

息税折旧及摊销前利润的计算方法就是把净利润、利息成本、折旧费用、摊销费用和所得税费用相加。

$$\begin{aligned}&息税折旧及摊销前利润（\$）\\&=净利润（\$）+利息（\$）+所得税（\$）+折旧和摊销（\$）\end{aligned}$$

数据源、难点和注意点

虽然在理论上计算任何子单位的利润都是可能的，比如产品或区域，但通常这些计算都是令人质疑的，因为还需要分配经费成本。因为经费成本通常不能够以整块的形式出现，它们在公司的部门或产品线之间的分配通常更多的是一种艺术，而不是科学。

对于销售回报率，值得记住的是一个“健康的”数字依赖于行业和资本的强度（每销售美元的资产数）。销售回报率与利润率（%）类似，区别只在于销售回报率考虑了经费和其他固定成本，而这些在计算利润率或贡献利润率时是被忽略的（参见 3.1 节）。

相关的量化指标和概念

税后净营业利润（NOPAT）扣除了相关的收入税，但排除了一些被认为与主营业务（经营）不相关的项目。

10.2 投资回报率

投资回报率是与资本投入相关的利润衡量的一种方式。

$$投资回报率——ROI（\%）=\frac{净利润（\$）}{投资（\$）}$$

资产回报率（ROA）、净资产回报率（RONA）、资本回报率（ROC）和投入资本回报率（ROIC）是相似的量化指标，只是在如何定义“投资”上有所不同。

营销不仅影响净利润，也会影响投资水平。新的工厂和设备、存货和应收款是投资的三个主要类目，会受到营销决策的影响。

目的：测量每个时期投入到一个经济实体中的资金的回报率

投资回报率和相关的量化指标（资产回报率、资本回报率、净资产回报率和投入资本回报率）提供了在根据公司投资资产大小修正后的获利能力的反映。营销决策明显地与投资回报率的分子（利润）有潜在的联系，但是这些相同的决策常常影响资产的使用和资本需求（比如，应收款和存货）。营销者应该理解他们的公司的位置和期望的回报水平。投资回报率常常与预期的（或要求的）投入资金的回报率相比较。

结构定义

对于单一时期的评价，只需要用回报（净利润）除以投入的资源（投资）：

$$投资回报率（\%）=\frac{净利润（\$）}{投资（\$）}$$

数据源、难点和注意点

将利润和投资在时期间（比如在一年内）平均，会掩盖利润和资产，尤其是存货和应收款的大幅变动。这对于季节性经营的行业（如一些建筑材料和玩具）尤其正确。在这样的行业中，重要的是理解这些季节性变动，将季度和年度的数字联系起来。

相关的量化指标和概念

资产回报率、净资产回报率、利用的资本回报率和投入资本回报率是常用的投资回报率的变体。它们在计算时也是用净利润作为分子，但它们具有不同的分母。这些量化指标之间相对细微的差别不在本书的讨论范围之内。其中一些区别在于，应付款是否从营运资金中扣除，以及如何对待借款和股东的权益。

10.3 经济利润——EVA

经济利润有许多名称，其中一些被视为“商标”。经济增加值（EVA）是思腾思特（Stern-Stewart）的“商标”。他们应该得到信任来推广这项根据资本成本修正的税后净营业利润的测量。

经济利润（$）
＝税后净营业利润（NOPAT）（$）－资本成本（$）

资本成本（$）
＝所用资本（$）×加权平均资本成本（WACC）（%）

与回报率（比如，销售回报率或投资回报率）的百分比测量不同，经济利润是一个货币量化指标。同样，它反映的不仅是获利能力的“比率”，也是业务（销售和资产）的大小。

目的：在考虑了要求的投入的资本回报时，测量资金利润

经济利润，有时称作剩余收入，或经济增加值，与“会计”利润是不同的——经济利润也考虑了投入的资本的成本——机会成本（见图10—2）。与净现值计算的折现率类似，这项费用应该也考虑与投资相联系的风险。考虑经济利润的一个常用的（所有权）方式就是经济增加值。[1]

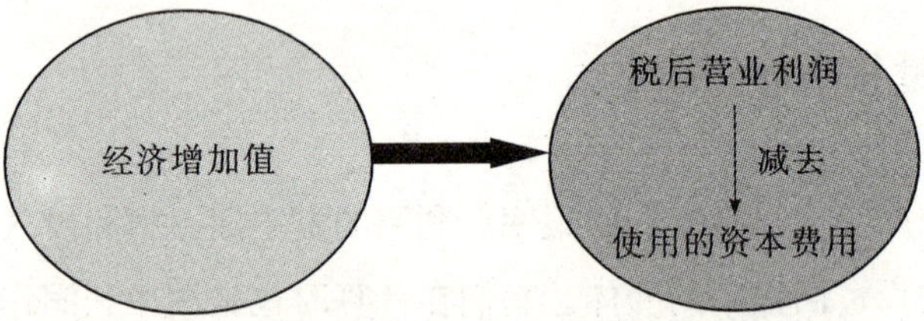

图 10—2　经济增加值是税后利润减去资本使用成本

营销者越来越多地意识到他们的一些决策如何影响投入的资本或使用的资产。首先，销售增长率几乎总是要求在固定资产、应收款或存货方面的新增投资。经济利润和经济增加值有助于确定这些投资是否被获得的利润证明是合适的。其次，在供应链管理和渠道调整上的营销改进经常出现减少的存货和应收账款投资。在一些情况下，即使销售和利润下降，投资的下降也是值得的。经济利润是帮助评价这些权衡是否正确的量化指标。

结构定义

经济利润/经济增加值可以通过三步来计算。第一步，确定税后净营业利润。第二步，通过将所用资本与加权平均资本成本相乘，计算资本成本。[2]第三步是从税后净营业利润中扣除资本成本。

经济利润（$）

＝税后净营业利润（NOPAT）（$）－资本成本（$）

资本成本（$）

＝所用资本（$）×加权平均资本成本（WACC）（%）

示例：如果你的利润少于资本成本，那么你的公司就失去了价值；如果经济利润为正，就产生了价值。

示例：一个公司的税后净营业利润为145 000美元。它拥有简单的资本结构，一半是股东出资，投资于这家公司的股东期望这些权益有12%的回报率；另外一半的资本来自银行贷款，利率为6%，因此，

加权平均资本成本（WACC）

＝股权（12%×50%）＋负债（6%×50%）＝9%

公司的总资本为1 000 000美元，将所用资本与加权平均资本成本相乘会得到要求弥补投入公司资本的机会成本的利润（回报）的估计：

资本成本＝所用资本×WACC＝1 000 000×9%

＝90 000（美元）

经济利润是利润超出资本的预期回报的剩余。

经济利润＝税后净营业利润－资本成本

＝145 000－90 000＝55 000（美元）

数据源、难点和注意点

经济利润相对于投资回报率，会给予公司不同的排序。这在诸如沃尔玛和微软等在销售上曾经拥有和达到较高增长率的公司中尤其正确。通过许多传统的量化指标来判断美国的零售业巨头沃尔玛的经营结果会掩盖它的成功。尽管回报率通常是好的，它们很难意味着公司达到了占优势的上升。经济利润同时反映沃尔玛的快速的销售成长和投入资本的充分回报。这个量化指标在扣除了资本的成本后，表明了利润的大小。这综合了投资回报率的思想和利润大小的判断。简单地说，沃尔玛在一个不断急剧增加的资本上继续获得相当好的回报。

10.4 评价多期投资

多期投资通常用三种量化指标来评价。

回收期（#）＝“偿还”或“返还”初始投资所需要的时期数

净现值（NPV）（$）＝未来现金流的折现值减去初始投资
内部回报率（IRR）（%）＝使净现值等于 0 的折现率
这三个量化指标用来处理风险的不同方面和多期项目的回报。

目的：评价财务结果跨越多个时期的投资

投资是商业人士喜欢的字眼。它包含各种形式的未来成功的积极含义和明智的工作。然而，由于并不能从事所有的投资，必须对这些可以获得的机会进行排序。同样，即使我们有足够的金钱进行投资，一些投资对我们来说并没有吸引力。在一个单独的时期，任何投资的回报只是简单地用该时期产生的净利润除以投入的资本。对于回报跨越多个时期的投资的评价要求更加复杂的分析——一个同时考虑回报大小和时间的分析。

回收期（#）：产生重新获得初始投资的现金流所需要的时间（通常按年计算）。

净现值——NPV（$）：未来现金流的现在（折现）价值减去投资和任何相关的未来现金流的现值。

内部回报率——IRR（%）：在考虑了初始投资后，使一系列未来现金流的净现值等于 0 的折现率。

结构定义

回收期：一项投资返还初始投资额所需要的年数。

通过这项分析得出的拥有更短回收期的项目较受欢迎，因为它们使资源更快地得到再次利用。而且，一般来说，回收期越短，收回回报的不确定性越小。当然，回收期分析的主要缺点在于它忽略了在回收期之后的所有现金流。因此，那些有吸引力但是不会立即产生回报的项目在运用这项量化指标时将处于不利的地位。

示例：哈里正在考虑购买一家美发沙龙的小连锁店。他估计这个沙

龙至少在 5 年内，每年会带来 15 000 美元的净利润。哈里在这项投资上的回收期是 50 000/15 000，或者 3.33 年。

净现值

净现值（NPV）是与项目相关的现金流的折现价值。

在未来给定的时期内收到的美元的现在价值是

$$折现价值（\$）=\frac{现金流（\$）}{[1+折现率（\%）]^{时期(\#)}}$$

在电子数据表的形式下，这更容易看出。

现在收到的 1 美元用 10%的折现率，在接下来的 3 年中减少的价值如表 10—1 所示。

表 10—1　折现的名义价值

	第 0 年	第 1 年	第 2 年	第 3 年
折现公式	1	$1/(1+10\%)^1$	$1/(1+10\%)^2$	$1/(1+10\%)^3$
折现因子	1	90.9%	82.6%	75.1%
未折现的现金流（美元）	1.00	1.00	1.00	1.00
现值（美元）	1.00	0.91	0.83	0.75

电子数据表使得计算合适的折现因子很容易。

示例：哈里想要知道他这次商业机会的货币价值。虽然他对于投资的成功很有信心，但所有未来的现金流具有一定程度的不确定性。在接受了朋友的建议后，他决定对未来的现金流采用 10%的折现率是正确的。

他将所有现金流详情输入了电子数据表（见表 10—2）。[3]哈里用公式和 10%的折现率计算折现因子：

$$折现的价值=\frac{账面价值}{1/[(1+折现率)^{年数}]}$$

$$第一年的现金流=\frac{15\ 000}{1/[(1+10\%)^1]}$$

$$=\frac{15\ 000}{1/(110\%)^1}=\frac{15\ 000}{90.9\%}$$

$$=13\ 636（美元）$$

表 10—2　　折现的现金流（10%的折现率）

	第 0 年	第 1 年	第 2 年	第 3 年	第 4 年	第 5 年	总计
投资（美元）	−50 000						−50 000
收入（美元）		15 000	15 000	15 000	15 000	15 000	75 000
未折现的现金流（美元）	−50 000	15 000	15 000	15 000	15 000	15 000	25 000
折现公式	$\frac{1}{(1+折现率)^0}$	$\frac{1}{(1+折现率)^1}$	$\frac{1}{(1+折现率)^2}$	$\frac{1}{(1+折现率)^3}$	$\frac{1}{(1+折现率)^4}$	$\frac{1}{(1+折现率)^5}$	
折现因子	100.0%	90.9%	82.6%	75.1%	68.3%	62.1%	
现值（美元）	−50 000	13 636	12 397	11 270	10 245	9 314	6 862

哈里的项目的净现值是 6 862 美元。当然，净现值要比未折现的现金流的总和小。净现值说明了这样一个事实，即在单位货币值的基础上，未来收到的现金流的价值要低于目前在手的现金的价值。

内部回报率

内部回报率是一定时期内投资回报的百分比。内部回报率在大多数电子数据表上都提供，因而是很容易计算的。

内部回报率（IRR）：使投资净现值等于 0 的折现率。

内部回报率非常有用，因为它可以与公司的门槛回报率相比较。门槛回报率是项目盈利所必需的百分比回报率。因此一个公司可能决定只开始那些预期回报率高于 12%的项目。内部回报率大于 12%的项目会大开绿灯，而其他的会被束之高阁。

示例：回到哈里的例子上，我们可以看到内部回报率运用软件包很容易计算。将相关时期的价值输入电子数据表（见表 10—3）。

表 10—3　　5 年的现金流　　单位：美元

单元格引用	A	B	C	D	E	F	G
1		第 0 年	第 1 年	第 2 年	第 3 年	第 4 年	第 5 年
2	现金流	−50 000	15 000	15 000	15 000	15 000	15 000

第 0 年即现在是哈里作出初始投资的时候，以后 5 年每年都能获得 15 000 美元的回报。应用内部回报函数得到 15.24%的回报率。

在微软的 Excel 办公软件中，函数＝IRR（B2：G2）

结果等于 15.24%。

表 10—3 中的单元格引用有助于重新建立这个函数，这个函数是在告诉 Excel 软件要在单元格 B2（第 0 年的现金流）到 G2（第 5 年的现金流）的范围内进行内部回报率的计算。

内部回报率和净现值是相关的

内部回报率是投资净现值等于 0 的折现率。

因此，运用门槛回报率的公司实际上是在说它们将只接受那些净现值在它们规定为门槛回报率的折现水平上为正的项目。另一种这样表述的方式是它们只接受内部回报率大于门槛回报率的项目。

数据源、难点和注意点

回收期和内部回报率计算要求对现金流作出估计。现金流是与每期的项目相关的现金的收入和支付，包括初始投资。超出本书讨论范围的话题包括如何形成进行现金流预测的时间框架和如何处理“终值”（与最后一期结束时的机会相联系的价值）。[4]净现值计算要求与回收期和内部回报率相同的输入，并增加了一个：折现率。通常，折现率在公司水平上决定，这个比率有补偿以下事物的双重目的：

- 资金的时间价值
- 活动内在的风险

广泛应用的一个原则是项目风险越大，折现率就越高。设定折现率的考虑也超出了本书的范围。我们简单地来看，理想的状态下，单独的折现率会基于不同的单个项目来评估，因为风险随着活动而不同。一份政府合同可能是很确定性的项目，但对于相同公司在购买时装零售商的投资时却并不确定。相同的考虑也发生在公司通过内部回报率分析而为所有项目设定一个门槛回报率的时候。

现金流和净利润：在我们的例子中，现金流与利润相同，但在许多情况下它们是不同的。

电子数据表程序使用者的注意事项

微软的Excel中有净现值的计算指标，在计算净现值时非常有用。应用的公式是NPV（比率，值1，值2，…），这里的比率是折现率，值是每年的现金流量，所以第1年的就是值1，第2年是值2，依此类推。

计算开始于第一期，这一期的现金流也被折现计算。如果你使用在0期之前进行投资的习惯，那么你就不应该将它折现，而是将其加到公式之外的后面。因此

哈里基于10%的折现率的回报

=NPV（比率，值1，值2，值3，值4，值5）

=NPV（10%，15 000，15 000，15 000，15 000，15 000）

或　　56 861.80—初始投资50 000

这就得出了6 861.80美元的净现值，这在前面的例子中已有详细阐述。

10.5　营销投资回报率

营销投资回报率（ROMI）是一个相对较新的量化指标。它不同于其他的“投资回报率”的量化指标，因为营销不是相同种类的投资。不同于与生产或存货相联系的投资，营销资金更典型地具有“风险”。营销费用通常在目前的阶段都是损失。运用这个量化指标的方法有很多形式，并且尽管没有权威来源对它形成确切的定义，我们相信使用的一致性证实了下面的公式：

$$\text{营销投资回报率}=\frac{\text{由于营销活动而增加的收入（\$）}\times\text{贡献率（\%）}-\text{营销费用（\$）}}{\text{营销费用（\$）}}$$

以销售额和利润来测量市场反应的思想并不新，但是诸如营销投资回报率这样的术语现在使用得更加频繁。通常，如果营销投资回报率是正的，则认为营销费用是正当的。

目的：测量营销支出对利润的贡献率

营销者正感受到越来越多的压力，要在他们的活动中“显示出回报”。然而，通常这到底意味着什么并不是很清楚。当然，营销费用在通常的字面意义上并不是“投资”。通常没有有形的资产甚至没有（可量化的）结果，但是营销者仍然想要强调他们的活动为财务的良性发展做出了贡献。一些人可能会说营销应该考虑费用，应该关注支出的必要性。营销者相信他们的许多活动产生了持续的结果，因此应该被认为是对未来业务的“投资”。[5]

营销投资回报率：营销活动（营销支出净值）对利润的贡献除以营销“投入”或风险。

结构定义

在计算营销投资回报率时的一个必要步骤是对因营销活动引起的增加的销售额进行估计。这些增加的销售可能是归因于营销的“总的”或“边际的”销售额。下面这个例子（见图 10—3）有助于澄清这些区别：

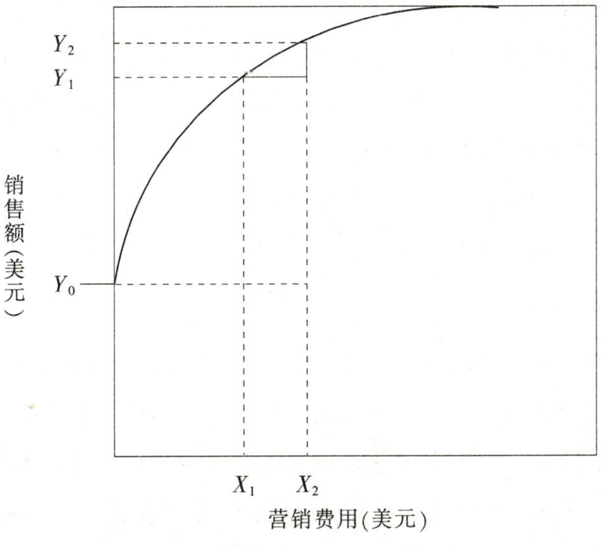

图 10—3　评估增加的营销预算项目的成本

Y_0＝基本销售额（营销费用为0）

Y_1＝营销费用在 X_1 水平时的销售额

Y_2＝营销费用在 X_2 水平时的销售额

其中，X_1 与 X_2 之间的差额代表待评估的新增加的营销预算项目的成本，比如广告活动或者交易展示。

1. 增加的营销带来的收入回报＝$(Y_2-Y_1)/(X_2-X_1)$：增加的营销投资（比如具体的活动或赞助）所产生的额外的收入除以营销投资的成本。

2. 归因于营销活动的收入＝Y_2-Y_0：整个营销预算所引起的销售额的增加（与销售额减去基本销售额相等）。

3. 总营销活动的收入回报＝$(Y_2-Y_0)/X_2$：由营销活动引起的收入除以营销预算。

4. 营销投资回报率＝$[(Y_2-Y_0)\times$边际收益百分比$-X_2]/X_2$：所有营销活动增加的净贡献除以这些活动的成本。

5. 增加的营销投资的回报率（ROIMI）＝$[(Y_2-Y_1)\times$边际收益百分比$-(X_2-X_1)]/(X_2-X_1)$：由增加的营销费用产生的增加的净贡献除以增加的费用数额。

示例：一个农用设备公司正在考虑采用直接邮寄活动来提醒顾客在春耕前享受拖拉机服务。这个活动预期会花费1 000美元，同时使销售收入由45 000美元增加到50 000美元。拖拉机服务的基本销售收入（没有任何营销活动）估计为25 000美元，直接邮寄活动和常规的广告活动以及其他的营销活动花费6 000美元，对拖拉机服务收入（扣除人员和劳动）的贡献平均为60%。

对于一些行业而言，这可能是一个有用的量化指标——那些变动成本较低而大量额外收入做出贡献的行业——因此它是贡献的表现。然而在大多数情形下，这个量化指标可能会产生误导。在广告上花费20 000美元来产生100 000美元的销售额是毫无争议的——对收入的可观的500%的回报率——如果变动成本高意味着营销活动仅仅引起了5 000

美元的贡献。

$$营销投资回报率（\%）=\frac{由于营销活动而增加的收入\times贡献率（\%）-营销费用（\$）}{营销费用（\$）}$$

示例：本部分的每个量化指标都可以从本例所给的信息中计算出来。

$$增加的营销带来的收入回报=\frac{50\ 000-45\ 000}{7\ 000-6\ 000}=\frac{5\ 000}{1\ 000}=500\%$$

归因于营销活动的收入＝50 000－25 000＝25 000（美元）

[注意这个数字意味着进行了直接邮寄活动，否则将是 20 000 美元 (45 000－25 000)。]

总营销活动的收入回报＝25 000/7 000＝357%

[或者，如果未进行直接邮寄活动，将是 (20 000/6 000)，333%。]

营销投资回报率

＝（25 000×60%－7 000）/7 000

＝114%

[或者，如果未进行直接邮寄活动，(20 000×60%－6 000)/6 000＝100%。]

增加的营销投资的回报率

$$=\frac{5\ 000\times60\%-1\ 000}{1\ 000}=200\%$$

数据源、难点和注意点

计算营销投资回报率所需的第一个数据就是营销活动、项目或预算的成本。虽然定义哪些成本属于营销活动可能是有问题的，但更大的挑战是估计因营销活动增加的收入、贡献和净利润。这与 8.1 节所讨论的基线与提升之间的区别是相似的。

估计营销投资回报率中更复杂的部分是如何处理不同的营销项目和

活动之间的重要的相互作用。许多营销活动的“投入”的回报率很可能以其他形式的营销活动所得到的市场反应的增加形式出现。比如，如果直接邮寄请求的反馈由于电视广告得到了增加，我们可能而且应该计算那些与电视活动有关的增加的收入。然而，作为一种相互影响，广告的回报率会依赖于在其他项目上的费用。这个函数不是活动成本的简单线性回归。

关于预算，一个关键的因素是认识到营销投资回报率最大化很可能会减少费用和利润。营销者常常会遇到不断减少的回报，每个增加的货币单位会产生越来越低的营销投资回报率，低水平的费用倾向于产生获利非常高的投资回报率。营销投资回报率最大化可能会导致减少的营销活动并排除那些可能获利的营销活动，即使回报率不是那么高。这个问题与 10.2 节和 10.3 节讨论的投资回报率和经济增加值的区别类似。增加的营销活动降低平均的回报率，增加总体的利润，这样的活动是实用的。因此，运用营销投资回报率或者任何利润的百分比量化指标来决定总体的预算是有问题的。当然，仅仅因为负的营销投资回报率就排除项目往往是一个好的主意。

之前的讨论有意没有涉及遗留效应，也就是那些延伸到未来时期的在销售额和利润上的营销效果。当期望营销费用的作用超出目前时期时，就需要其他的技术，包括回收期、净现值和内部回报率。同样，参看顾客生命价值（5.3 节）中评价设计用于获利更长久的顾客关系的营销费用的更加详细的方法。

相关的量化指标

营销投资的媒体曝光回报率：为了评价营销活动如赞助的价值，营销者常常进行研究来估计得到的媒体曝光的数量和质量。这些曝光随后被估值（常运用“比率卡片”来决定等值的广告空间或时间的成本），通过用估计的价值除以成本，计算出“回报”。

营销投资的媒体曝光回报率——（MEROMI）（%）

$$=\frac{\text{达到的媒体曝光的估计价值}-\text{营销活动、赞助或促销的成本}}{\text{营销活动、赞助或促销的成本}}$$

这在没有明确的关于活动结果的市场利率的情况下最合适，因此营销者想要说明已有市场利率的活动类型的结果的等值成本。

示例：一家旅行社决定为 F1 赛事赞助一辆汽车，他们假定放在车上的标志会得到相当于 500 000 个印象数，这将花费 1 000 万日元，每印象成本因此是 1 000 万日元除以 500 000，即 20 日元，这可以用来与其他营销活动的成本相比较。

参考文献和建议进一步阅读的资料

Hawkins, D. I., Roger J. Best, and Charles M. Lillis. (1987). "The Nature and Measurement of Marketing Productivity in Consumer Durables Industries: A Firm Level Analysis," *Journal of the Academy of Marketing Science*, 1 (4), 1－8.

注释

[1] 经济增加值是思腾思特公司的咨询师们的标记，要想了解他们对于经济增加值的解释，见 http://www.sternstewart.com/evaabout/whatis.php. Accessed03/03/05。

[2] 加权平均资本成本，即 WACC，是资本来源的预期回报率。这个财务概念最好留给专家讲解，但可以给出一个简单的例子：如果公司的资本中三分之一来自利率为 6%的银行贷款，三分之二来自期望报酬率为 9%的权益资本，那么加权平均成本就是 8%。不同公司的加权平均资本成本会不同，这取决于它们的资本结构和风险。

[3] Excel 中有函数可以更快地进行这个计算，这点我们将在本部分的最后讲解。然而，重要的是理解计算是如何进行的。

[4] 对于公司销售的一个简单计算的最终值可能是 0 或者简单的数字，更加复杂的计算考虑到预期未来现金流，进行这种计算时，要检查假设和重要性。如果估计的最终值是分析的一个重要领域，为什么在这一点上将全部分析简化？

[5] Hawkins, Del I., Roger J. Best, and Charles M. Lillis. (1987). "The Nature and Measurement of Marketing Productivity in Consumer Durables Industries: A Firm Level Analysis," *Journal of Academy of Marketing Science*, Vol. 1, No. 4, 1－8.

第11章

营销量化指标 X 线

11.1 营销量化指标 X 线

这一章的目的是列举例子来说明在评价公司和品牌的业绩时，营销量化指标是如何增加和实践传统的财务量化指标的。特别地，营销量化指标可以作为问题、机会和未来财务业绩的主导指示器。正如 X 线用来提供关于我们的身体的更深入的观察，营销量化指标可以表明在其他情况下会被忽视的问题和机会。

将资金放在量化指标所在的地方

表 11—1 显示了两个假设的公司——"繁荣"和"巡航"的常见财务信息摘要。5 年的收入表信息提供了在几个维度比较公司表现的基础。

表 11—1 财务报表 单位：千美元

	繁荣公司				
	第 1 年	第 2 年	第 3 年	第 4 年	第 5 年
收入	833	1 167	1 700	2 533	3 919
营销活动前利润	125	175	255	383	588
营销活动	100	150	230	358	563
利润	25	25	25	25	25
利润率	15%	15%	15%	15%	15%

续前表

	繁荣公司				
	第 1 年	第 2 年	第 3 年	第 4 年	第 5 年
营销/销售额	12%	13%	14%	14%	14%
销售回报率	3.0%	2.1%	1.5%	1.0%	0.6%
逐年收入增长率	—	40%	46%	50%	53%
从第一年开始的收入增长	—	40%	43%	45%	47%
投入资本	500	520	552	603	685
投资回报率	5.0%	4.8%	4.8%	4.1%	3.6%
	巡航公司				
	第 1 年	第 2 年	第 3 年	第 4 年	第 5 年
收入	1 320	1 385	1 463	1 557	1 670
营销活动前利润	198	208	219	234	251
营销活动	173	183	194	209	226
利润	25	25	25	25	25
利润率	15%	15%	15%	15%	15%
营销/销售额	13%	13%	13%	13%	14%
销售回报率	1.9%	1.8%	1.7%	1.6%	1.5%
逐年收入增长率	—	5%	6%	6%	7%
从第一年开始的收入增长	—	5%	5%	6%	6%
投入资本	500	501	503	505	507
投资回报率	5.0%	5.0%	5.0%	5.0%	4.9%

你会将祖父母的积蓄投在哪家公司

我们已经在 MBA 学生以及经理人中多次运用这个例子——通常，我们问他们："假设你的祖父母想要在其中一家公司获得合伙资格，并且运用他们有限的退休金。如果这些财务报表是你唯一可以获得的数据，你会推荐哪家公司?"这些数据是关于那些通常运用于评估公司业绩的量化指标的。

从表 11—1 中可知，两个公司的毛利和利润都是相同的。虽然繁荣公司的销售额和市场费用以较快的速度增长，但它的销售回报率和投资回报率是下降的。如果这个下降继续下去，它可能会陷入困境。另外，它的营销/销售比率的增长速度要快于巡航公司，这是不是低效率的营销活动的征兆？

在表 11—1 所示信息的基础上，大多数人会选择巡航公司，它用更少的投入却获得更多，它是更有效的，它在销售回报率上的趋势看上去更好，而且它保持着 5%的稳定的投资回报率。繁荣公司只有一点是好的，就是不断壮大并且有“顶线”级的成长率（销售收入）。让我们在营销量化指标 X 线上看得更深入一些吧。

运用营销量化指标 X 线

表 11—2 是运用营销量化指标 X 线得出的两个公司的结果，表明每个公司服务的顾客数量并将其分为“老顾客”（现有顾客）和“新顾客”。

表 11—2 营销量化指标

	繁荣公司					巡航公司				
	第 1 年	第 2 年	第 3 年	第 4 年	第 5 年	第 1 年	第 2 年	第 3 年	第 4 年	第 5 年
新顾客（千人）	1.33	2.00	3.07	4.77	7.50	1.86	1.97	2.09	2.24	2.43
总顾客数（千人）	3.33	4.67	6.80	10.21	15.67	3.86	4.05	4.28	4.55	4.88
销售额/顾客数（美元）	250	250	250	250	250	342	342	342	342	342
营销/新顾客数（美元）	75	75	75	75	75	93	93	93	93	93
搅动速率[1]（离开率）	—	80%	80%	80%	80%	—	54%	54%	54%	54%

表 11—2 使我们不仅看到公司获利新顾客的比率，而且看到他们的保留率（忠诚度）。现在，繁荣公司在营销上的费用看上去好了很多，因为我们现在知道这项费用是用来产生新的顾客和维持老顾客的。另外，繁荣公司获取新顾客的成本要低于巡航公司。而且尽管巡航公司的顾客花费了更多，繁荣公司的顾客停留的时间更长。可能我们需要运用另外一组 X 线来测定顾客的获利性和生命价值吧。

表 11—3 运用之前表格中的信息来计算一些额外的顾客量化指标。在利润不变、保留率固定以及折扣率为 15%的前提假设条件下，我们可以为每个公司计算出顾客终身价值并将其与公司获利顾客的成本进行

比较。顾客终身价值代表着公司从顾客一生购买的公司产品中获利的折扣后的利润。关于顾客终身价值和运用这些数字评价顾客作为公司资产的价值的过程的详细讲解在 5.3 节。资产价值仅仅是顾客终身价值乘以顾客的数量。对于这些例子，我们假设所有的营销活动是用来获得新的顾客，所以顾客获取成本是通过用营销费用除以每年的新顾客数得到的。

表 11—3　　顾客获利能力

顾客价值量化指标	繁荣公司	巡航公司
顾客终身价值（美元）	123.21	96.71
顾客获取成本（美元）	75.00	93.00
顾客数（千人）	15.67	4.88
顾客资产价值（千美元）	1 344	222

繁荣公司的大量营销费用在这个衡量角度看起来更好。对于巡航公司，顾客终身价值和取得成本的差值只有 3.71 美元，而繁荣公司却有 48.21 美元。从第 5 年末的顾客资产价值来看，繁荣公司的价值差不多是巡航公司的 5 倍。

表 11—4 给出了关于顾客的更多信息。繁荣公司的顾客满意度要高许多，它的顾客更愿意将公司推荐给他人。因此，我们可以期待繁荣公司的获取成本在未来会下降。实际上，基于表 11—4 和满意的顾客基础，我们可以预期品牌权益（参见 4.4 节）也会更高。

表 11—4　　顾客态度和知晓度

	繁荣公司					巡航公司				
	第 1 年	第 2 年	第 3 年	第 4 年	第 5 年	第 1 年	第 2 年	第 3 年	第 4 年	第 5 年
知晓度	30%	32%	31%	31%	33%	20%	22%	22%	23%	23%
第一想到	17%	18%	20%	19%	20%	12%	12%	11%	11%	10%
满意度	85%	86%	86%	87%	88%	50%	52%	52%	51%	53%
愿意推荐度	65%	66%	68%	67%	69%	42%	43%	42%	40%	39%

在营销包裹中隐藏的问题

另一个示例公司——声望皮箱公司的收入报表如表 11—5 所示。公司看上去经营得很好。销售量和货币销售额都迅速增长。营销前盈利稳定而且相当强大。营销费用和营销与销售额的比率在增长，但是成本线也在上升。所以还有什么不高兴的？

表 11—5　　声望皮箱公司收入报表

	报告			
	第 1 年	第 2 年	第 3 年	第 4 年
销售收入（千美元）	14 360	18 320	23 500	30 100
单位销售额（千件）	85	115	159	213
市场份额	14%	17%	21%	26%
毛利率	53%	53%	52%	52%
营销活动（美元）	1 600	2 143	2 769	3 755
利润（美元）	4 011	5 317	7 051	9 227
销售回报率	27.9%	29.0%	30.0%	30.7%
营销/销售额	11.1%	11.7%	11.8%	12.5%

使用营销量化指标 X 线

让我们通过查看它的零售顾客来更深入地了解声望皮箱公司到底发生了什么。当我们这样做时，就会得到关于表 11—5 中看似良好的财务状况背后的营销动力的更好的看法。

表 11—6（参考 6.6 节的分销测量）显示，声望皮箱的销售额增长有两个来源：储存品牌的终端数量的增长和价格促销（多于 40%）的增长。然而，不储存该品牌的大量终端还有成长的空间。

表 11—6　　声望皮箱公司营销和渠道量化指标

	第 1 年	第 2 年	第 3 年	第 4 年
零售货币销售额（千美元）	24 384	27 577	33 067	44 254
零售单位销售额（千）	87	103	132	183
终端储存数	300	450	650	900
溢价	30.0%	22.3%	15.1%	8.9%
ACV 分销[2]	30%	40%	48%	60%
折扣销售百分比	10%	13%	20%	38%
广告费用（千美元）	700	693	707	721
促销费用（千美元）	500	750	1 163	2 034

表 11—7 表明，虽然整体的销售额是增长的，但它们并未与储存品牌的商店的数量保持同步（每个零售店的销售额已经在下降中）。而且，生产商所提供的促销定价似乎是在鼓励个体商店的存货增长。不久，零售商会变得烦躁，因为存货投资的毛利回报率已经有了很大幅度的下降。未来的销售额可能继续给零售利润带来压力。如果零售商的不满意导致一些零售商从他们的类目表中去掉该品牌，生产商的销售额会急剧下降。

表 11—7　　皮箱生产商零售获利能力量化指标

	第 1 年	第 2 年	第 3 年	第 4 年
零售利润（美元）	9 754	11 169	13 557	18 336
零售利润（%）	40	41	41	42
零售存货（千）	15	27	54	84
每个商店存货	50	60	83	93
销售额/终端（千美元）	81	61	51	49
每 AVC 百分点商店数	10	11	14	15
存货投资的毛利回报率	385%	260%	170%	155%

另外，对分销的放宽和折扣销售额的增加暗示着，潜在的顾客对声望皮箱以前的高级品牌形象的看法可能会发生改变。公司可能想要运用另外一组 X 线来看看消费者关于品牌的态度是否改变和如何改变。此外，如果这些改变是故意的，那么可能声望皮箱就算好的。如果不是，那么声望皮箱可能会为它已建立的战略的崩溃感到焦虑。将这一点加入一些零售商可能在决定放弃品牌之后运用深度折扣来销售存货的可能性，那么声望皮箱突然间会面临一个它们可能永远克服不了的恶性循环。

有些事情你不能编造，这个例子就是其中一个。实际上，公司通过一系列的价格促销“急剧膨胀”，扩大分销，销售额迅速成长。在被另一家寻求加入奢侈产品类目品牌的公司收购后不久，这个战略瓦解。很多商店放弃了产品线，并且要花费很多年来重新建立品牌和销售。

这两个例子说明了运用诸如营销量化指标 X 线深入财务报表背后发掘信息的重要性。更多的数字自身只是答案的一部分，看到数字背后的模式和意义的能力更重要。

吸烟更多，享受更少

表 11—8 显示由一个主要的消费者产品公司为了分析低价折扣品牌竞争所运用的营销量化指标。缩小的市场规模、停滞的市场份额和由于折扣引起的公司销售额的增长，都构成了公司前景的恶性图片。公司在用品牌销售额取代溢价销售。为完成这项工作，广告和促销预算几乎翻番。用埃尔·沙梅斯（Erv Shames）教授的话来说，可以很容易地得出营销者已经没有主意，并且正求助于最迟钝的指标：价格。

表 11—8　　折扣品牌和费用的市场趋势：大烟草公司

年份	1987	1992
市场大小（单位）	4 000	3 850
公司单位份额	25%	24%
单位销售额	1000	924
溢价品牌单位	925	774
折价品牌单位	75	150
广告和促销费用（美元）	600	1 225

然而，在查看了表 11—9 的量化指标后，这个图景看起来光明了许多。原来在相同的 5 年里，品牌变得更加突出，销售收入和营业收入的增长超过了 50%。原因很明显：价格几乎翻番，尽管这些价格增长中的很大一部分通过促销被“折扣返还”。总体来看，净影响对于公司底线的影响是积极的。

表 11—9　　附加的量化指标

年份	1987	1992
收入（千美元）	1 445	2 237
平均单位价格（美元）	1.46	2.42
平均溢价（美元）	1.50	2.60
平均折扣价格（美元）	0.90	1.50
营业利润（千美元）	355	550

现在你可能在想表 11—9 中的信息是如此明确，以致没有人会发现表 11—8 中的量化指标是我们之前分析的那么麻烦。实际上，在我们教授包含这些量化指标的经验时，全世界有经验的营销者都倾向于关注表

11—8 中的量化指标，而对其他的量化指标给予很少的注意甚至根本没有注意——即使在给出相同的显著水平时。

这两个表所描述的情形比较接近于现在著名的“万宝路星期五”之前的实际市场情况。高级管理层采取了行动，因为他们担心导致 1992 年的有吸引力的财务状况的一系列价格增长不能保持，因为较高的溢价给了竞争折扣品牌更大的削减价格的空间。在后来被称为“万宝路星期五”的那天，1993 年 4 月的第二个星期五，菲利普·莫里斯公司 (Phillip Morris) 将每包万宝路的价格降低了 0.4 美元，减少了近 40% 的收入，股票价格下跌了 25%。

在这个例子中注意与前面例子相反的地方。声望皮箱是增加促销费用来扩大分销，当促销或者折扣销售在进行时，价格正在下降——这是一个不好的预兆。而对于万宝路，它是在持续地提高价格然后折回——很不相同的战略。

营销管理仪表板

在近几年里，量化指标通常以管理“仪表板”的形式出现并受到了相当多的关注。其基本的理念是复杂数据的表述方式会影响管理层识别关键模式及其趋势的能力。一个仪表板——对于相同信息的形象描述——会让管理者的选择变得更加容易吗?

汽车仪表板的隐喻是合适的，因为有许多量化指标可以用于测量汽车的运行。仪表以更易于操作者解释和运用的方式减少了关键的量化指标集。遗憾的是，尽管所有的汽车有相同的关键量化指标，并不是在所有行业中都是相同的，合适的和关键的量化指标集会因行业而有区别。

图 11—1 提出了随时间推移、包含 5 个关键的量化指标的一个仪表板，它显示出在保持边际贡献的同时强大的销售增长率，即使在销售稍便宜的项目中。然而，令人不安的是，零售商的回报率急剧下降，而商店存货却在增长。与此相类似，每个商店销售额也下降了。著名皮箱公司的可支配收益也发生了下降，公司更多的销售额是基于折扣。这不是一个好现象，因此应当引起管理者对维持分销能力方面的关注。

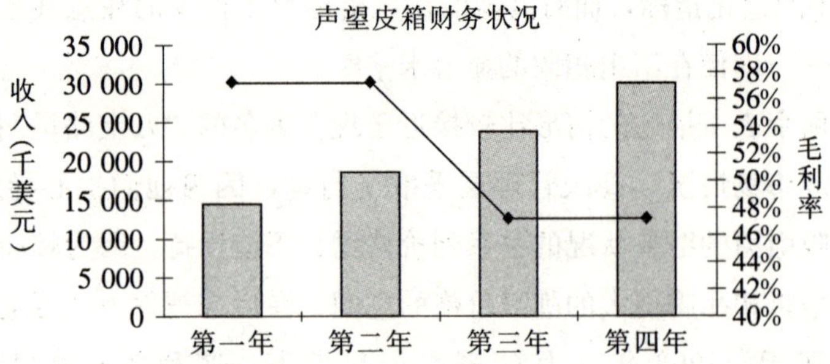

财务量化指标看起来很健康，收入显示出较好的增长率，而利润基本未改变。

图 11—1（a） 收入和毛利

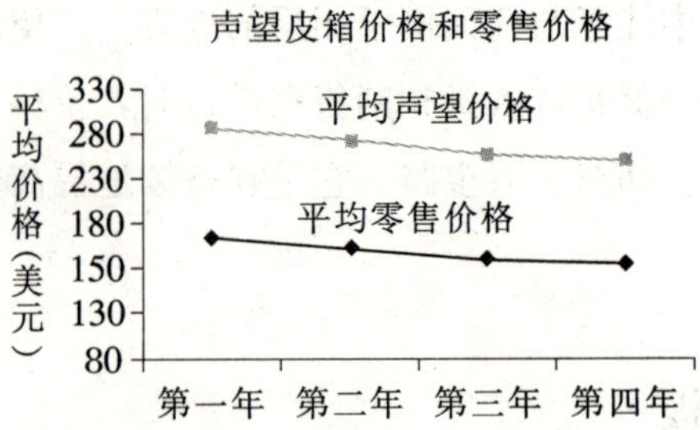

声望皮箱公司在销售更便宜的商品。

图 11—1（b） 制造商价格到商店价格

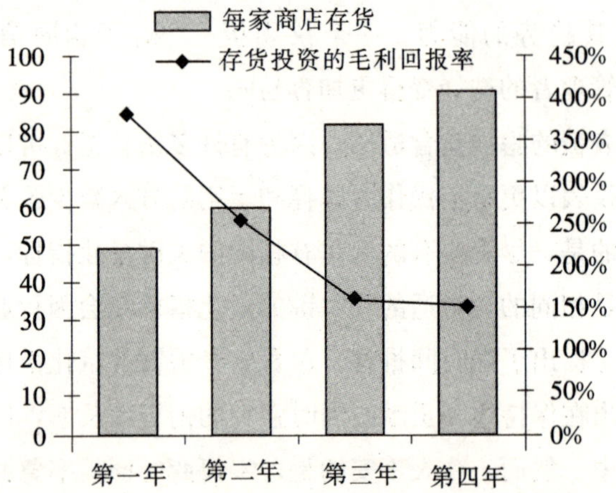

声望皮箱公司给它的零售商带来了逐渐减少的回报率。

图 11—1（c） 商店存货和存货投资毛利回报率

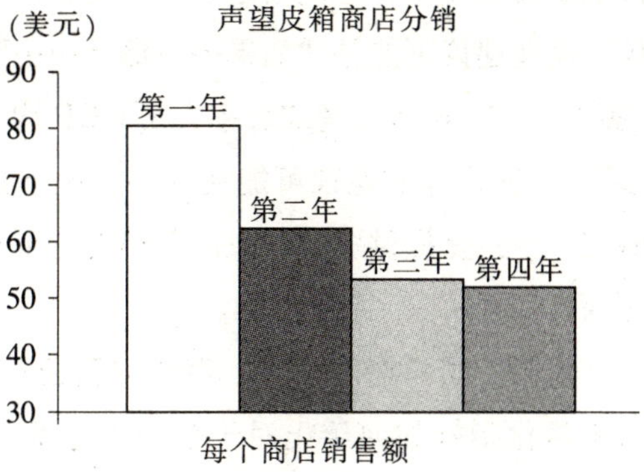

我们现在进入更小的商店。

图 11—1（d） 分销

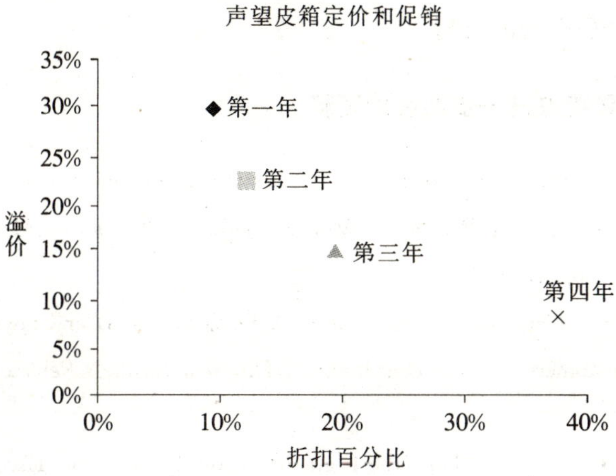

声望皮箱公司更加依赖于促销。

图 11—1（e） 定价和促销

图 11—1 声望皮箱公司：营销管理仪表板

总结：营销量化指标＋财务量化指标＝更深的洞察

仪表板、计分卡和我们所定义的“X 线”是管理层认同的关于业绩健康的重要指示器的营销和财务量化指标的集合。仪表板被设计用来提供关于业绩的营销理解的深度。在任何给定的营销环境下，有许多可以被认为是重要，甚至关键的具体的量化指标。我们并不认为可能提供关于哪些量化指标最重要或哪些管理决策是依赖于某些量化指标的值和趋势的清楚的建议。这些建议可能是“如果……那么……”的形式，比如“如果相关的份额大于 1.0 而且市场成长率大于 GDP 增长率，那么要在广告上投入更多”。尽管这样的建议可能在许多情况下是有价值的，我们的目标更加诚实——只是提供资源，来使营销者达到对于存在的量化指标的差异的更深入的理解。

我们的例子（繁荣公司与巡航公司，声望皮箱公司和大烟草公司）表明，选择的营销量化指标如何给出对于公司财务前景更加深入的洞察。在诸如这样的情形中，重要的是营销和财务量化指标的完全展示告知决策。检查完整的 X 线并不必然使得决策更加容易，（大烟草公司的例子至今仍处于知识丰富的行业观察者的争论之中！）但是它确实有助于确保一个更全面的分析。

参考文献和建议进一步阅读的资料

Ambler, Tim, Flora Kokkinaki, and Stefano Puntonni (2004). “Assessing Marketing Performance: Reason for Metric Seletion,” *Journal of Marketing Management*, 20, pp. 475 - 498.

McGovern, Gail, David Court, John A. Quelch, and Blair Crawford (2004). “Bringing Customers into the Boardroom,” *Harvard Business Review*, November, pp. 1 - 10.

Meyer, C. (1994). “How the Right Measures Help Teams Excel,” *Harvard Business Review*. 72 (3), 95.

注释

[1] 即每年流失的顾客百分比。

[2] 即所有商品数量，分销覆盖的测量（参见 6. 6 节）。

第 12 章 量化指标系统

经济学家分为三类*：会计算的和不会计算的。

——佚名

12.1 公司绩效模型

为了更好地理解公司成功的因素，管理人员和分析人员经常用产品的两个比率来计算投资回报率（ROA），并且每个比率都反映了公司业务活动的不同方面。一种分解投资回报的常用方法或“模型”是杜邦模型。

$$投资回报率（ROA）=\frac{净利润}{销售收入}\times\frac{销售收入}{资产}$$

我们把杜邦模型中的第一个比率称为边际利润率或销售回报率，它用于衡量每一美元销售额中含有多少利润。从某种程度而言，营销人员可以通过以下方式来提高公司的投资回报率，具体包括生产顾客期望的产品、通过合适的价格体现产品的价值、通过降低生产成本和渠道成本来降低产品的总成本，以及优化产品的营销费用。杜邦模型中的第二个比率是总资产周转率。总资产周转率表示每一美元资产所产生的销售收入。针对这一比率，营销人员不仅需要关注怎样提高销售收入，而且还需要时刻关注资产的管理状况，例如存货和应收账款等资产的管理状况。

我们注意到杜邦模型是一个恒等式。[1]在不考虑各个比率价值的情

---

* 似应为两类。原书如此。——译者注

况下，该等式总是成立，主要原因是因为我们以一种正确的方式对其进行定义。因此对杜邦模型提出异议或反对是没有任何价值的。

然而如果杜邦模型仅仅是一个简单的恒等式，那么它的优点是什么呢？

从某种程度上讲，把投资回报率分为两个比率的乘积可以帮助公司对这两个比率进行集中（或分别）管理，进而使企业的投资回报率最大化。除此之外，该指标还能够时刻提醒销售人员，他们的工作不仅是简单地提高销售收入，而且还应该创造利润并提高资产的使用效率。

实践证明，杜邦模型在现实生活中发挥着巨大的作用。如果在谷歌中搜索“杜邦模型”四个字就会出现 440 万个结果，而搜索“杜邦化工”的结果只有 290 万个。在某些文章中，杜邦模型比杜邦公司的化工产品更为著名。

图 12—1 展示了扩展的杜邦模型，该模型通常包含了销售回报率和总资产周转率的影响因素。

图 12—1 中最右面三列代表着杜邦模型，最左面两列代表着对净利润和总资产的一种细分方法。这样做的目的并不是要对图中所列示的公司绩效的组成部分进行评论，而只是提供一些观察结果。首先，我们注意到绝大多数读者对图中所描述的关于总成本、流动资产和非流动资产的分解方法非常熟悉，其组成类别与公司的利润表（包含了总成本）和资产负债表（包含了总资产）相一致。其次，我们也发现营销活动所创造的资产（如公司的品牌和客户关系）经常与那些难以衡量的无形资产以及某种事后思考或“其他”范畴相提并论。我们通常认可为营销活动创造的资产可以和无形资产合并在一起，而不认同其与后者之间的混淆。

最后，也是最重要的，我们发现在销售收入保持不变的情况下，总成本、流动资产和非流动资产都被分解成了更小且更容易理解的模块。人们似乎更多地关注公司的总成本和总资产，而较少地关注公司的销售收入。因为该模型是由财会部门的职员设计出来的，所以出现上述结果并不是一件令人诧异的事情。然而，我们作为市场营销人员，注意力主要集中于如何提高销售收入。我们在关注总成本和总资产利用情况的同时，更加关注公司的销售业绩以及构成。图 12—1 反映的是一家主要依

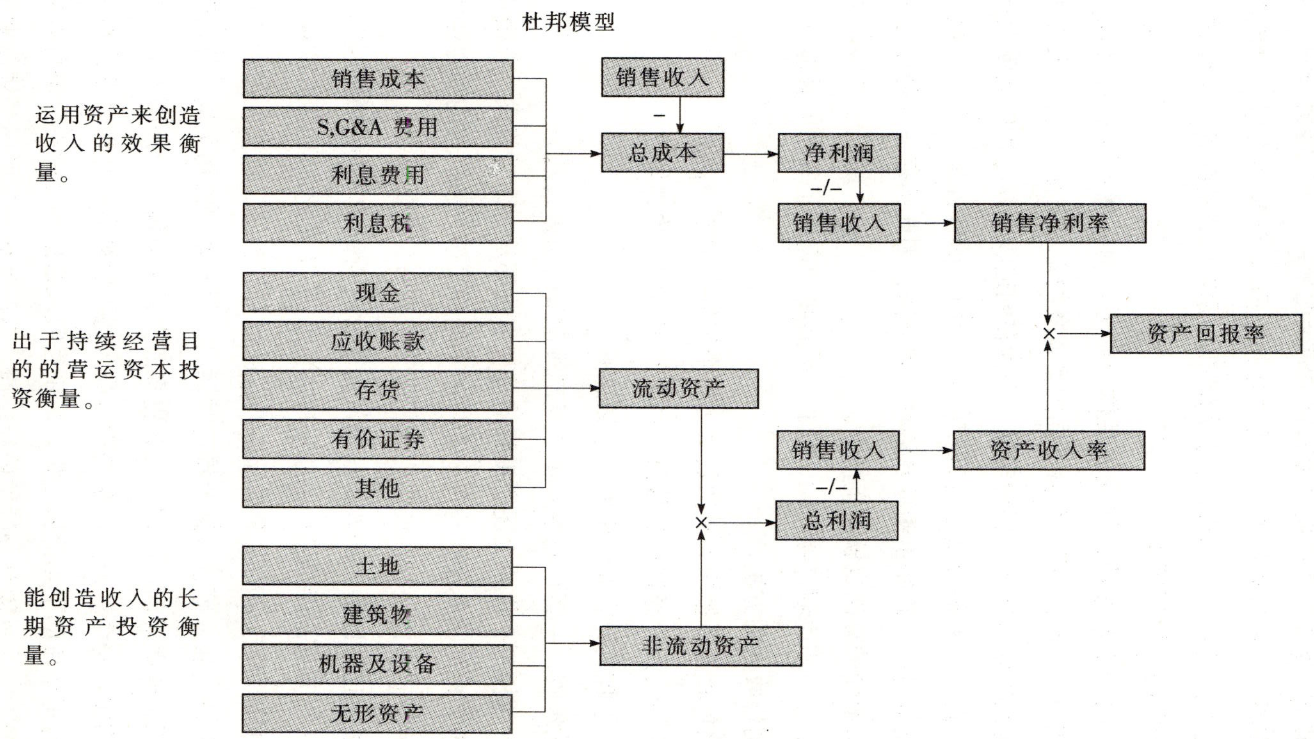

图 12—1　扩展的杜邦模型

资料来源：http://www. 12manage. com/methods_dupont_model. html.

靠市场营销、降低成本和提高资产使用率而取得成功的公司。而对于当今那些成功不仅依靠产品而且依靠营销的企业来说，我们需要一种完全不同的模型。我们需要拥有自己的“杜邦模型”，该模型类似于对成本和资产进行细分的杜邦模型，但我们需要的是对销售情况进行同样详尽和清晰分解的“杜邦模型”。

当我们开始思考销售情况的具体分解方法时，我们很快就会理解“为什么没有一种可以用于分解不同类型业务的普遍方法”，营销人员都知道分解销售收入的方法多种多样。因为在创造收入的过程中会涉及多个实体（其中绝大部分属于外部实体），例如：销售人员、客户、批发商甚至竞争对手。正是由于存在多种分解方法，因此不存在一种能够被人们普遍接受的方法也就不奇怪了。

为了进一步说明这一问题，图 12—2 向我们展示了其中四种能够有效分解销售收入的方法。

- 销售收入＝销售人员的数量×每个销售人员的销售额
- 销售收入＝经销商的数目×每个经销商的平均销售收入
- 销售收入＝企业的份额×市场总额
- 销售收入＝客户总数×每个客户所带来的销售收入

同杜邦模型一样，上述所提到的每种方法都是一个恒等式。总销售收入等于客户的购买次数与每个客户的平均购买额之积。这四种方法不仅都是恒等式，而且它们还能为我们带来一些有价值的信息。

除了上述的四种方法外，我们认为还存在着其他不同的分解方法。图 12—2 列示了四种最简单的分解方法。不仅如此，我们还发现图 12—2 中外圈所包含的要素本身就可以进行自我分解。例如，每个客户所带来的销售收入等于（某个特定时期内）每个客户的购买量与每次购买额之积。毫无疑问，我们将会有更多的方式来分解处于外圈上的各个因素。例如，每个客户所带来的销售收入还可以被分解为每个客户购买的单位与每单位的平均价格之积。对销售收入组成部分的再分解可以看做是对图 12—2 外圈部分的扩展和延伸。不仅如此，我们还希望能够根据每个产品、每个客户团体或卖主对该模型“上面”的部分进行独立再分解。

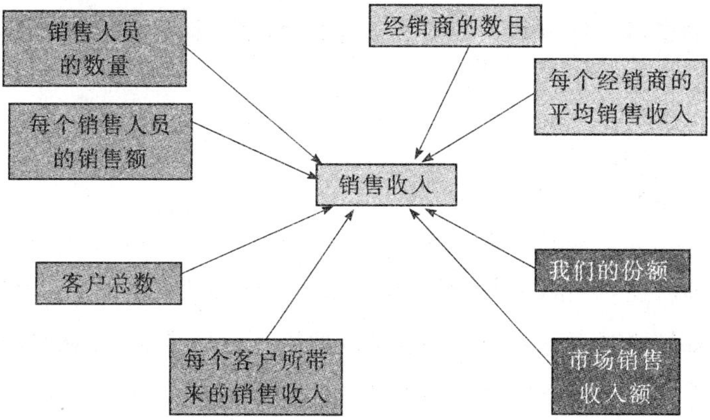

图 12—2　销售收入模型

12.2　在营销中使用恒等式的三个原因

形成与营销决策和目标相关的“类似杜邦模型”，这主要包括以下三方面的原因：

（1）分解销售收入指标可以帮助管理者明确企业在成长过程中遇到的各种困难和挑战。例如，企业销售收入下降或竞争对手销售收入上升会导致公司的股价下跌吗？如果销售收入下降，其原因可能包括客户数量减少、每个客户的购买单位下降、平均价格下降或者是上述某两个或多个原因共同出现。分解销售收入还可以在经验关系中确立一个独立的恒等式。虽然从数学的角度证明这些恒等式非常简单，但是要想从经验中验证这一结论却是件非常困难的事情，因为它通常会涉及到公司的客户关系、突发事件以及未来发展状况等多方面的因素。

（2）我们可以通过分解量化指标来评估那些无法直接衡量的指标。使用多个恒等式可以消除在“检验”某些特定指标价值过程中发生的衡量错误。从某种程度而言，个人营销指标可以被当做是网络或关系“网”的一种。如果网络中的任意一种关系都非常稳定，那么即使出现个人价值评估错误，整体的结构还是会非常牢固。

（3）选择并组织正确的营销网络常常可以帮助企业构建营销组合的

决策模型。类似于杜邦模型，那些包含中介部分的模型使得模型本身在管理方面显得更加清晰，同时还能帮助管理者制定决策并监控决策的效果。

分解诊断目的

如前所述，使用一个或多个恒等式来分解销售收入的主要目的是为了加深理解所观察到的变化和困难的原因，至少是从不同的角度理解。虽然恒等式可以解释各种变化和困难的原因，但是它们却没有一个统一的评估标准。恒等式从定义上理解是正确的，我们将这些恒等式称为(ID)。

下列恒等式描述了收益、销售量与价格之间的关系：

收益＝销售量×价格（ID）

该等式告诉我们在销售量的减少量（以百分比的形式）大于价格的增加量时，会出现收益的下降。我们根据恒等式的含义可以理解：当出现收益下降时，首先要判断销售量和价格是否下降了（可能是单一下降也可能是二者都下降）；如果销售量下降而价格上升，但销售总额下降，此时销售量的下降比例一定超过了价格的上升比例。

与恒等式形成对比的是经验关系式，经验关系式中的各种变量在恒等式中无法涵盖，而在经验关系式中则能够不完全地包含。例如：在做价格变动决策时，经验关系式是必需的。我们把这种这种经验关系式记为（EM)。例如：我们认为销售量和价格之间的关系是一种直接线性函数，其公式为：

销售量＝b×价格＋误差数（EM）

销售量与价格之间的经验关系式中包含了一个在价格和数量衡量时产生的错误，或者是只对销量产生影响的错误（如竞争对手的价格）。同时，我们还注意到经验关系式中的参数 b 本身就是一个未知常量，因此我们可以根据适当的数据来对其进行估值。然而，恒等式（ID）和经验关系式（EM）之间的主要区别是 EM 比 ID 在应用上更加灵活，二者都可以用于解决困难和重要问题，例如“当价格下降 1 美元时，销售单位会增加多少?”

量化指标仪表板反映了最基本的管理逻辑知识，即营销活动如何影响销售收入和利润。该仪表板不仅包含恒等式还包括经验关系式。图12—2所列示的多种销售收入分解方法，其中的某些组成部分还可以进一步分解成一个或多个恒等式。每家企业都必须明确自己的绩效衡量方法，也就是企业量化指标仪表板中出现的内容。而且每个绩效衡量方法（通过恒等式）还必须能够评估并解释变化的原因。仪表板的作用除了监控设备之外，还应当能够解释因果关系（如：踩刹车会使得车速慢下来；踩油门则会使得车速提上去）。接下来，当我们开始思考每个变量之间的相互作用时，它们之间的关系就会变得更加复杂，类似当我们通过踩油门的方式提速时，油量表也会相应地下降。有时我们需要一个量化指标系统来帮助我们推断（或预测）那些难以直接衡量的问题所具有的价值（例如，在汽车燃料耗尽前我们还能走多远?）。

通过大数定律来消除误差（数据并不一定多）

以下是一个经典的故事：有一个物理老师在期末考试时，要求学生们解释“如何用一个气压计来测量一栋建筑物的高度”。一个“显而易见”的回答是“分别测量建筑物底部和顶部的气压并通过二者之间的差异来计算其高度”。据称，这个物理教授在阅卷的过程中还看到了许多其他富有创意的答案。例如：(1) 把气压计从楼顶扔下来，记录其从顶部到落地所花费的总时间，然后再使用适当的物理公式来推断建筑物的高度。(2) 把气压计系到一根绳子上，接下来从楼顶把气压计逐渐下放直到其接触到地面，然后再测量绳子总长度就可以计算出建筑物的高度。(3) 分别对建筑物和气压计在太阳下阴影的长度进行衡量，再测量一下气压计的实际高度，然后用气压计的阴影和实际高度的比例来计算建筑物的实际高度。据说，迄今为止，最富有创意的解决方案是“敲开建筑物门卫的大门，然后对他说：‘如果你告诉我这栋建筑物的高度，我就把这个气压计给你’”。

图12—2中所列示的各种销售收入的计算方法与上述学生们所回答

的建筑物高度的计算方法相类似。在具体的实践测试中我们需要应用到多种测量方法。在不知道到底应该选择哪种解决方案的情况下，我们可以同时使用两种方法进行检验。像气压计的问题，我们就可以尝试同时使用多种方法，然后对得出的相关结论信息进行整合进而得出最终的结果。例如，我们可以对这些评估结果进行简单的平均数求解。要想得出更准确的结果，我们可以去计算这些数据的加权平均数。假设秒表和风速会影响测量的准确性，那么我们就对用绳子测量的方法赋予更大的权重，而对测量气压计落地时间的方法赋予较小的权重。赋予看门人方案的相对权重主要取决于我们在评估过程中所拥有的信心。如果门卫对建筑物的高度非常清楚，我们就可以对门卫估计的方法赋予较高的权重；但是如果门卫所知道的高度只是个估计数，那么我们就应对这种估计方法赋予较低的权重。

用所有评估结果的均值来替代任意一种评估结果的做法能够更好地利用大数定律的优点。我们期望平均值能够更加接近实际值，而且更加接近计算平均数时所用的大多数估算值。一种理想的状态是我们期望能够进行“独立的”估计测量，就像气压计案例所示的那样（当然，除非门卫所知的数据也是自己用绳子计算出来的）。

在气压计案例中，我们最感兴趣的是如何得出这栋建筑物的高度。而在营销实例中，营销人员最感兴趣的可能是如何计算销售收入的各个组成部分，就像我们对销售收入感兴趣一样。事实上，我们经常会遇到这样的案例，即公司能够很好地解决销售收入问题并计算出了销售收入的各个组成部分的结果，例如：公司的份额、每个客户所带来的收益或图 12—2 的外圈及其组成因素。在一些极端的案例中，公司并不会对销售收入的各个组成部分进行单独计算，但是他们可能会在计算某些组成部分时“意外地获得”其他部分的计算结果。在气压计的案例中，我们可以用建筑物的高度和气压计阴影的长度来估计建筑物阴影的长度，而在计算的过程中还能得到其他的数据，例如：我们不需要步行至建筑物就能计算出建筑物离我们有多远。

上述方法意味着我们需要对每个原始估计结果（以及相关的标准误差）进行整合进而得出最终的评估结论。使用绳子的估计方法所得出的结果可以帮助我们校正其他方式所得到的评估结果，如：气压计落地所花费的时间和建筑物阴影的长度；反之亦然。我们相信模型中的恒等式和相互独立的测算值越多，我们对最后结果也越有信心。

虽然木匠的格言是“量两次取其一”，而我们认为需要用多种方法进行多次测量，然后用一种具有逻辑性的系统方法来衡量这些结果。我们不仅要用平方公式来检查直角，而且还要检查组成直角的两条边的长度是否为 3 米和 4 米，进而来确定斜边的长度是否为 5 米。这是我们上述提议的宗旨，而提议的过程是关于如何更好地协调这些营销量化指标使其成为一个系统的内容。（参见本章最后附录 1 的数字案例）

用恒等式来评估难以直接衡量的量化指标

> 分解涉及如何根据已知指标或者易于衡量的指标来计算出那些无法直接得出结论的量化指标。
>
> ——哈伯德，2007

我们通常可以利用营销模型中的恒等式来推断缺失变量的值。我们首先通过现实世界中的一个例子来类比营销中的问题。如果你想直接测量出某个游泳池的平均深度，那么就会涉及一系列复杂且难以测量的数据，例如测量出人们常游区域的深度、长度和宽度或者用函数形式、微积分和线性代数来勾画出游泳池底部的曲线图。然而针对这一案例，间接的测量方法可能会更加简单，即记录下游泳池的容积（容水量），然后再除以游泳池的底面积。

不仅如此，营销人员还对某些指标评估价值非常感兴趣，这些指标既可以是那些能够直接测量的指标，也可以是通过与其他指标的有效整合得出估计结果的指标。例如要估计公司的平均需求份额或消费份额，单位为美元或其他。为了能够直接衡量出指标结果，我们需要建立一个购买客户的数据库，该数据库包括公司自己的客户以及同类产品中的其他公司的客户。此外，数据库中所包含的客户是整个产品类别的代表，我们需要以适当的方式对其赋予一定的权重。营销人员发现用 2.3 节和 2.5 节中的恒等式来衡量份额比直接衡量更加容易且有效。

$$获取份额=\frac{市场份额（\%）}{市场渗透率\times大量使用指数}$$

（单位：美元或其他单位）

等式右边三个变量可以根据销售报告、现有客户的数量以及客户使用企业产品的估计量直接计算出来。当然，用这种方法得出的量化指标只是一个平均数，而且无法帮助我们深入分析由客户忠诚度引起的重复购买行为所代表的营销意义。

12.3 营销混合模型——监控营销决策和营销目标间的关系

众所周知，尼尔·鲍敦（Neil Borden）于半个世纪前提出了“营销组合”这一专业术语。同时，他还指出“营销环境的特征会影响营销人员预测和控制营销行为的结果。”[2]营销等式系统能够通过其提供的用于监控营销决策产生结果的统一框架和结构来解决上述问题。营销模型即需要在综合性和可理解性谋求平衡、也需要在完整性和简洁性之间寻求协调。

综合性包括以下内容。首先，企业的销售收入和利润会受到潜在营销行为的影响，例如定价、价格促销、广告、人员推销以及销售渠道的变化。其次，一种或多种潜在行为与销售收入的关系通常是非线性关系。众所周知的S曲线就是一个典型的非线性关系（有些广告在投放初期并不会对销售收入产生明显的效果，当达到某种程度时就会提高销售收入，然而在超过某一点后这种影响效果就会逐渐下降甚至消失）。第三，一种营销决策的效果通常取决于其他决策的效果。例如，广告对销售收入的影响不仅取决于产品设计，而且还取决于产品的价格和实用性。第四，营销中还会涉及“反馈信息”和滞后效应。随着时间的推移，不断地做广告会提高产品的知名度，久而久之就形成了公司的品牌资产，进而提高了产品价格。抑或，当竞争对手推出新产品而且企业的销售额跌至销售人员无法获利的区间时，这些产品的销售人员就可能会离职或对该产品线投入较少的时间。当出现上述情况时，销售收入会进一步下降。我们难以想象由于下列原因导致的潜在且复杂的问题，即大量的营销组合因素、变量间的非线性关系、各种因素间的相互作用、滞后和反馈信息以及竞争行为。此外，营销人员本身所拥有的创造力和想象力也会影响这些潜在的复杂问题（从定义的角度而言）。我们认为要想通过实验模型来解决上述复杂问题几乎是不可能的。

用阿诺德·泽尔纳的话说就是：营销人员在面对这些潜在的复杂问题时，最重要的就是要找到能够帮助他们保持这种复杂性的简单方法(keep it sophisticatedly simple，简称 KISS——不要想歪了哦!)[3]。认真选择那些根据重要恒等式所构建的框架模型具有很多好处，而这些好处只能帮助我们理解恒等式层次中各种因素间的相互作用和反馈信息，而非经验关系。

首先，我们想知道营销决策（行为）、目标（比如利润）以及那些可以帮助我们理解各种关系的中间指标之间的关系。营销学中一个最简单的营销组合模型，即利润是产品单价、广告、销售人员和促销因素的函数，其公式为：利润＝f（单价，广告，销售人员和促销活动）（参见图 12—3)。

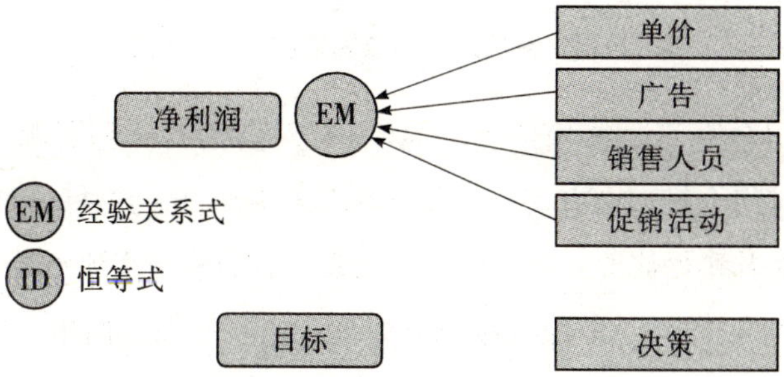

图 12—3　营销决策和目标之间的经验关系

许多营销人员对图 12—3 中所示的模型持反对的态度，他们认为图中所列举的因素不如营销组合策略中的因素详细。例如，价格每增加 1 美元可能会导致单位边际利润上升 1 美元，但是单位收益则可能下降 1 美元。我们首先要对单价和单位收益间的经验关系式进行独立评估，然后再利用单价、单位成本和单位收益的恒等式来计算毛利率。因此，我们可以把一个恒等式所计算出的结果与那些必须经过评估才能得出的指标相区别。同样，在明确了广告、销售人员和促销量与单位收益之间的因果关系后，营销人员就可以得出这些因素对利润具有什么样的影响作用，进而制定相关的价格决策（参见图 12—4）。选择哪种方法主要取决于以下假设，即通过区分实验推断结果和直接计算结果能够更好地理解营销组合的效果。

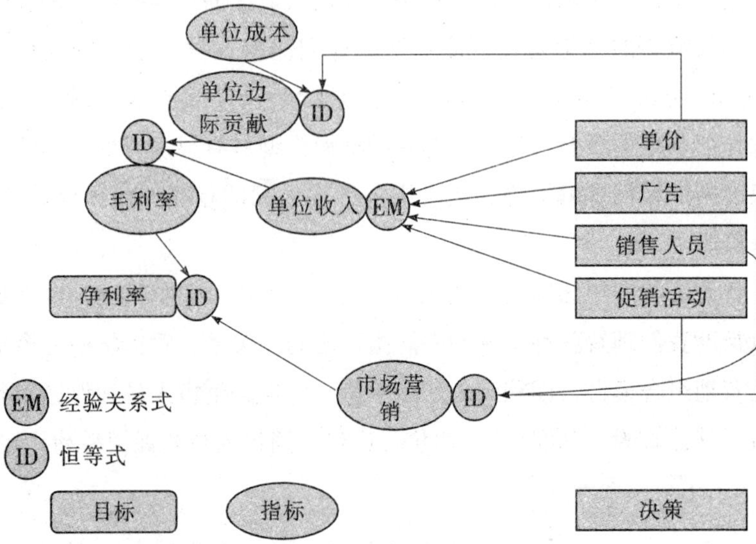

图 12—4　营销结果组成因素间的经验关系式

营销组合模型常被用于评估营销杠杆对营销目标和资源分配决策的影响。营销组合模型中有一个常用于测试市场状况的指标（详见图 12—5）。只需对其稍做修改，我们就可以用修改后的模型来预测新产品的销售收入（详见 4.1 节）。即使有些模型并没有想象的那么简单，但是该模型的结构却异常清晰明确。通过下列量化指标形成的多个恒等式就能够预测出单位销售收入。我们只需要根据恒等式所具有的倍增特征可以了解营销组合之间的最重要的相互关系而无须依靠某个或多个复杂的公式。由于这一修改后的结构模型可以把定义恒等式和经验关系式区分开来，所以我们认为其具有更加明确的管理意义并且能够发挥更大的作用。

预期销售收入＝预期客户的数量×认知度×实用性
×（尝试率×尝试单位＋重复率×重复单位）

各个组成因素的估计结果可以从刺激测试、调研、管理判断和（或）经验模型的结果中获得。

提供清晰而独立的评估方法是图 12—5 所示模型的一个优点，即对影响单位销售收入的不同营销组合因素进行适当的整合。广告会影响消费者的认知度，却不会影响产品的实用性。当然，在现实生活中“事物彼此之间都是相互影响、相互作用的”。如果管理没有把注意力集中于那些已被恒等式证明了的最重要的经验关系式上面，这种复杂而简洁（KISS）模型的实用性和透明性也会遭到破坏。

在图 12—5 所示的预测新产品收入案例中，我们通过量化指标函数对预期销售收入进行了适当的分解。从某种程度上讲，这种分解方法也可以用于区分营销组合的经验效果。例如，一个市场份额可以被分解成为与个别组合因素无关的获取份额、大量的使用指数和渗透份额。虽然任何事物之间都是相互联系、相互影响的，但是并不是每个恒等式都能在在营销组合的模型中发挥作用。

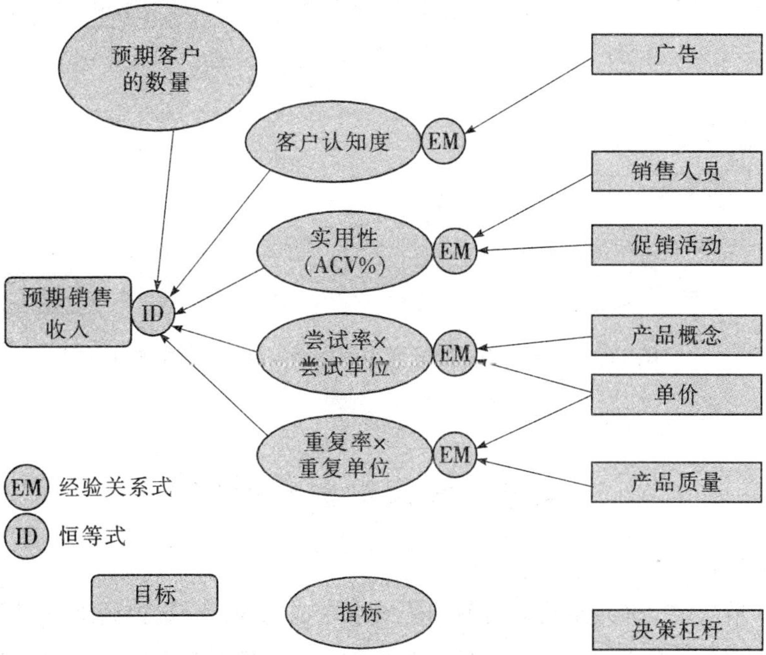

图 12—5　用经验关系式和恒等式来测试市场状况

除此之外，根据不同搜集方式所得到的数据也可以验证某些恒等式的正确性。即使在我们无法对这些恒等式进行直接测量的情况下，亦可如此。例如，在消费品市场中，人们通常会收集与分销渠道（参见 6.6

节）和渠道促销相关（参见 8.1 节）的数据，进而向营销管理者报告。从这两个指标的实用性中可知，要想构建一个可以用于区分经验效果的恒等式，就必须引入第三个指标——“偏好”，而且所构建的恒等式还必须能够把这三个指标联系起来。图 12—6 表明了营销人员能够通过份额、促销提升和分销指标“倒算”出偏好的价值。当然，这种方法意味着营销者必须用以下内容来定义偏好，即根据相同的分销渠道和促销提升所确定的相关选择相一致。

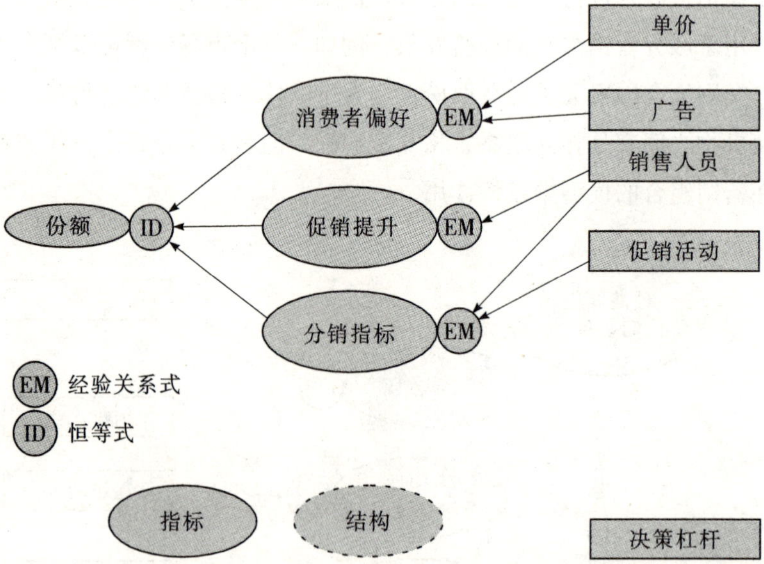

图 12—6　营销组成部分和中间指标与结构的经验关系

12.4　相关指标和概念

单从定义角度而言，计算恒等式总是成立的，要想得到组成因素的准确值是一件非常简单的事情。其他恒等式，像财务和经济学中所发现的理论模型，通常在理论上是正确的或者在特定条件下是成立的。例如，在 7.3 节和 7.4 节中我们提到最优价格是：

需求价格弹性不变时：

$$销售利润率\times\frac{价格-变动成本}{价格}=\frac{1}{需求价格弹性}$$

或者，线性需求函数时：

价格＝变动成本＋1/2（愿意支付的价格－变动成本）

虽然这些恒等式之间的关系并不精确，但是却是近似地正确。

参考文献和阅读建议

Hubbard, Douglas W.（2007）. How to Measure Anything：Finding the Value of "*Intangibles*" *in Business*，John Wiley &Sons，Hoboken，New Jersey.

附　录

数字案例

假设某公司去年的预期收入为 25 677 万美元。虽然这也是公司年报上显示的数据，但是营销管理者都知道这一数据只是一个估计数并不是真实数据。他们把预期收入的允许误差标准定为 3 000 万美元。这就意味着公司的实际收入落在 22 677 万～28 677 万美元之间的概率为 68%。如果管理人员希望公司的实际销售收入为 25 677 万美元（实际上，该公司的实际销售收入确实是 25 677 万美元），那么所允许的误差标准就必须为零。

变量	最初估计值	标准误差
销售收入	$25 677	$ 3 000
销售人员实现的总收入	$1 012	$5
每个销售人员实现的收入	$22	422
市场份额	0.4	0.1
市场收入	$60 000	$1 000
客户数量	15	1
每个客户所带来的收入	$5 000	$5 000

营销管理人员还想到了用估计值和标准误差来评估销售收入的六个组成部分。在该案例中，我们忽略了那些与零售小贩相关的量化指标。不仅如此，我们还发现每个营销人员所实现的销售收入和每个客户所带来的销售收入与原始估计值之间有较大的差异。这也反映了一个问题，即管理者对这两个指标的了解较少，并且期望实际结果与最初估计值相去不远。

现在，我们共有四种方法可以评估销售收入，即管理者的最初估计值 256 770 万美元，并且通过整合其他三种估计方法也可以得出最终估计值。我们可以用一种方法来计算其他三种方法的估计值，然后对四种估计结果进行平均数求解，进而得出销售收入的最终估计值。事实上我们还有更好的估计方法，即对上述估计值进行加权平均。如果仅仅对这四种方法进行简单的平均数求解，就不能很好地利用最初估计值所拥有的优势。因为每个销售人员所实现的收入和每个客户所带来的销售收入具有很大的不确定性，因此我们可以对市场份额和销售总收入的估计给予更多的关注或赋予更高的权重。

我们主张把这些原始估计值整合成一个最终的估计值，而这一过程需要具备较强的逻辑性以及明确的目标。首先，我们要找到一个能同时满足这三个恒等式的最终估计值（例如，销售收入的最终估计值等于销售人员推销次数的估计值与每个销售人员所实现的收入之积。）其次，我们想从这一系列满足恒等式的最终估计值中找到一个合适的估计值，使其更接近于管理者的最初估计值。我们用标准误差数来衡量接近的程度。

最后，我们的最终估计结果必须能够满足模型中的所有恒等式。该结果不仅要同内部结构保持一致，而且还必须接近于最初估计值（这不属于内部一致性的范畴）。

结　论

> ……为达到评价目的，量化指标应该成为必需的（即公司不能没有它们）、精确的、一致和充分的（即全面的）[4]。

理解量化指标使营销者能够选择正确的输入数据来给予他们有意义

的信息，依据环境从多种量化指标中挖掘和选择，并建立包含最重要的量化指标的仪表板来帮助他们进行经营管理活动。在阅读本书之后，我们希望你会同意没有一个量化指标能够给出一幅完整的图景，只有当你可以运用多种观点时，你才有可能得到接近于全景的画面。

> ……测量结果告诉我们处于完成目标的哪个阶段，但并不能告诉我们该如何完成目标或者应该再做些什么不同的活动[5]。

我们需要营销量化指标来给出良性经营的完整图景。本书有助于给予你这种知识，以便使你能够更多地了解量化指标如何形成以及它们所测量的内容，同时知道每个量化指标的局限性也非常重要。在我们的经验中商业通常是复杂的，需要多种量化指标来体现不同的层面，也就是告诉你究竟发生了什么。

营销指标可以为业务环境提供一幅完整的蓝图。财务指标关注的重点在于现金流和时间，即了解利润、现金和资产是如何变化的。不仅如此，我们还应当了解到客户、产品、价格、渠道、竞争对手和品牌的变化状况。

由于这种复杂性，营销量化指标通常提出了它们能够回答的尽可能多的问题。当然，它们很少提供关于管理者应该如何做的简单答案。在企业经营过程中形成的，以有限、错误或过时的观点为基础的一系列量化指标会使你缺乏判断力。这样的一系列量化指标会错误地使你相信企业经营是良好的，而事实上问题在一直不断地发展。就像鸵鸟将头埋在沙子中一样想逃避，或许知道的越少越好。

我们并不期望营销量化指标的掌握会使你的工作更加容易。我们确实期望这样的知识能够帮助你将工作做得更好。

注释

[1] 一个恒等式是指“恒等式是无论其变量如何取值，等式永远成立的算式”。*American Heritage Dictinary*，2nd Edition Houghton Mifflin Company，1982。

从财务、经济和会计上讲，一个恒等式是指“无论变量如何取值，该等式永远成立或者在定义与结构上表述正确的语句。”在计算恒等式中的任何误差都意味着该等式在结果、计算或衡量方法上出现了错误。见 http：//en. wikipedia. org/wiki/

Accounting _ identity#cite _ note—o。

［2］Borden，Neil H.，Source：*Journal of Advertising Research*，4，June 9164：2—7.

［3］Zellner，A.，2001. "Keep it Sophisticatedly Simple." Zellner，A.，Kuezenkamp，H.，McAleer，M.（eds.），*Simplicity，Inference and Econometrics Modeling*. Cambridge University Press，Cambridge，242—262.

［4］Ambler，Tim.（2000）. *Marketing and the Bottom Line：The New Metrics of Corporate Wealth*，London：Prentice Hall.

［5］Meyer，Christopher.（1994）. "How the Right Measure Help Teams Excel，" *Harvard Business Review*.

附　　录

管理者使用营销量化指标的调查

工作名称：　　　　　　　　　　　　　行业市场：

问题 1：以下哪个选项可以描述你所提供的业务？

□ 产品

□ 服务

□ 相关联的产品和服务组合

□ 其他

问题 2：业务交易与消费者的关系可以定义为？

□ 以契约的形式规定客户可以在一个固定的时期获得新的提供物（如：杂志）

□ 以契约的形式规定客户可以不定期地取消提供物（如：报纸）

□ 经常性的交易（如：消费品、餐馆的食物）

□ 偶尔进行的交易，而且这种交易含有少量或几乎没有后续服务、后续修理或耗材更换（如：数码相机）

□ 偶尔进行的交易，但是这种交易含有后续服务、后续修理或耗材更换（如：汽车、打印机）

问题 3：你将客户理解为？

□ 个人消费者（如：购买早餐谷物食品）

□ 生意或组织购买团体（如：钢铁）

□ 相关联的个人消费者和产业购买者（如：UPS）

问题 4：你的业务如何传递到市场？

问题 5：对购买决策的主要影响因素有哪些？

□ 个人选择，受群体影响比较小（如：软饮料、快递业务）

□ 顾客非常依赖专业的建议（如：医生、水管工）

□ 受多种因素影响的单独组织购买（如：公司的采购部门）

□ 其他（请解释）

问题 6：你所在公司的销售额是多少？

□ 小于 1 000 万美元

□ 1 000 万美元～1 亿美元

□ 1.01 亿美元～5 亿美元

□ 5.01 亿美元～10 亿美元

□ 大于 10 亿美元

问题 7：你所在公司过去三年的销售增长率是多少？

□ 小于 1%　　□ 1%～3%

□ 3%～10%　　□ 大于 10%

对于以下问题，请标识你认为所列示的营销量化指标在管理和监控企业时所起作用的程度。

问题 8.1：在你管理和监控企业时，以下关于市场份额的量化指标的有用性如何？

标记的选项：特别有用、比较有用、不是总有用、不知道、不适用

1. 美元（收益）市场份额

2. 单位市场份额

3. 相对市场份额

4. 品牌发展指数

5. 品类发展指数

6. 市场渗透

7. 品牌渗透

8. 渗透份额

9. 获取份额

10. 大量使用指数

11. 影响力等级

问题 8.2：在你管理和监控企业时，以下关于效果层次的量化指标的有用性如何？（顾客对产品的感知、产品态度、产品信念、产品尝试、

产品重复使用）

标记的选项：特别有用、比较有用、不是总有用、不知道、不适用

1. 品牌认知度

2. 脑海中的第一

3. 广告意识

4. 了解

5. 信念

6. 购买意愿

7. 购买习惯

8. 忠诚度

9. 喜好度

10. 自愿推荐

11. 净推荐值

12. 消费者满意度

13. 自愿搜寻

问题 8.3：在你管理和监控企业时，以下关于利润和成本的量化指标的有用性如何？

标记的选项：特别有用、比较有用、不是总有用、不知道、不适用

1. 单位毛利

2. 毛利率

3. 渠道毛利率

4. 平均单位价格

5. 每统计单位价格

6. 变动成本和固定成本

7. 营销支出

8. 单位贡献

9. 贡献毛利率

10. 盈亏平衡量

问题 8.4：在你管理和监控企业时，以下关于预测和新产品的量化指标的有用性如何？

标记的选项：特别有用、比较有用、不是总有用、不知道、不适用

1. 目标量
2. 目标收益
3. 试用量
4. 重复量
5. 渗透
6. 数量预测
7. 同比增长
8. 增长—CAJR
9. 产品侵蚀率
10. 品牌资产量化
11. 组合效用
12. 组合效用和数量预测

问题 8.5：在你管理和监控企业时，以下关于客户的量化指标的有用性如何？

标记的选项：特别有用、比较有用、不是总有用、不知道、不适用

1. 顾客数（#）
2. 崭新度
3. 顾客挽留率
4. 顾客利润
5. 顾客终身价值
6. 潜在顾客终身价值
7. 平均获取成本
8. 平均挽留成本

问题 8.6：在你管理和监控企业时，以下关于销售能力的量化指标的有用性如何？

标记的选项：特别有用、比较有用、不是总有用、不知道、不适用

1. 工作量
2. 销售潜力预测
3. 销售总量

4. 销售力量效果

5. 报酬

6. 盈亏平衡点的雇员数量

7. 销售漏斗、销售渠道

问题 8.7：在你管理和监控企业时，以下关于渠道和销售的量化指标的有用性如何？

标记的选项：特别有用、比较有用、不是总有用、不知道、不适用

1. 数字分销（%）

2. 所有商品数量（ACV）

3. 产品类目数量（PCV）

4. 总分销

5. 饰面数

6. 脱销（%）

7. 存货

8. 降价

9. 直接产品获利性（DPP）

10. 存货投资的毛利回报率（GMROⅡ）

问题 8.8：在你管理和监控企业时，以下关于价格和促销的量化指标的有用性如何？

标记的选项：特别有用、比较有用、不是总有用、不知道、不适用

1. 溢价

2. 保留价格

3. 值得购买百分比

4. 价格需求弹性

5. 最优价格

6. 剩余弹性

7. 基线销售额

8. 增量销售额/促销提升

9. 赎回率

10. 优惠券/回扣成本

11. 优惠券销售额百分比

12. 折扣销售百分比

13. 折扣时间百分比

14. 平均折扣深度

15. 执行率

问题8.9：在你管理和监控企业时，以下关于媒体广告和网络的量化指标的有用性如何？

标记的选项：特别有用、比较有用、不是总有用、不知道、不适用

1. 印象数

2. 总视听点（GRPs）

3. 每千人印象成本（CPM）

4. 净到达率

5. 平均频次

6. 有效到达率

7. 有效频次

8. 广告占有率

9. 网页浏览量

10. 点击率

11. 每点击成本

12. 每订单成本

13. 每获得客户成本

14. 访问量（# 访问网站）

15. 访问者（#网站访问者）

16. 放弃率

问题8.10：在你管理和监控企业时，以下关于财务和盈利能力的量化指标的有用性如何？

标记的选项：特别有用、比较有用、不是总有用、不知道、不适用

1. 净利润

2. 销售回报率

3. 投资回报率

4. 经济利润

5. 回收期

6. 净现值

7. 内部回报率

8. 营销投资回报率

参考文献

Aaker, David A. (1996). *Building Strong Brands*, New York: The Free Press.

Aaker, David A (1991). *Managing Brand Equity*, New York: The Free Press.

Aaker, David A., and Kevin Lane Keller. (1990). "Consumer Evaluations of Brand Extensions," *Journal of Marketing*, V54 (Jan), 27.

Aaker, David W., and James M. Carman. (1982). "Are You Over Advertising?" *Journal of Advertising Research*, 22, 57-70.

Abela, Andrew, Bruce H. Clark, and Tim Ambler. "Marketing Performance Measurement, Performance, and Learning," working paper, September 1, 2004.

Abraham, Magid H., and Leonard M. Lodish. (1990). "Getting the Most Out of Advertising and Promotion," *Harvard Business Review*, May-June, 50-58.

Ailawadi, Kusum, Donald Lehann, and Scott Neslin (2003). "Revenue Premium as an Outcome Measure of Brand Equity," *Journal of Marketing*, Vol. 67, No. 4, 1-17.

Ailawadi, Kusum, Paul Farris, and Ervin Shames. (1999). "Trade Promotion: Essential to Selling through Resellers," *Sloan Management Review*, Fall.

Ambler, Tim, and Chris Styles. (1995). "Brand Equity: Toward Measures That Matter," working paper No. 95-902, London Business School, Centre for Marketing.

Barwise, Patrick, and John U. Farley. (2003). "Which Marketing Metrics Are Used and Where?" Marketing Science Institute, (03-111), working paper, Series issues two 03-002.

Berger, Weinberg, and Hanna. (2003). "Customer Lifetime Value Determination and Strategic Implications for a Cruise-Ship Line," *Database Marketing and Customer Strategy Management*, 11 (1).

Blattberg, Robert C., and Setphen J. Hoch. (1990). "Database Models and

Managerial Intuition: 50% Model + 50% Manager," *Management Science*, 36, No. 8, 887 - 899.

Borden, Neil H. (1964). *Journal of Advertising Research*, 4, June: 2 - 7.

Brady, Diane, with David Kiley and Bureau Reports. "Marking Marketing Measure Up," *Business Week*, December 13, 2004, 112 - 113.

Bruno, Hernan, Unmish Parthasarathi, and Nisha Singh, Eds. (2005). "The Changing Face of Measurement Tools Across the Product Lifecycle," in *Does Marketing Measure Up*? Performance Metrics: Practices and Impact, Marketing Science Conference Summary, No. 05 - 301.

Christen, Markus, Sachin Gupta, John C. Porter, Richard Staelin, and Dick R. Wittink. (1994). "Using Market-Level Data to Understand Promotion Effects in a Nonlinear Model," *Journal of Marketing Research*, August, Vol. 34, No. 3, 322 -334.

Clark, Bruce H., Andrew V. Abela, and Tim Ambler. " Return on Measurement: Relating Marketing Metrics Practices to Strategic Performance" working paper, January 12, 2004.

Dekimpe, Marnik G., and Dominique M. Hanssens. (1995). "The Persistence of Marketing Effects on Sales," *Marketing Science*, 14, 1 - 21.

Dolan, Robert J., and Hermann Simon. Power Pricing: *How Managing Price Transforms the Bottom Line*, New York: The Free Press, 4.

Farris, Paul W., David Reibstein, and Ervin Shames. (1998). "Advertising Budgeting: A Report from the Field," New York: American Association of Advertising Agencies.

Forrester, Jay W. (1961). "Advertising: A Problem in Industrial Dynamics" *Harvard Business Review*, March-April, 110.

Forrester, Jay W. (1965), " Modeling of Market and Company Interactions," Peter D. Bennet, ed. *Marketing and Economic Development*, *American Marketing Association*, Fall, 353 - 364.

Gregg, Eric, Paul W. Farris, and Ervin Shames. (revised, 2004). "Perspective on Brand Equity", Darden School Technical Notes, UVA-M-0668.

Greyser, Stephen A. (1980). "Marketing Issues", *Journal of Marketing*, 47, Winter, 89 - 93.

Gupta and Lehman. (2003). "Customers As Assets," *Journal of Interactive*

Marketing, 17 (1), 924.

Harvard Business School: Case Nestlé Refrigerated Foods Contadina Pasta & Pizza (A) 9-595-035. Rev Jan 30 1997.

Hauser, John, and Gerald Katz. (1998). "Metrics: You Are What You Measure," *European Management Journal*, Vo. 16, No. 5, 517 - 528.

Interactive Advertising Bureau. Interactive Audience Measurement and Advertising Campaign Reporting and Audit Guidelines, September 2004, United States Version 6. 0b.

Kaplan, R. S., and V. G. Narayanan. (2001). "Measuring and Managing Customer Profitability", *Journal of Cost Management*, September/October: 5 - 15.

Little, John D. C. (1970). "Models and Managers: The Concept of a Decision Calculus," *Management Science*, 16, No. 8, b - 466 - b - 484.

Lodish, Leonard M. (1997). "J. P. Jones and M. H. Blair on Measuring Advertising Effects "Another Point of View," *Journal of Advertising Research*, September-October, 75 - 79.

McGovern, Gail J., David Court, John A. Quelch, and Blair Crawford. (2004). "Bringing Customers into the Boardroom," *Harvard Business Review*, November, 70 - 80.

Meyer, Christopher (1994), How the Right Measures Help Teams Excel, Harvard Business Review, May-June, pp. 95 - 103.

Much, James G., Lee S. Sproull, and Michal Tamuz. (1989) "Learning from Samples of One or Fewer" *Organizational Science*, Vol. 2, No. 1, February, 1 - 12.

Murphy, Allan H., and Barbara G. Brown. (1984). "A Comparative Evaluation of Objective and Subjective Weather Forecasts in the United States", *Journal of Forecasting*, Vol. 3, 369 - 393.

Net Genesis Corp. (2000). *E. -Metrics: Business Metrics for the New Economy*. Net Genesis & Target Marketing of Santa Barbara.

Peppers, D., and M. Rogers. (1997). *Enterprise One to One: Tools for Competing in the Interactive Age*, New York: Currency Doubleday.

Pfeifer, P. E., Haskins, M. E., and Conroy, R. M. (2005). " Customer Lifetime Value, Customer Profitability, and the Treatment of Acquisition Spending," *Journal of Managerial Issues*, 25 pages.

Poundstone, William. (1993). *Prisoner's Dilemma*, New York: Doubleday, 118.

Reichheld, Frederick F., and Earl W. Sasser, Jr. (1990). "Zero Defections:

Quality Comes to Services", *Harvard Business Review*, September-October, 105 -111.

Reichheld, Fred. (2006). *The Ultimate Question: Driving Good Profits and True Growth*. Boston: Harvard Business School Publishing Corporation.

Roegner, E., M. Marn, and C. Zawada. (2005). "Pricing," *Marketing Management*, Jan/Feb, Vol 14 (1).

Sheth, Jagdish N., and Rajendra S. Sisodia. (2002). "Marketing Productivity Issues and Analysis" *Journal of Business Research*, 55, 349 - 362.

Tellis, Gerald J., and Doyle L. Weiss. (1995). "Does TV Advertising Really Affect Sales? The Role of Measures, Models, and Data Aggregation," *Journal of Marketing Research*, Fall, Vol. 24 - 3

Wilner, Jack D. (1998). 7 *Secrets to Successful Sales Management*, Boca Raton, Florida: CRC Press LLC; 35 - 36, 42.

Zellner, A., H. Kuezenkamp, M. McAleer, Eds. (2001). "Keep It Sophisticatedly Simple." *Simplicity, Inference and Econometric Modeling*. Cambridge University Press, Cambridge, 242 - 262.

Zoltners, Andris A., and Prabhakant Sinha, and Greggor A. Zoltners. (2001). *The Complete Guide to Accelerating Sales Force Performance*, New York: AMACON.

图书在版编目（CIP）数据

营销量化指标（第二版）/（美）法里斯等著；何志毅等译．—2版．—北京：中国人民大学出版社，2012.3
ISBN 978-7-300-15197-7

Ⅰ.①营… Ⅱ.①法…②何… Ⅲ.①企业管理-市场营销学 Ⅳ.①F274

中国版本图书馆 CIP 数据核字（2012）第 022309 号

营销量化指标（第二版）
保罗·W·法里斯
尼尔·T·本德勒
菲利普·E·普法伊费尔
戴维·J·赖贝施泰因 著
何志毅　赵占波　译
Yingxiao Lianghua Zhibiao

出版发行	中国人民大学出版社		
社　　址	北京中关村大街 31 号	**邮政编码**	100080
电　　话	010－62511242（总编室）		010－62511398（质管部）
	010－82501766（邮购部）		010－62514148（门市部）
	010－62515195（发行公司）		010－62515275（盗版举报）
网　　址	http://www.crup.com.cn		
	http://www.ttrnet.com(人大教研网)		
经　　销	新华书店		
印　　刷	北京宏伟双华印刷有限公司	**版　　次**	2007 年 11 月第 1 版
规　　格	165 mm×240 mm　16 开本		2012 年 3 月第 2 版
印　　张	25 插页 1	**印　　次**	2012 年 3 月第 1 次印刷
字　　数	358 000	**定　　价**	59.00 元